종교, 죽었다

종교, 죽었다

자본에 종속된 우리 종교의 민낯

이 청 지음

도·서·출·판 **문화문고**

들어가는 말

종교 없이도 살아가는 법을 배우고 연습하자

어쩌다가 니체로부터 글의 제목을 차용하게 되었다. 그러나 이 글의 제목이 비록 니체의 『신은 죽었다』와 비슷하기는 하지만 정반대의 입지에서 출발하고 있다는 사실을 알리고 싶었다. '정반대의 입지'란 이런 것이다. '신은 죽었다'고 하는 말은 한 때는 신이 살아 있었다는 것을 전제로 하는 말이다. 그러니까 니체는 용기가 있었지만 서양문화의 토양을 벗어나지는 못하였다. 나 역시 나를 낳아준 동양문화의 토양을 멀리 떠나지는 못할 것이다. 동양에서는 일찍이 신이라는 생물이 살아 있었던 적이 없었다. 귀신이라면 모를까. 서양 문명에서 말하는 신은 동양에서는 존재하지 않았던 것이다. 그러므로 '신은 죽었다'고 말하기 전에 '신은 없었다'고 하는 것이 맞다. 없는 신은 죽을 수도 없다. 그러나 이것도 글의 제목으로는 부적합하다고 생각했다. 전 대통령 이명박 씨의 책 제목이 『신화는 없다』이기 때문에 대통령을 지낸 사람의 글 제목을 차용하고 싶지 않았기 때문이다.

동양에서도 종교는 있었다. 그것도 질긴 생명력을 가지고 살아 있었다. 신이 없는데 종교가 살아 있었다니 그 무슨 해괴한 일인가? 여기에 동양의 비극이 있다. 신이 없는데도 종교가 있었다니, 그러나 그것은 사실이다. 그런 해괴한 모습으로 살아 있던 그 종교가 요즘 사망선고를 받은 말기 암 환자처럼 비슬거린다. 곧 명줄이 끊어지거나 어렵게 목숨을 이어갈 모습이다. 서양에서 빌려와 성업 중이던 종교는 더 기괴한 모습이다. 그것들은 서양인들이 걸치고 있던 양복처럼 우리 몸에 맞지 않았던 것이다.

결론은 명쾌하다. 종교를 죽이자. 비슬거리며 망령처럼 떠도는 귀신들을 몰아내자. 더 이상 삶의 터전을 사후세계의 망령들에게 내주지 말자. 종교의 무덤 옆에서 흘레붙어 새로운 종교의 아이를 낳자는 얘기가 아니다. 종교 없이도 살아가는 법을 배우고 연습하자. 그래야 세상은 명징明徵하고 편안해 질 것이다. 명징하고 편안한 것을 견디지 못하는 사람들은 공산주의 사회에서 지하 교회가 번성하듯 은밀하게 신을 만들어내고 떠받들 것이다. 그들은 그대로 놔두는 수밖에 없을 것이다. 그것도 자유니까.

나는 진화론의 진영에 서서 창조론을 비판하고 공격하는 무리들 속에 섞여 있는 것은 아니다. 지금 상황으로는 진화론과 창조론은 둘 다 공동의 패배로 가고 있는 듯하다. '자연의 선택'은 '선택'이라고 하기에는 전적으로 '우연'에 맡겨놓고 그 결과만 가지고 '선택'이라고 우기는 형상인데 그것으로는 이 생물계가 복잡한 다양성을 가지고 발전해 온 원인을 설명하기에는 역부족이다. 창조론도 마찬가지다. 결국 인류는 진화론이라는 어설픈 과학과 창조론이라는 종교적 맹신을 벗고 새로운 설명을 시도해야 할 것으로 보인다. 이 책이 그 같은 '새로운 시도'의 출발점이 되기를 기대하는 마음이다. 세상에는 진화론자도 창조론자도 아닌 사람들이 더 많다. 이들은 자칭 진화론자, 또는 창조론자들을 향하여 '론'과 '주의'의 감옥에서 나오라고 말한다. 감옥에 갇힌 사람들이 서로 자기네 감옥이 최고이며 세상은 모두 감옥 같은 것이라고 우기면 사람들은 웃는다. 감옥 밖의 세상이 더 넓고 크다고 일러줘도 귀에 담지 않는다. 길은 '그들의 감옥' 밖에 있다. 산굽이를 돌아 멀리 사라지는 아스라한 저 길일지도 모른다. 일단 누군가 지팡이를 짚고 나서 보아야 한다. 여행을 권고하는 이유가 여기 있다.

제1부
종교가 아니면서 종교인 척하는 유교

개도 소도 유교인 나라

유교儒敎라는 종교는 세상에 없다. 무릇 종교라는 이름으로 존재하는 것들은 첫째 교주, 둘째 교리, 셋째 신도의 세 요소를 갖추어야 한다고 알려져 있다. 이런 관점에서 보면 유교는 종교 축에 끼지 못한다. 교주격인 공자가 스스로 신이 아닌 인간임을 역설했고, 그것이 또한 사실이었기 때문이다. 종교에 대한 지금까지의 정의에 문제가 있는 것은 사실이다. 교주(초월자, 즉 神)도 없고, 체계적인 교리도 없으면서 종교 구실을 하고 있는 경우가 허다하기 때문이다. 힌두교가 그 좋은 예이다. 우리나라의 전통 종교인 신교神敎, 즉 무속신앙도 마찬가지다.

그러므로 종교는 앞서 열거한 세 요소를 갖추었느냐 갖추지 않았느냐에 따라 구분할 것이 아니라 사후세계에 대한 특정한 관념을 가지고 있느냐 여부로 판가름할 일이라고 본다. 사후세계에 대한 관념이 어떤 특정 인물(교주)에 의하여 설계되고 그 인물에 대한 숭배(믿음) 여하에 의하여 사후에 좋은 세상에서 영생을 보장 받든, 토템에서 출발하여 오랜 세월 샤머니즘이 축적하여 만들어낸 그림이든 어느 집단(민족)이 공통적으로 사후세계에 대한 관념을 가지고 있다면 그것은 곧 종교로 대접 받아야 당연한 것이다.

이렇게 보면 유교는 더욱 종교와 거리가 멀다. 그런데도 유교는 당당하게 종교 구실을 하고 있다. 사후에 어떤 세계가 있는지 제대로 말해주지도 못하면서, 누구의 말씀을 잘 따르고 행하면 사후에 좋은 세상에서 다시 태어나거나 죽지 않는다는 언질도 보장도 없으면서 종교 대접을 받기를 원하고 대접해 주기도 하는 것이다.

대한민국에 사는 사람들은 누구나 보았을 것이다. 대통령이 새로 선출되면 종교지도자라는 분들이 모여 청와대로 대통령을 예방하고 덕담을 나누거나 시국에 대한 소견도 조금 풀어내는 모양으로 모임을 갖는데 그럴 때마다 어김없이 등장하는 인물들이 유교, 불교, 기독교, 천주교, 원불교, 천도교 등의 최고 지도자들이다. 이들이 현재 우리나라에서 교세로 보아 상위그룹에 속하는 종교를 이끌어가는 인물들인 것이다. 그 중에서 한복 두루마기를 곱게 차려입고 수염을 흩날리는 노인이 보이면 그 사람이 곧 유교 지도자임을 누구나 쉽게 알아차린다.

우리가 학교에 들어가면 학생부라는 기록 대장이 있어 거기에 부모의 이름과 주소, 생년월일과 가족 이름, 그리고 혈액형 따위를 적어 넣어야 한다. 여기에 적어 넣는 사항들이 나와 남을 구분하는 요건들이다. 학생부가 요구하는 항목에는 여기에 더하여 취미와 특기, 그리고 종교를 적어야 하는 란이 있다. 대개 부모가 기독교나 불교 등 특별한 종교를 지니고 있는 경우는 그렇게 적으면 그만이고 나머지 아이들은 별생각 없이 '유교'라고 적는다. 선생님들도 "너희 집에 제사祭祀 지내느냐?"고 묻고 "예" 하고 대답하면 "그럼 유교라고 적으면 된다"고 친절하게 가르쳐 준다. 세상에서는 제사를 지내고 안 지내는 것이 유교냐 아니냐를 가름하는 중요한 잣대가 되고 있는 것이다.

이것은 매우 중요한 문제이다. 요즘 어떤 불효막심한 놈들이 명절이나 제삿날에 기껏 놀게 해주었더니 가족들 데리고 바닷가 별장이나 호텔에 가서 주문한 음식을 차려놓고 제사를 지낸다 하여 이 낯선 풍경에 구역질을 내고 울그락불그락 하는 사람들도 있다. 그러나 생각해보면 화부터 낼 일이 아니다. 귀신의 존재에 대한 생각, 사후 영혼의 실재에 대한 생각이 옛날과 많이 달라진 결과이기 때문이다. 화를 내기는커녕 그나마 휴가지에서 주문한 음식을 진설해놓고서라도 조상을 기리려는 그 갸륵한 마음에 박수라도 보내야 할 형편이다. K 씨(75)의 얘기다.

"내 고향은 전라남도 지리산 자락의 가난한 마을이었습니다. 내가 어릴 때 우리 집은 송곳 꽂을 땅 한 뙈기도 없었습니다. 아버지가 열병으로 돌아가시자 그 시신을 멍석에 말아 마당 한 구석에 밀쳐 두었다가 밤중에 이웃 장정 한 분이 지게에 지고 어머니와 나는 뒤를 따르고 해서 어느 문중 산소 옆에다 투장偸葬을 했습니다. 아버지를 남의 묘소 옆에 몰래 묻어두었다는 죄책감이 나를 평생 괴롭혔는데 삼십 년이 지난 뒤에야 겨우 아버지의 유골을 수습하여 번듯한 유택幽宅을 지어드

렸지요. 그 이후 지금까지 나는 제사를 지낼 때도 대문을 활짝 열어놓습니다. 아버지의 혼백이 있다면 얼마든지 오시라는 자신감이 생긴 거지요."

K 씨는 죽은 아버지를 멍석말이하여 남의 무덤(명당?) 옆에 투장한 사실 때문에 평생 고통스러워했다. 자연 그의 삶의 목표는 아버지 유택을 번듯하게 마련하여 유골을 옮겨오는 것이었다. 그 소원이 이루어진 것일까. K 씨는 서울시청 옆에서 음식 장사를 시작하여 제법 많은 돈을 모았다. 어느 정도 허리가 펴지자 그가 처음 한 일은 대한민국에서 열 손가락 안에 들어가는 갑부의 선영을 매입하는 일이었다. 천하명당으로 소문난 그 산을 어렵사리 매입한 K 씨는 아버지 유골을 모셔와 제법 그럴싸한 무덤을 만들어 안장했다. 어쨌든 효도를 한 셈이었고, 죽어 저승 가서 아버지를 만나면 당당하게 인사할 수 있을 것 같은 자신감이 생겼다. 그러나 그 뿐이었다. 그의 두 아들과 하나 뿐인 딸은 문제의 그 '천하명당'을 거들떠보지도 않았다. 그 산을 어렵사리 매입한 까닭은 아버지 유택 마련이라는 평생소원도 있었지만 자신의 사후 돌아가 쉴 자리 즉 신후지身後地를 잡아놓는다는 생각도 있었던 것인데 자식놈들의 하는 짓을 보니 자기가 죽으면 앞뒤 가릴 것 없이 화장장에 가서 한 줌의 재가 되어 아무 인연도 없는 강이나 바다에 뿌려질 것이 거의 확실해 보였다. 그 때문에 K 씨는 요즘 사는 재미가 없어졌다.

보다 한 세대 아래인 장년의 P 씨(43) 생각은 다르다. 그는 우선 저승이니 이승이니 따지고 싶은 마음이 없다. 살기도 바쁜데 죽은 후를 생각할 겨를이 없다는 것이 그 이유다. "사는 것을 다 모르는데 죽은 뒤를 어찌 알겠느냐?"(『논어』)고 했던 공자와 비슷한 생각처럼 보이지만 근본은 아득하게 멀다.

"제가 장손이라 서울 살면서도 명절이나 제사 때가 되면 전투를 해서라도 고향집에 가고야 맙니다. 고향에는 노모가 살고 계시거든요. 가서 조상님들께 제사를 지냅니다. 절을 두 번 하고나서 아우가 말합디다. '형님, 아버지는 생전에 소주를 좋아하셨잖아요. 청주는 싱겁다고 물리셨는데 제삿상에는 꼭 청주를 올리니 불효하는 기분입니다.' '그래. 다음부터는 소주를 올리자.' 다시 절을 두 번 더 하고나서 아우가 말했습니다. '그런데 귀신이 오기나 할까요? 귀신이 있기나 할까요?' '있기는 뭐가 있어. 죽으면 소멸하지.' '그럼 제사는 왜 지내지요?' '돌아가신 아버지를 생각하는 날이지. 그 윗대의 조상님들에 대해서는 생전에 얼굴도 뵙지 못했으니 귀신이 와서 귓방망이를 후려쳐도 알아보지도 못할 테고. 그냥 우리 형제들 이리 모여서 한 핏줄임을 실감하는 게 뭐 나빠?' '아니, 좋습니다. 제사는 더 열심히, 더 자주 지냈으면 좋겠습니다.' '그래, 동감이야. 더 자주 지냈으면 좋겠어.' 그러나 이건 남자들 생각이고 제 아내는 그 말을 듣고 펄쩍 뛰더군요. '당신들, 미쳤어요?' 하고. 제 아이들 생각이나 행동하는 것을 미루어 제사는 우리 세대까지 지내고 다음 세대에 가면 저절로 소멸하지 않을까 싶어요. 우리는 귀신이 존재하지 않는다는 것을 알면서도 제사를 지내지만 다음 세대는 더 명징明徵하고 정확해서 귀신이 없으면 제사도 지내지 않는다 하고 분명하게 행동할 테니까요."

귀신이 사는 저승의 존재에 대해 의문을 품는 사람은 많다. 그래도 사람들은 반신반의하는 눈치를 보인다. 혹시나 하는 마음도 있다. 유교 얘기를 하는 자리에서 제사 이야기부터 하는 데는 이유가 있다. 제사는 유교(儒敎 혹은 유학, 유도, 유가, 신유학, 성리학 등)가 지닌 거의 유일한 제의祭儀이고 이승과 저승을 연결하는 통로인 동시에 사후세계에 대한 유가의 태도를 짐작케 하는 증거이기 때문이다.

앞에 등장시킨 두 사람의 경우를 두고 보면 '귀신의 존재를 믿지 않으면서도 제사는 열심히 지내는' 한국인 대부분의 심경, 또는 태도를 읽을 수 있다. 요즘 사람들만 그런 것은 아니다. 공자도 그랬다. 공자의 언행에 관한 가장 확실한 기록으로 알려진 『논어論語』에 보면 귀신, 또는 봉제사奉祭祀에 대한 그의 생각을 헤아릴 수 있다.

묵자墨子가 「명귀明鬼篇」 편에서 귀신에 대해 상세하게 서술해 놓은 것과는 달리 공자는 그 방대한 언행의 집성물인 『논어』에서 귀신이나 사후세계에 대한 이야기는 인색할 정도로 아주 조금만 언급하고 있을 뿐이다.

"귀신은 공경하되 멀리하라[敬鬼神而遠之]."

"조상께 제사를 드릴 때는 조상이 앞에 계신 듯이 정성을 다하고 신령에게 제사를 드릴 때는 신령이 앞에 계신 것처럼 정성을 다했다[祭如在 祭神如神在].

"공자는 괴력난신을 말하지 않았다[不語怪力亂神]"

"사람도 제대로 돌보지 못하거든 어찌 귀신을 돌볼 수 있겠느냐[未能事人 焉能事鬼]?"

"사는 것을 다 모르거든 어찌 죽은 뒤를 알겠느냐[未知生 焉知死]?"

등의 말이 그것이다. 여기에 묵자가 평하여 했던 말을 보태자면 "공자는 귀신의 존재를 부정하면서도 제사 지내는 일은 권장한다"는 말이 귀신이나 사후세계에 대한 공자의 생각과 태도를 보여주는 촌철살인寸鐵殺人의 명언이라 하겠다. 공자의 언행은 『논어』에 집약되어 있다. 그외에 『공자가어孔子家語』에도 다음과 같은 귀신의 정의가 보인다.

"사람이 생겨나는 것은 기운과 넋이 있기 때문이다. 기운이 있으면 사람의 정신이 왕성하다…… 사람은 태어나면 반드시 죽는 것으로 죽으면 몸뚱이는 흙으로 돌아가는데 이를 귀鬼라 하고, 혼과 기운은 하늘로 돌아가게 되는데 이를 신神이라 부른다. 귀와 신을 합하여 제사 지내는 것은 효도의 지극함이며 자식을 가르치는 방법이 여기서 비롯된다. 죽은 사람의 뼈와 살은 들판 위에 떨어져서 흙으로 변해버리고 혼과 기운은 위로 치솟아 귀신으로 된다. 그러므로 성인께서는 물건의 정기精氣를 이용하여 지극한 법을 만들고 이것을 귀신이라 이름 지어 백성에게 법이 되도록 한 것이다."[人生有氣有魂 氣者 人之盛也 夫生必死 死必歸土 此謂鬼 魂氣歸天 此謂神 合鬼與神而享之敎之至也 骨肉弊於下 化爲野土 其氣發揚于上者 此神之著也 聖人因物之精 制爲之極明命鬼神 以爲民之則]

여기서 성인이라 함은 공자가 일찍이 말한 것처럼 술이부작(述而不作, 저술할 뿐 창작하지 않는다)하는 가풍에 따라 그가 성인의 도라고 믿었던 고대의 문물제도 즉 요순우탕문무주공堯舜禹湯文武周公의 문물제도를 일컫는다.

위의 글을 쓴 사람이 적절하게 지적했듯이 공자의 관심은 '백성에게 법이 되도록 한 것'이었다. '물건의 정기를 이용하여 지극한 법을 만든 것'은 후자를 위한 방편 또는 수단이었던 것이다. 공자와 동시대에 살았던 묵자墨子는 공자의 이중성을 비판하여 "공자는 귀신을 부정하면서도 제사 지내는 절차는 번잡하게 권한다"고 비판했다. 공자가 "부모 제사를 지낼 때는 부모가 앞에 있는 것처럼 하고 신에게 제사를 지낼 때는 신이 앞에 있는 것처럼 해야 한다"고 한 말을 두고 비판한 것이다. 공자는 부모의 혼령과 귀신이 실제로 존재한다고 생각했던 것일까? 이 문제에 대한 공자의 언급 태도는 극히 절제하는 모습이나 "귀신 또는 혼령이 있다"는 뜻으로 말을 한 적은 한 번도 없었다. 따라서 공자는 귀신의 존재를 부정했다고 보아야 한다. 이제 유학이 그 원시적 형태에서는 종교가 아니었던 사정을 주로 공자의 사상을 천착함으로써 밝혀보고 이어서 "2차 대전 이후 가장 선교가 잘 된" 나라로 꼽히는 대한민국 기독교의 행태와 예수의 행각을 통해 기독교 역시 종교가 아니었던 속사정을 밝혀보고자 한다. 그리고 마지막으로 동양적 허무주의의 극치에 다달았다가 엉뚱하게 옆길로 새버린 불교를 조명해보려고 한다.

공묘孔廟에서 만난 공자

자연과학은 토끼처럼 내닫지만 인문학은 게걸음이다. 정치와 제도에서 인류의 갈 지 자 실험은 지치지도 않고 계속되고 있다. 그 중에는 턱없는 반복도 있고, 이미 실험실에서 폐기처분되어 쓰레기통에 버린 것을 청소부가 발견하여 집으로 가져가 그 가족들이 힘을 모아 재생해 쓰고 있는 물건도 있다. 중국 이야기라고?

2008년 9월, 중국 산동성山東省 곡부曲阜. 옛 노魯나라 땅이자 공자의 탄생지인 추읍鄹邑. 곡부의 시가지를 가로질러 한편에 공자의 사당인 공묘孔廟와 기념관인 공부孔府가 있고 다른 한편에 공자 가문의 후손들 무덤 10만여 기基가 모여 있는 세계 최대의 가족묘지 공림孔林이 있다. 이를 가리켜 삼공三孔이라 하고 곡부에서 가까운 추성시鄹城市에는 맹묘孟廟, 맹부孟府, 맹림孟林의 삼맹三孟을 조성하여 아성亞聖으로 호칭하는 맹자孟子를 기리고 있었다.

삼공과 삼맹을 찾은 데는 까닭이 있었다. 역사상 인류는 어떤 특정한 인간에 대해 그때의 형편과 기분에 따라 죽이기도 하고 살리기도 하는 변덕을 부려왔지만 공자처럼 땅바닥에 패대기쳐 밟혔다가 다시 살아난 기적의 인물도 드물기 때문이었다. 공자의 무엇이, 문화혁명, 홍위병의 위세와 성난 물결 같은 비공비림批孔批林의 군홧발에 밟히고도 완전히 목숨 줄을 끊지 않고 오뚝이처럼 되살아나게 했을까. 그는 누구이고 우리에게 대체 무엇인가, 특히 한국인에게 무엇인가, 가엾게도 필자는 이 문제에 대한 나름의 대답을 내놓기 전에는 앞으로도 옆으로도 갈 수 없는 처지가 되고 말았다. '공자의 감옥'에 갇혀버린 것이다.

우리나라에서도 문화대혁명 비슷한 것이 있었다. 홍위병도 있었고 공자 죽이기도 있었다. 공자가 이 나라를 망쳐 놓았다는 투정과 비난도 있었다. 해방 후 서양문명이 쓰나미처럼 밀고 들어와 덮치자 그때 공자도 죽었다. 아니, 죽은 줄만 알았다. 그런데, 공자가 이 나라를 어떻게 망쳤나? 그가 없었으면, 이 나라가 정말 잘 됐을까? 이런 의문도 있었다. 대답이 길어질 판이다.

중국에서도 러시아와 마찬가지로 공산주의 실험은 이미 끝이 났다. 중국 천지 어딜 가도, 어느 구석을 들여다보아도 공산주의는 없다. 다만 권력을 잡은 일부 파당만 남아 게고동처럼 공산주의의 껍질을 쓰고 있을 뿐이다. 언필칭 그들은 그것을 '중국식 공산주의'라고 둘러대지만 그건 속임수다. 중국 인민들도 그냥 속아주고 있고(배부르고 편하니까), 세계도 속는 척하고 있을 뿐이다.

공산주의는 어찌 되었든 공자는 살아났다. 그것도 완전한 모습으로.

공묘는 통제되고 있었다. 무슨 행사 준비 때문이라 했다. 알고 보니 이곳 사범대학 학생들의 공자 탄신기념행사인 공자문묘제孔子文廟祭 리허설이었다. 준비란 별것도 아니었다. 검정 바지에 흰 와이셔츠로 정장한 학생들(남자)이 첫 관문인 금성옥진방金聲玉振坊에서 대성전大聖殿까지 관문을 들어설 때마다 도열해서 흰 깃발을 흔드는 것이었다. 경내에는 장엄한 음악이 흐르고 있었다. 이것만 가지고 "공자가 살았다"고 호들갑을 떠는 것은 아니다. 우리가 실컷 겪었듯이 이런 행사는 오히려 공자를 여러 번 죽일 뿐이다. 필자가 공자를 만난 것은 이런 행사의 위압적이고 감동적인 분위기 속에서가 아니었다. 자금성의 태화전太和殿, 태산의 천황전天皇殿과 함께 중국의 3대 건축물로 꼽힌다는 대성전大成殿의 위압감에 눌려서도 아니었다. 그런 어마어마한 시설과 행사를 떠나 한적한 옆 뜰로 돌아가니 '시례당詩禮堂'이라는 아름다운 명칭으로 공자 탄생지라는 안내문과 함께 경계 펜스로 둘러싸인 우물이 하나 있었다. 공자 생존 당시 마을에서 사용했던 우물이라고 했다. 선생은 그 우물가에 서 있었다.

"어떻게 된 거요?"

내가 물었다.

"행사 준비하는 학생들이 당신을 찾던데 왜 여기 와서 이러고 있는 거요?"

선생은 우물을 가리켰다.

"물 한 잔을 마시고 싶네."

"마셔요."

내가 말했다.

"직접 떠서 마셔요. 제자와 종놈들 기다리지 말고 스스로 떠서 마셔 봐요. 그럼 물맛이 백 배, 천 배로 좋아질 거니까."

선생이 물을 마셨는지 못 마셨는지 아직도 갈증이 난 목으로 애먼 관광객들이나 잡고 하소하고 있는지 나는 모른다. 일행들을 쫓아 다음 관광지인 공림으로 이동해야 했기 때문이었다. 공림에 가니 거기서도 선생이 먼저 와서 기다리고 있었다. 먼저 온 것이 아니라 이천 수백 년을 그 자리에서 그렇게 누군가를 기다리고 있었던 것이다.

공자 묘역의 이름은 '지성림至聖林'이었고 공자 무덤에도 '대성지성문선왕묘大成至聖文宣王墓'라는 석비石碑가 서 있었다. 공자 무덤 바로 옆에는 아들 공리孔鯉와 손자 자사(子思, 『中庸』의 저자)의 무덤이 있었다. 처음에는 공 씨 3대의 무덤으로 출발했으나 후세에 공자가 신격화 되면서 지역을 다스리는 제후들이 땅을 하사하여 공 씨 후손들의 공동묘역으로 조성된 것이다. 공자 묘소 옆에는 또 스승의 사후 수년간 시묘侍墓살이를 한 제자 자공子貢이 심었다는 측백나무가 늙어 죽은 형상 그대로 보존되어 있었다. 나무 중에 비교적 수명이 길다는 측백조차 이길 수 없었던 세월이 홀로 승리하여 하얗게 웃고 있었다. 공림 입구에서 중국 사람들 장례식에서 울리는 독특한 북소리가 났다. 가보니 마침 트럭 적재함에 관을 실은 장례 행렬이 공림에 들어오기 위해 관리들에게 서류를 내놓고 절차를 기다리고 있었다. 만장輓章에는 '공자 76세'라고 적혀 있었다. 76세손이 저승에 합류할 때가 되었으니 지금 세상에는 77세나 78세가 살고 있을 것이었다.

지성至聖이라 불리는 공자의 무덤으로 되돌아가 그 옆에 서 있는 공자에게 물었다.

"당신은 왕입니까?"

문선왕이라는 묘비를 가리키며 시비를 걸어본 것이었다. 선생은 몹시 불만스러운 듯 억지로 조금 웃었다.

"내가 세상에 있을 때 저런 권력을 주었다면 내 조국 노나라를 세상에 없는 군자의 나라로 만들었을 텐데, 그리했으면 후세인들이 나라를 어떻게 만들고 이끌 것인지, 또 어떻게 살 것인지 걱정하지 않고 그대로 따르기만 하면 됐을 것을, 내게는 한평생 그런 권력이 주어지지 않았네. 이제 와서…… 저것도 다 헛거야."

"아닙니다."

필자가 반박했다.

"만약 살아서 그런 권력과 지위를 얻었다면, 그 자리에서 군자의 나라를 만들고 인仁으로 다스렸다면 선생은 기필코 참담한 실패하고 말

앉을 겁니다. 그 당장 선생은 잊혀지고 말았겠지요. 선생을 지금도 왕이라 칭하고 높이 떠받드는 이유는 단 하나, 선생의 주장을 아직 단 한 번도 시험해 보지 않았기 때문입니다. 그러니, 불만스러워 하지 마시고 그만 모른 척하고 누워 계십시오."

"그게 좋겠소?"

"그럼요. 저 멍청한 관리들이 눈치를 채기 전에, 어서."

대성인하고 그렇게 헤어졌다. 필자는 속으로 의기양양했다. '공자 말씀'의 그 공 선생을 "가만 누워 있으라."고 대거리했다는 사실이 스스로 믿어지지 않았다. 그런데, 대한민국으로 돌아와 두어 해 살다보니 가만 누워 있어야 할 사람은 공 선생이 아니라 바로 나였다.

공자는 왜 세상에 나왔나? 그것부터 알아야 했다. 세상에 이유 없이 나오는 것은 아무것도 없으니 공자라는 사람이 불쑥 나와 그리 많은 '말씀'을 남기고 간 데에도 다 까닭이 있을 것이었다.

공자와 플라톤

공자가 세상에 나온 것은 지구 차원의 사건이었다.

지구를 우주 공간에 항해하는 배라고 상정할 때 이 배에 인간이라는 종족을 태운 것이 축복일지 재앙일지 아직은 단언하기 어렵다. 어쨌든 지구라는 배에 어렵사리 올라탄 인간들은 나무에서 내려와 움막을 짓고 살면서 특유의 공동체 생활을 시작한다. 여기서 많은 문제가 발생했다. 나무에서 내려오지 않고 열매나 어린잎을 따먹으면서 새끼 낳아 기르는 것으로 만족했다면 '인간의 문제'들이 발생하지 않았을까? 그렇지 않았을 것이라고 필자는 생각한다.

나무 위에서 살면서도 인간은 이웃의 더 나은 가족을 보면서 비교하고 질투하고 욕심내고 싸우고 뺏고 빼앗기면서 마침내 숲 전체가 전쟁터로 변하는 사태가 자주 일어났을 것이고, 더 많은 열매가 열리는 나무를 차지하는 놈과 하찮은 나무들만 차지하는 놈들이 생겼을 것이고 계급이 탄생하고 지배와 피지배 관계가 생겼을 것이며 나아가 깊은 밤 잠 못 이루고 '왜 이렇게 살아야 하나' 고민하는 놈도 있었을 것이며, 드디어 철학과 종교가 생겨나고 신의 뜻을 중개하는 직업이 탄생했을 것이다. 즉 나무 위에서 살았더라도 인간에게는 일어날 일들이 조만간 모두 일어나고야 말았을 것이라는 말이다. 이는 인간이 다른 동물과 식물에게는 없는 '욕망'이라는 주머니 하나를 더 타고 났기 때문이었다.

나무 위에서 살던 인류가 언제 땅으로 내려와 움막을 짓기 시작했는지, 원시공산제에서 사유재산을 가지기 시작한 것은 언제부터였는지, 신들은 언제 태어났는지 공동체와 공동체가 서로 죽이고 죽는 전쟁은 언제부터 시작했는지 정확한 연대를 말하는 것은 어렵다. 문서들을 통하여 이 방면의 연구 업적들을 훑어보았으나 대부분 두루뭉술한 것이어서 나로서는 더욱 알기 어려웠다.

어쨌든 공동체가 생기고 사유재산이 생기고 지배와 피지배 관계가 정립되고 여기에 신들이 끼어들면서 인간 세상은 매우 복잡해졌는데, B.C. 6~5세기경에는 무턱대고 흘러오던 인간관계 및 사회제도 등에 관한 근본적인 질문이 등장하기 시작했다. 인간은 무엇이며 어디서 와서 어디로 가는가, 꼭 이렇게 살아야 하는가, 지배자의 바른 덕목은 어떤 것인가 등의 질문을 내놓고 진지하게 사고하는 사람들이 나온 때가 바로 이 무렵이었다.

중국에서는 고대 왕국 주周나라가 망하고 각 지역의 제후, 공경, 대부들이 패권을 노리고 전방위적인 전투를 벌이던 춘추전국시대가 열렸는데 주 왕실의 직할영지였던 노魯나라에서 공자가 태어났다(B.C. 552년). 중국 사람들이 대부분 그렇듯이 공자의 주요 관심사도 죽은 뒤의 세상(?)이 아니라 이승에 있었다. 사람과 사람의 관계(윤리), 지배자와 피지배자의 관계(정치)에 있어 가장 올바른 것은 어떤 것인가가 평생 추구해 온 공자의 정신세계였다. 여기에는 중국인 특유의 현실주의도 작용하고 있었던 것으로 보인다.

인도에서는 석가족의 왕자 신분으로 출가하여 대성한 고타마 싯타르타가 존재론적인 사유 끝에 중도中道와 연기緣起의 법칙을 발견해내고 고통으로 가득 찬 현세에서 무위적정無爲寂靜의 세계인 열반에 이르는 길을 깨닫고 가르쳤다. 싯타르타가 태어난 연대는 B.C. 563년이었으니 공자보다 10년 정도 앞서 태어났던 셈이다. 석가가 깨달은 것은 욕망에는 실체가 없으니 이에 집착하지 않고 수행을 통해 철저하게 버려야 비로소 평온을 얻게 된다는 것이었다. 석가의 이러한 깨달음도 당시 인도 사회를 관류하고 있던 브라흐마니즘(Brahmanism)에 대한 비판적 사고의 연장선상에 있었다고 볼 수 있다. 그 무렵 인도 사회도 춘추전국시대의 중국과 방불한 전란의 시대였다.

페르시아에서는 이들보다 약 1백년쯤 앞서 B.C. 630년경 짜라투스트라(Zarathustra, 영어명 Zoroaster)가 태어나 지리멸렬, 난삽하던 페르시아인의 종교를 근본 개혁하여 우주와 세상을 선과 악의 대결 원리로 해석하고 삶과 죽음의 문제도 같은 원리에서 도출하였다. 불을 신성시하는 배화교拜火敎가 태어나 그것으로 이집트의 신화와 기독교의 부활신앙에 영향을 끼쳤다.

이보다 한참 뒤인 B.C. 469년에는 그리스에서 소크라테스라는, 외모가 엉망인 한 남자가 태어나고 뒤를 이어 B.C. 429년에는 플라톤이라는 천재적인 사람이 태어나 소크라테스의 제자로 가르침을 받고 형이상학과 정치학으로 영역을 확대하여 서양철학의 기초를 구축한다.

비슷한 시기에 세계 각 지역의 문명권에서 비슷한 현상이 발생한 원인이 무엇인가 천착하는 것은 필자의 관심 밖이다. 여기서 필자의 관심을 끄는 것은 동양의 사상계를 지배해 온 공자의 사상과 서양철학의 기초를 놓은 플라톤의 생각 사이에 발견되는 유사성이다. 물론 플라톤이 공자에게 배웠다는 증거는 없다. 중국의 서책이 그리스에 수출되었다는 증거 또한 없다. 그러나 두 사람의 사상에는 하나의 학파로 묶어 세워도 좋을 정도로 유사한 점이 많다. 특히 공자의 인치仁治 사상과 플라톤 철학의 핵심인 도덕정치와 철인정치는 언어만 바꾸면 동일인의 것이라고 착각할 정도로 발상과 전개가 비슷하다.

두 사람의 출신 성분은 다르다. 사마천(司馬遷, B.C. 145~ B.C. 86?)의 『사기史記』「중니제자열전仲尼弟子列傳」 기록에 의하면 공자의 선조는 송宋나라의 뼈대 있는 가문의 후예라고 하나 공자가 태어날 무렵의 그는 가난한 하층민이었다. 아버지 이름은 공흘孔紇, 어머니는 안顔 씨네 집안의 딸로 기록되어 있다. 그 아버지는 공자가 세 살 때 세상을 떠났고 어머니는 열일곱 살에 먼 길을 갔다. 청년기인 열일곱의 나이에 공자는 천애고아가 된 셈이다. 그 스스로도 젊을 때 고생 좀 했다는 표현이 보이지만 제자 맹자가 기록한 『맹자孟子』에 의하면 스승 공자는 창고지기도 하고 가축을 돌보는 일을 하며 연명했을 정도로 가난에 찌든 생활이었다.

반대로 플라톤은 귀족 출신으로 부유한 환경에서 자랐다. 플라톤이라는 이름도 어깨가 넓었기 때문에 붙여진 것으로 아테네 귀족 출신 청년들이 그러했던 것처럼 그도 이스토모스의 경기대회에서 두 번이나 상을 탈 정도로 만능 스포츠맨이었다. 말하자면 철학을 하기에는 어울리지 않는(?) 육체의 소유자였고 신분이었다. 그의 스승 소크라테스가 못생긴 남자였던 것과 대조된다(소크라테스도 레슬링 선수였다).

평범하나 고생이 없는 귀족으로 일생을 마쳤을 플라톤의 생애가 방향을 선회한 것은 소크라테스와의 만남이었다. 그는 "내가 행복한 것은 세 가지 이유가 있으니 남자로 태어난 것, 아테네 시민으로 태어난 것, 그리고 소크라테스의 제자가 된 것이 그것이다"고 밝힌 그대로다. 그가 28세 때 소크라테스가 사형당했다. 이때부터 그는 민주정치에 대한 기대를 접었다. 그런 덜 떨어진 우중정치愚衆政治에는 기대할 것이 없으므로 현명하고 훌륭한 인물에 의한 전제정치專制政治가 더 이상적이라는 이른바 철인정치哲人政治를 꿈꾸게 되었고 그 방법을 찾아내려고 일생 동안 애를 썼다. 그러나 플라톤은 일생 동안 추구해 온 철인정치의 이상을 현실 속에서 펼쳐보지는 못했다. 아무도 그에게 정치적 이상을 시험해 보라고 나라를 맡기지 않았기 때문이었다.

사정은 공자도 비슷했다.

공자는 천하가 어지러울 정도로 전란이 계속되자 이상적 정치의 모델로 주周를 선택했다. 주의 훌륭했던 치세로 되돌아갈 수는 없으나 그를 모델로 하여 어진 정치를 베푸는 것, 이것이 공자의 이상이었다. 그는 이것을 설파하고 자신에게 기회를 줘보라고 제후들을 설득하느라 평생 '상갓집 개처럼' 떠돌고 기웃거리며 살았다.

공자가 노나라에 살던 시기(곧 청년기)에 노나라의 군주는 소공昭公이었다. 그러나 소공은 형식상의 군주일 뿐 실제로 정치는 계季 씨, 맹孟 씨, 숙叔 씨 등 세 가문의 대부들 손에 의해 전횡專橫되고 있었다(이들 세 가문은 환공桓公의 후예들이기 때문에 통틀어 삼환씨三桓氏라고도 칭했다). 참다못한 소공이 계 씨의 전횡을 무너뜨리려고 군사를 일으켰으나 실패하고 이웃 제齊나라로 망명하자 삼환의 횡포에 심한 불만을 지니고 있던 공자도 제나라로 갔다. 이 때가 삼십대 중반, 제나라에서도 공자를 반기지 않았고, 그에게 정치적 이상 실현의 기회는 주어지지 않았다.

플라톤은 유토피아를 그리면서 인간을 단순하게 보는 실수는 저지르지 않았다. 만약 인간이 단순한 존재라면 정의도 단순해져서 무정부주의와 공산주의를 혼합한 정치로 충분할 것이기 때문이었다. 그러나 플라톤은 현대의 공산주의자나 아나키스트들이 범하기 쉬운 함정을 정확하게 꿰뚫고 있었다. 그가 본 인간은 욕망의 덩어리이고 예측하기 어려우며 비겁하기 이를 데 없는 속물들이었다.

민주정치에 대해서는 일찌감치 기대를 접었다. 누구에게나 공직 취임의 기회를 주고 누구나 공공정책의 결정에 참여할 수 있는 것이 민주정치의 요체이다. 그러나 대중(인민)이란 프로타고라스의 적절한 지적처럼 "그들 스스로는 이해력이 없고 지배자들이 말하는 것을 되풀이할 뿐"인 사람들이다. 어떤 정책이나 주장을 채택하게 하거나 배척하게 하려면 인기 있는 연극에서 찬양하거나 조롱하면 되는 것이다(요즘의 TV 드라마가 그런 역할을 자임하고 나서는 경우가 있다). 현대 한국의 우중愚衆들에게 옮겨와서 대입해 보면 사람들이 저마다 정치적 소견을 가지고 열심히 토론하고 주장하는 것 같지만 실은 그들이 무슨 신문을 구독하느냐만 보면 그들의 정치적 소견과 성향은 들어보지 않아도 다 안다고 할 정도다. 즉 대중들은 이해력이 없고 언론이 씹어서 먹여 주는 대로 삼키고 토해내는 것뿐이다. 이런 대중들에게 정책 결정을 맡겨도 될까? 요즘 어느 나라의 비겁한 지식인들과는 달리 플라톤은 단호하게 "노"라고 대답한다.

여기까지는 괜찮은 편이었으나 플라톤은 내친 김에 너무 멀리 나갔다. 『국가』에서 그는 철인정치 공화국의 디테일한 상황을 세밀하게 설계하여 보여주려고 애를 썼다. 지도자는 어떤 사람이어야 하고 군인(수호자)은 어떤 덕목을 지녀야 하며 아내들은 공동소유여야 하지만 난혼亂婚이어서는 안 되고, 각종 우생학적 배려가 있어야 한다고도 했다. 감성에 휘둘리기 쉬운 시인들은 공화국에서 추방해야 한다는 것도 특이한 주장이었다.

마지막으로 중요한 문제가 제기된다. 그런 엘리트, 철인을 어떻게 양성할 것이며 어떻게 가려 뽑을 것인가 하는 문제이다. 여기서 선거의 진보와 교육의 역할 증대라는 구상이 나온다. 귀족정치인 셈인데 그 귀족들의 속물화를 제어할 어떤 장치가 있어야 할까? 굳이 플라톤의 대답을 가다릴 필요 없이 20세기를 통하여 인류가 시험한 공산주의 실험을 통해서 이 문제는 이미 충분한 해답을 얻은 셈이라고 할 수 있다. 플라톤이 정의正義에 대해 정의하기를 "자신에게 알맞은 것을 소유하고 자신에게 알맞은 일을 하는 것"이라고 한 것은 공산주의의 이상인 "능력에 따라 일하고 필요에 따라 분배 받는 것"과 동일한 모습이다. 그러나 공산주의 지도자들, 예를 들어 스탈린이나 레닌, 차우세스쿠, 김일성 등은 그들이 그토록 저주해 마지않던 전제 군주들이나 자본가들에 비해 도덕적이지도 않았고 민주적이지도 않았으며 욕망을 제어할 줄 아는 신사도 아니었다(철인은 고사하고). 그러므로 플라톤의 이상인 유토피아는 여전히 이상으로만 존재하게 된 것이다.

공자는 인간에 대한 정교한 분석을 하지 않았다. 그의 정치 이념은 덕치주의德治主義였다. 덕의 핵심은 인仁이었다. 달리 말하면 인치仁治가 그의 정치이념이었다. 그러나 인仁이라는 덕목이 과연 강론장講論場을 떠나 정치 현실에 유용하게 적용될 수 있을까? 인仁으로 이 복잡한 세상과 인간을 다스릴 수 있을까? 덕치가 가능하려면 백성과 통치자(제왕이든 다른 그 무엇이든)는 어떤 덕목으로 재무장하고 재교육되어야 할 것인가? 공자의 정치이념은 이런 단순하고도 근본적인 의문을 양산해 놓았다.

이런 한계와 의문에도 불구하고 한 가지 분명한 것이 있다. 공산주의

실험의 실패 이후, 자본주의와 자유민주정치의 한계가 분명하게 노정
된 이후 인류는 다시 플라톤과 공자의 해묵은 설계도를 놓고 검토를
시작했다는 점이다. 비록 달성하기 어렵거나 실현 불가능한 설계도이기
는 하지만 최대한 그들의 설계에 가까워지려는 노력까지 폄훼되어서는
안 될 것이다.

나에게 나라를 3년만 맡겨보라

공자에게 드디어 기회가 왔다. 계속된 반란 때문에 겁을 먹은 삼환
씨는 도덕적 명분을 얻기 위해 공자를 필요로 했다. 그런 움직임에서도
앞선 세력은 양호陽虎와 공산불요公山弗擾의 계속된 반란에 위기를 느
낀 계季 씨였다. 먼저 공자의 제자들 중 무용이 뛰어난 자로子路와 재치
가 있어 행정에 밝은 염유冉有가 먼저 계 씨에게 등용되고 이어 공자
자신도 중도中都의 지사를 거쳐 노나라의 사법장관을 역임하며 내정과
외교의 양면에서 영향력을 행사하는 정치 고문의 역할을 수행했다. 자
신이 주장했던 덕치정치를 펴보일 현실적 기회를 맞은 것이었다. 그러
나 장애물이 있었다. 노나라에서 이상정치를 실현하려면 귀족의 세력
을 누르고 왕권을 회복하는 것이 우선 과제였다. 이를 위해 공자는 자
로를 앞세워 먼저 숙 씨의 아성을 깨고 계 씨의 비성費城을 깨는 데까
지는 성공했으나 마지막 맹 씨의 성성成城 공격에 실패함으로써 겨우
마련했던 노나라에서의 권력과 지위를 상실, 추방이나 마찬가지의 유랑

길에 올랐다. 이로부터 13년간 소수의 추종자를 데리고 중국 천하를 주유周遊한 공자의 행색은 속담에 '오라는 곳은 없어도 갈 곳은 많은' 초라한 행색이었다. 자신과 제자들의 몸을 의탁할 주군을 찾아 헤매는 이 유랑길은 노나라를 제외한 위衛, 조曹, 송宋, 정鄭, 진陳, 채蔡, 초楚, 진晉 등 중국 전역에 달했다. 그 행색은 초라했고, 때로는 목숨을 잃을 뻔한 위기도 여러 번 겪어야 했다.

특히 왕권 회복을 전제로 한 이상정치 실현을 주장 해 온 탓에 각처에서 실권을 쥐고 발호跋扈하고 있던 대부들은 공자 일행을 반기지 않았을뿐만 아니라 적극적으로 그를 위해하려고 했던 자들도 있었다. 정나라 수도의 성곽 앞에서 서성거리던 공자 일행을 다음과 같이 비아냥거린 사람도 있었다.

"누누累累하기가 상가의 개와 같다."

사람이 집을 떠나 하루만 길에서 헤매고 다녀도 거지꼴이 되는데 13년 동안 반기는 사람도 없는 곳을 이 나라 저 나라, 이 도시 저 성읍을 기웃거리고 다니노라면 그 행색이 어떠했을지는 짐작이 간다. 배도 고팠을 것이고 자존심도 상했을 것이다.

공자 일행이 위나라로 들어와 의儀라는 도시에서 묵자 그곳 봉인(封人, 국경 경비 책임자)이 찾아와 공자에게 만나줄 것을 청했다.

"이 사람은 이곳에 온 훌륭한 분은 한 분도 빠짐없이 다 만나 뵙곤 합니다."

제자들이 그를 공자에게 안내했다. 공자를 만나고 나온 봉인이 제자들을 보고 이렇게 말했다.

"여러분은 혹시 이런 고생스러운 여행을 슬퍼하고 계시지 않습니까? 제 생각은 다릅니다. 세상이 이미 진리를 잃은 지 오래이기 때문에 하늘이 선생님으로 하여금 각지를 순방하며 진리를 깨우쳐주는 목탁 노릇을 하게 만든 것이라고 생각합니다."(『논어』「위정」)

공자 일행이 광匡이란 곳에서 폭도들에게 포위당해 생명의 위협을 받고 있었다. 그러나 공자는 태연하게 말했다.

"문왕文王은 이미 죽었지만 그 전통은 내가 이어받았다. 하늘이 문왕이 이룩한 전통을 영영 멸절滅絶시킬 계획이라면 문왕보다 수백 년 뒤에 태어난 내가 그 전통을 이어받지 못했을 것이다. 하늘이 이 전통을 멸절하지 않을 작정이라면 광의 백성들이 아무리 난폭해도 나를 어찌하겠느냐."(『논어』「자한」)

만일 나에게 나라를 맡기는 사람이 있으면, 1년 안에 기초를 이룩하고, 3년이면 훌륭한 성과를 올릴 수 있을 것이다.(『논어』「자로」)

자로가 노나라 석문石門 밖에서 하룻밤을 자고 문안으로 들어가려 하자 문지기가 물었다.

"어디서 오는 길이오?"

"공 씨 집에서 옵니다."

그러자 문지기가 비꼬는 투로 말했다.

"공 씨라면, 인력으론 세상 운수를 어찌해 볼 수 없는 줄을 알면서도 공연히 헛수고를 하고 있는 그 사람 말인가?"(『논어』「헌문」)

"나를 아는 사람이 없구나."

공자가 탄식하자 자공이 듣고 물었다.

"어째서 그런 말씀을 하십니까?"

공자가 말했다.

"나는 하늘을 원망하지도 않았고, 사람을 탓하지도 않는다. 나는 사람이면 누구나 행하는 일상사에서 시작하여 차츰 높은 진리를 탐구해 왔다. 이런 나를 옳게 이해하는 것은 오직 하늘뿐일 것이다."(『논어』「헌문」)

공자 일행이 진나라에서 양식이 떨어져 문인들이 잇달아 병들어 눕는 사람이 속출했다. 자로는 분연한 마음으로 공자에게 들이댔다.

"군자도 궁지에 빠지는 수가 있습니까?"

"군자도 궁지에 빠지는 수가 있다. 그러나 궁지에 빠지더라도 마음의 안정을 잃지는 않는다. 만약 군자가 궁지에 빠졌다고 마음의 안정을 잃는다면 소인배와 무엇이 다르겠느냐?"

세상 사람들이 공자 일행을 어떻게 생각했는지, 양식이 떨어지고 돌림병이 도는 극한상황 속에서도 천하주유를 중단하지 않는 공자의 의지, 그리고 아무도 알아주지 않는 냉혹하고 어리석은 세상에 대해 어떻게 탄식했는지 생생하게 보여주는 대목들이다. "나에게 나라를 (3년만) 맡겨 보라"고 그는 말했다. 그러나 세상은 넓고 제후의 왕국은 많았으나 어느 왕도 "당신이 맡아서 해 보라"고 그의 왕국을 맡기는 사람은 없었다. 공자는 누구도 자기를 이해해 주지 않는 세태에 대한 서운한 감정을 숨기지 않았다. 그런데도 그는 지치지도 않고 변방 오지를 제외한 중국 천하를 주유하기를 멈추지 않았다.

B.C. 495년, 공자가 노나라에서 추방당한 지 2년이 되던 해에 노나라의 제후 정공이 죽고 아직 어린 애공哀公이 뒤를 이었다. 그리고 3년 뒤인 B.C. 492년에는 노나라에서 제후를 무력화시키고 실질적인 권리를 행사하던 계 씨의 족장 계환자도 죽었다. 죽기 전 계환자는 덕망이 높은 공자 일행을 추방한 것이 노나라의 국운이 쇠퇴하게 된 원인이라고 판단하고 공자에 대한 추방 처분을 취소케 했다. 이 조치로 공자는 조국 노나라에서 추방당한 지 13년 만에 고국 땅으로 돌아올 수 있었다. 이미 60대 후반, 70대를 바라보는 늙은 몸이었다.

환국한 노학자, 노선비에게 노나라는 대부의 지위를 주고 정책을 건의하는 고문의 역할을 부여하였으나 공자는 이 때부터 죽을 때까지 약 5년간을 일절 정치적 발언이나 행위를 삼가고 오로지 저술과 후학의 교육에만 전념했다. 『춘추春秋』의 저술, 『시경詩經』과 『서경書經』 등 고전의 정리 및 재편 작업을 강행한 것도 이 때였다. 이미 현실적으로 국가를 경영하거나 개혁하는 것이 불가능하다고 판단하고 먼 미래를 내다본 후학 양성으로 목표를 바꾼 것이었다. 이러한 궤도 수정은 대성공이었다. 아마 공자 스스로도 예측하지 못했을 정도로 제자 양성사업은 활기를 띠었고, 그 파장은 길었다.

그는 학교를 열어 공식적으로 학생들을 가르치기 시작했다. 공자 이전에도 중국에서는 학교가 있었으나 본격적인 학교 교육은 공자로부터 비롯된 것이었다. 이 점에서도 그는 큰 스승으로서 스스로 자리매김을 한 것이었다. 가르치는 과목은 예禮, 악樂, 서書, 시詩, 역易, 춘추春秋의 여섯 과목, 육예六藝였다.

B.C. 483년, 외아들 리鯉가 아버지에 앞서 죽었다. 이어서 2년 뒤인 B.C. 481년에는 학문의 후계자로 생각했던 안회顔回가 모진 가난 속에서 병을 얻어 죽었다. 이어서 자로子路가 불귀의 객이 됐다. 아들과 아들 못지않게 사랑하고 의지했던 제자들이 하나씩 타계하자 자로가 죽은 다음 해에 공자도 병이 들어 눕게 되었다. 그리고 B.C. 479년 4월 기축己丑일에 공자는 74세로 세상을 떠났다.

군자와 소인

공자의 사상과 행적은 그의 사후 제자들이 편찬한 것으로 보이는 『논어』와 수제자인 증삼曾參이 저술한 『대학大學』, 그리고 손자인 자사子思가 편찬한 것으로 알려진 『중용中庸』, 『맹자孟子』와 사마천司馬遷의 『사기史記』 본기本紀와 열전列傳 등 많은 기록들이 전하고 있어 비교적 소상한 부분까지 재구성해 낼 수 있는 편린을 제공하고 있다. 이 중에서 『대학』은 유학儒學의 문에 들어서는 초심자에게 '덕이란 무엇인가'를 가르치는 짧은 글이며, 『중용』은 천인합일天人合一과 중용의 도를 중심으로 유학의 핵심사상을 도출한 것이나 이것 역시 『논어』에 비하면 그 분량이 상대적으로 적은 편이다. 결국 공자 사후 제자들에 의해 집성된 『논어』야말로 공자의 행적과 사상을 집대성한 보고라 할 것이다.

대개 역사상 성인의 반열에 드는 사상가들은 그들의 사상을 꿰뚫는 하나의 키워드, 즉 핵심 개념이 있다. 공자에게 그것은 인仁이다. 인은 공허한 학문적 사유의 결과물이거나 관념이 아니라 실제의 삶에서 지니고 실현해야 할 가치이자 인간이 지닌 지고의 속성이었다. 따라서 공자는 몸을 죽여서라도 인을 달성코자 하였다[殺身以成仁]. 사유된 관념이 아니라 구체적인 현장의 삶이었기 때문에 사람마다, 상황에 따라 인의 현현하는 모습은 달랐다. 예컨대 공자는 인이 무엇이냐는 물음에 묻는 사람의 처지와 성정에 따라 다른 대답을 내놓았다. 번지樊遲가 인에 대해 묻자 공자는 "사람을 사랑하라"고 하였고, 중궁仲弓에게는 "자기가 하고 싶지 않은 일을 남에게 끼치지 말라"고 했으며, 안회顔回에게는 "나를 이기고 예로 돌아가는 것"이라고 했다. 이 모든 말들은 "인仁은 사람이다"는 한 마디로 아우를 수 있다. 인류가 나무에서 내려와 공동체를 구성하여 살면서 줄곧 염려하고 고민해 왔던 것, 전체와 개인, 나와 남, 개인의 행복과 공동체의 행복 사이에 조성되던 긴장을 해소하기 위하여 개발된 윤리학과 정치학의 측면에서 나온 과제이자 덕목이다. 공자는 영혼의 구원 문제나 존재의 본질 따위에 신경 쓸 겨를이 없었다. 그러나 인仁을 이루기 위해서는 결국 이 우주가 무엇이며 세상은 무엇이고 인생은 또 무엇인지 하는 문제들과 맞닥뜨리는 것은 필연이다. 여기서 지智가 필요하게 된다. 인의예지신仁義禮智信의 오상五常으로 벌어지는 까닭이 여기 있다.

"어질지 못한 사람은 좋지 못한 환경에서는 오래 견디지 못하고, 반대로 좋은 환경에서는 곧 타락하고 만다. 그러나 어진 사람은 어질게 삶을 누려 평안을 얻고, 지혜로운 사람은 어질게 살아 이로움을 얻는 다."(『논어』「이인」)

"어질게 사는 것보다 더 아름다운 것은 없다. 그러므로 사람이 인을 가려 그것을 실천하는 것은 당연한 일이며 지혜로운 일이다."(『논어』「이 인」)

"어진 사람은 사람을 사랑할 줄도 알고 미워할 줄도 안다."(『논어』「이 인」)

"진심으로 인仁에 뜻을 둔 사람이면 결코 악을 범하지 않는다."(『논어』 「이인」)

인仁의 의를 갖추어 어질게 사는 사람을 군자라고 했다.

"사람은 누구나 부하고 귀하기를 바란다. 그러나 군자는 정당하지 못한 길을 통해 얻어지는 부나 귀를 원치 않는다. 가난하고 천하게 사는 것은 누구나 싫어한다. 그러나 빈천貧賤은 정당하지 않은 길로 밀어닥칠 때가 많다. 비록 부당하게 밀어닥친 빈천도 군자는 굳이 버리거나 벗어나려고 애쓰지 않는다. 군자는 오직 인仁을 알고 실천하는 일에만 관심을 두어야 한다. 그렇지 않은 사람은 군자라고 할 수 없다. 군자는 아무리 어렵고 급한 처지에 몰리더라도 인에서 벗어나거나 인을 잊는 일이 없어야 한다."(『논어』「이인」)

"군자는 세상 모든 일을 자기 멋대로 판단하고 처리하지 않는다. 오직 의義에 비추어 합당한지 가려서 판단하고 실천할 뿐이다. 마음이 어진 군자는 덕德을 생각하지만 소인은 땅과 재물만을 생각한다. 또 군자는 나라의 법도를 늘 생각하지만 소인은 이로움만 추구한다.(『논어』'이인」)

"나는 아직까지 참으로 인을 좋아하여 실천하는 사람을 만나본 일도 없고 또 불인不仁을 멀리하려고 애쓰는 사람을 본 일도 없다. 인을 좋아하여 실천하려고 노력하는 사람이라면 그보다 좋을 수가 없겠지만 불인을 멀리하려고 노력하는 것도 인에 가까워지는 방법일 수 있다. 불인에 빠지지 않도록 몸을 지켜나가면서 작게라도 인을 실천하려는 마음가짐만 지니고 있으면 누구나 인에 도달할 수 있을 것이다. 아무리 노력해도 그렇게 안 된다고 항변하는 사람도 있겠지만 나는 그런 사람을 이해할 수 없다."(『논어』「이인」)

자연스럽게 인의예지仁義禮智가 다 나왔다. 인仁의 구체적인 표출이 예禮이며, 예의 근본정신이 의義이고 의義와 예禮를 알고 택하는 능력을 지智라고 한다. 그러므로 인의예지는 별개로 추구해야할 덕목이 아니라 하나의 가치가 현실과 만나 구체적으로 실현되는 모습을 보여준다.

그럼 인이란 구체적으로 무엇인가? 공자에 의하면 '공동체의 의에 나를 맞추는 것'이다.

"군자는 자기 주관에 따라 판단하지 않고 객관적인 진리인 의에 비추어 판단하고 행동하며" 지위를 얻지 못했다고 불만스러워하지 않고 "더 열심히 실력을 기르며" 각기 지닌 특성과 자질에 따라 공동의 의를 추구하고 헌신하고, 재물을 먼저 생각하는 소인배들과 달리 나라를 먼저 생각하는 자세(군자는 의에 밝고 소인은 이해관계에 밝다), 이것이 공자가 생각하는 군자의 모습이다. 군자의 도리가 여기서 그치는 것이 아니다. '훌륭한 일을 보았을 때는 나도 그렇게 되고자 노력'하고, 부모가 잘못을 저질렀을 때는 반항하는 것이 아니라 부드럽게 간諫하며, 말을 가볍게 내뱉지 않고 일단 뱉은 말은 실천에 옮겨야 한다. 또 검약을 몸에 배게 해야 하고 우정과 충정에서 비롯된 말이라도 너무 자주 하면 미움을 받게 되니 욕된 꼴을 당하지 않도록 주의해야 한다. 이런 것들이 모두 군자가 갖추어야 할 덕목이다. '덕이 있는 사람은 외롭지 않으니 반드시 이웃이 있다(『논어』 「이인」)'고 했다. 그러나 정작 공자 자신은 가끔 '아무도 나를 알아주지 않는다'고 외로워하여 탄식했던 흔적이 보인다.

인仁은 우리말로 '어질다'로 풀이된다. 공자의 말을 들어보면 어진 성품은 타고나는 것이 아니라 후천적으로 길러지는 것이다. '군자는 오직 어질고 의로운 일에만 관심을 가지고 노력하는 사람'이라고 하는 것이 그 예이다. 인을 실천하지 못하더라도 불인을 고치고 줄이려는 노력이라도 해야 한다는 것이니 이 또한 후천적 교육과 수행(연마)에서 얻어지는 것이다.

그럼 대체 '어질다'는 것은 뭐가 어떻다는 것인가? 국어사전(『새 우리말 큰사전』, 삼성출판사)을 들여다보니 '마음이 너그럽고 인정이 두터우며 슬기롭고 착하다, 인자하고 덕행이 높다'라는 설명에 덧붙여 관련 속담으로 '집이 가난하매 어진 아내를 생각하고, 나라가 어지러우매 어진 정승을 생각한다'를 들고 있다.

우리말에서 '어질다' 함은 대체로 성품(마음)이 부드럽고 온화하다, 착하다, 너그럽다는 등의 뜻을 담고 있다. 이는 모질다, 난폭하다, 거칠다, 나쁘다, 매섭다, 모나다 등의 부정적인 성품과 대비된다. 죄지은 것으로 의심되는 놈이 잡혀 오면 그 당장에 "저놈 목을 쳐라" 하면 포악한 지도자가 될 것이고 그 죄인의 잘잘못을 치밀하게 따지고 증거를 모은 후 죄에 합당한 처벌을 내리면 어진 지도자가 될 것이다. 이때 어질다는 말 속에는 '지혜롭다'는 뜻도 들어 있다. 지혜롭지 않고 어질기만 한 사람은 바보나 다름이 없기 때문이다. 공자도 온갖 수모를 참고 견디는데 이골이 난 사람처럼 보였으나 삼환이 주제를 잊고 거들먹거리며 개선될 희망이 보이지 않자 주저 없이 그들을 비판하고 노나라를 떠나 망명의 길로 나섰다. '상가의 개'처럼 주유하면서도 제후나 공경들에게 비굴하게 밥과 따뜻한 잠자리를 빌지는 않았다. 어진 것은 비굴한 것이 아니며 오히려 진리가 핍박 받을 때는 감연히 일어나 진리[義]를 옹호하되 목숨을 아끼지 않는 용기가 있는 사람이 군자라고 했다. 어질지 못한 사람의 특징을 음미함으로써 우리는 그 반대편에 서 있는 어진 사람의 모습을 그려낼 수 있다.

"교묘한 말과 보기 좋은 표정으로 꾸며대는[巧言令色] 사람은 어진 사람이 아니다."(『논어』「학이」)

어진 사람이 곧 군자이다. 벼슬이 높아서가 아니라 정신적 품위가 높고 그릇이 큰 사람을 일컫는 호칭이다. 공자의 말 속에서는 군자라는 말이 수 없이 반복된다. 그 반대는 물론 소인이다. 세상은 군자와 소인으로 이루어져 있는 것처럼 보인다. 그 중간은 없다. 군자는 인仁을 이해하고 인을 실천하려고 노력하는 사람이어야 한다. 그게 쉽지 않다는 것을 공자도 알고 있었다.

안연이 "인이란 무엇입니까?" 하고 묻자 공자는 이렇게 대답했다.

"극기로서 예를 되찾는 것이 인이다. 하루만 능히 극기하여 예를 되찾으면 천하 만물이 다 인으로 돌아오게 된다. 인이란 나 자신에 의해 말미암은 것이지 남이 만들어주는 것은 아니다."

"더 구체적으로 말씀해 주십시오."

"예가 아니면 보지를 말고 예가 아니면 듣지도 말며, 예가 아니면 말하지도 말고 예가 아니면 움직이지 않는 것이다."

그러자 안연이 말했다.

"회가 비록 부족하나 가르침을 실천하도록 노력하겠습니다."(『논어』「안연」)

공자는 같은 질문(인이 무엇인가?)에 똑 같은 대답을 내놓는 법이 없었다. 사람에 따라, 묻는 정황에 따라 대답은 달랐다.

사마우司馬牛가 인에 대해 물었다.

"어진 사람은 말이 무겁다."

"말이 무겁다고 해서 그 사람을 어질다고 할 수 있겠습니까?"

"인을 진정으로 실천하려고 노력하는 사람이면 인의 실천이 얼마나 어려운지 잘 알게 될 것이므로 자연 말이 무거워질 수밖에 없는 것이다."(『논어』「안연」)

말이 무겁다, 걱정과 두려움이 없다 등의 외형적인 모습은 내면적인 성숙이 밖으로 표출되는 현상일 뿐이라고 공자는 말하고 있다. 그러나 그 내면적인 성숙은 아무나 이를 수 있는 것이 아니다.

"나는 아직까지 참으로 인을 좋아하는 사람을 만나본 일도 없고, 불인을 멀리하려고 노력하고 있는 사람도 본 일이 없다"고 할 정도로 인을 좋아하고 실행하는 것이 어렵고 희귀한 일이라면 대체 이 세상을 인으로 다스린다는 것이 가능한 일일까? 그러나 여기서 절망할 필요는 없다. 인은 현실적 목표가 아니라 이상이기 때문이다. 인을 완전히 이해하고 좋아하며 실행하고자하는 마음가짐, 그것이 중요하다는 것이다. "불인을 멀리하려고 노력하는 것도 인에 가까워질 수 있는 길"이라고 공자는 말하고 있다. 그러므로 공자가 말하는 군자는 어떤 경우에도 인을 실행하는 완성된 인간 유형이 아니라 그곳에 도달하기 위해 노력하는 인간으로 보는 것이 타당할 것이다. 이 점에서 군자는 종교적 성인聖人과 구별된다. 군자가 누구인지 공자의 말을 빌려 좀 더 살펴보기로 한다.

"남이 나를 알아주든 알아주지 않든 상관하지 않고 학문에만 전념하는 것은 군자의 자세이다."(『논어』「학이」)

"군자는 항상 중후한 태도를 잃지 말아야 한다. 그렇지 못하면 사람들로부터 존경을 받지 못하며 학문도 이루지 못한다. 군자는 무엇보다 자신과 타인에게 성실해야 한다. 벗을 고를 때는 반드시 자기보다 나은 인물을 고르고 잘못을 저질렀을 때는 그 자리에서 즉시 고쳐야 한다." (『논어』「학이」)

"군자는 편한 거처나 맛있는 음식을 탐착하는 욕망에 이끌려서는 안 된다. 해야 할 일은 민첩하게 해치우고 자기가 한 말에 대해서는 책임을 져야한다. 나아가 같은 계통의 인격이 높은 사람을 스승으로 받들어 자신의 독선적인 아집에서 벗어나야 한다. 이렇게 해야만 학문을 사랑한다고 할 수 있다."(『논어』「학이」)

"군자는 한 가지 재주에만 기울어진 사람이 아니다."(『논어』「위정」)

자공이 군자의 자격에 대해 묻자 공자는 이렇게 대답했다. "말을 하기에 앞서 실천을 해야 한다."(『논어』「위정」)

"군자는 누구와도 친하지만 자기편을 만들지 않는다. 소인은 자기편을 만들지만 진심으로 친하지 않는다."(『논어』「위정」)

"군자는 말하는 것은 더디나 실천은 빠르다."(『논어』이인)

이상 예를 든 '공자 말씀'은 수신교과서에 나올법한 자잘한 잔소리들처럼 들린다. 그러나 그 하나하나를 음미해 보면 자잘해 보이는 마음가짐과 행위의 지침을 밝힌 공자의 가르침은 누구나 다 알고 있는 것 같으면서도 실행에 옮기기는 매우 어려운 이상적 인간의 한 단면들임을 알 수 있다. 공자는 '군자'의 자격으로 어마어마한 덕목을 요구하지 않았다.

안연顏淵과 자로子路가 선생님을 모시고 있었다. 공자가 그들에게 물었다.

"너희들이 이상으로 생각하는 인간은 어떤 것이냐?"

자로가 대답했다.

"타는 것이든 입는 것이든 내가 가지고 있는 것은 무엇이든 벗들과 함께 쓰고, 혹 그들이 그 물건을 부숴버리거나 찢어버리는 일이 있더라도 조금도 아까워하는 마음이 일어나지 않는, 그런 사람이 되고 싶습니다."

다음으로 안연이 대답했다.

"잘했다고 자랑하지도 않고, 공을 세우고도 내세우지 않는 그런 사람이 되고 싶습니다."

이번에는 자로가 선생님께 되물었다.

"선생님의 이상은 무엇입니까?"

"늙은이를 편안케 해주고, 친구들을 진실되게 해주고, 젊은이들에게는 다정하게 해주는 것이 나의 이상이다."

여기서 말하는 이상은 '군자'다. 군자의 도리가 멀리 있는 것이 아니라 바로 내 이웃에 대한 진실한 사랑과 연민이라는 것을 가르쳐 주고 있다. 그것이 매우 어렵다는 것을 사람들은 알게 될 것이다. 공자도 오죽했으면 "자기의 잘못을 깨닫고 자신을 꾸짖는 사람을 한 번도 만나본 일이 없으니 이 얼마나 안타까운 일이냐?"고 한탄할 정도였다. 참되고 성실한 사람은 많다. 그러나 여기에 더하여 학문을 좋아하는 성품까지 갖춘 사람은 만나보지 못했다고 그는 탄식한다. '학문을 좋아한다'는 것은 요즘 말로 박사학위를 딸 정도로 학교를 많이 다녀야 한다는 뜻은 아니다. 진실을 추구하는 강한 욕구를 공자는 '학문을 좋아한다'고 표현한 일이 더러 있었다. 2014년 대한민국, 대통령 박근혜가 지명한 국무총리와 장관들이 국회 청문회와 그에 앞선 언론 청문회에서 줄줄이 낙마했었다. 어떤 이는 잘못된 역사관 때문에, 어떤 이는 부정 전입, 또 어떤 이는 논문 표절 때문에 그 자리(영의정과 판서 자리)에 올라보지도 못하고 밀려났다. 밀려나면서 그들이 진정으로 자신의 과오를 시인하고 뉘우쳤을까? 그렇게 믿는 바보는 없다. 모두들 "다들 하는 일인데 왜 하필이면 나만 가지고 야단이냐?" 하고 재수 없다는 표정이 역력했다. 이 시대에도 군자는 없고 소인배만 득시글거리는데 대통령이라는 사람 주변에 있는 사람들이 죄다 그런 사람들인 것 같아 안타까울 뿐이다.

"아무리 작은 마을이라도 거기에는 참되고 성실하기가 나 같은 사람이 반드시 있기 마련이다. 그러나 나처럼 학문을 좋아하는 사람은 아무도 없을 것이다."(『논어』「공야장」)

이 대목에서 우리는 공자가 말한 '군자'의 전형과 만난다. 참되고 성실한 것은 기본이고 그 위에 '학문을 좋아하는 성품'을 지닌 사람을 일컫는 말이다.

사마우司馬牛가 군자의 자격을 묻자 공자가 대답했다.

"마음속에 걱정과 두려움이 없는 사람이 군자다."

"걱정과 두려움이 없는 것만으로 군자라 할 수 있겠습니까?"

"양심에 비추어 부끄러움이 없으면 걱정도 두려움도 없게 되는 것 아니냐?"(『논어』「안연」)

노나라 애공이 공자에게 물었다.

"제자들 가운데 누가 학문을 좋아합니까?"

"안회顔回라는 사람이 있었습니다. 그는 남에게 노여움을 갖는 일이 없었고, 같은 잘못을 두 번 되풀이하는 일도 없었습니다. 그러나 명이 짧아 지금은 죽고 없습니다. 그가 없는 지금, 참으로 학문을 좋아하는 사람은 없는 것 같습니다.(『논어』「옹야」)

'학문을 좋아한다'의 논어 원문은 '호학好學'이다. 거창한 용어를 쓰지 않고 그저 '좋아한다'고 표현한 공자의 말을 너무 가볍게 새겨서는 곤란하다. 그는 "아침에 도를 깨치면 저녁에 죽어도 좋다"(조문도朝聞道 석사가의夕死可矣)고 했다. '도를 깨친다', '도를 듣는다'는 것은 진리를 안다는 뜻으로 대체되어도 좋을 것이다. 공자가 그토록 원했던 것은 진리였다. 이제 공자의 배에 동승하여 진리의 바다로 저어갈 차례다.

사후세계는 인정하지 않으나 제사는 열심히

중국인들은 전통적으로 실용적인 사고를 존중하는 편이었다. 풍우란 馮友蘭은 그의 저서 『중국철학사』에서 그 점을 이렇게 변명했다.

"중국 철학자들은 대체로 지식 그 자체를 가치 있는 것으로 여긴 적이 없었기 때문에 지식을 위한 지식을 추구하지 않았다. 직접 인간의 행복을 증진할 수 있는 지식의 경우 중국 철학자들은 역시 그것을 행하여 인간의 행복을 증진할 수 있기를 희망했지 공언空言으로 토론하기를 원치 않았다. '최상의 일은 덕을 수립하는 것[立德]이요, 그 다음은 공을 수립하는 것[立功]이요, 그 다음이 주장을 수립하는 것[立言]이다.' 중국 철학자들은 대체로 이른바 내성외왕의 도內聖外王之道를 논했다. 내성은 입덕이요, 외왕은 입공이다. 즉 그들의 최고 이상은 실제로 성인의 덕을 소유하고 실제로 제왕의 공을 일으켜 소위 성왕聖王이 되는 것으로서, 플라톤이 말한 철인왕哲人王이 그것이다."

여기서 말하는 '중국의 철학자들'에는 공자도 포함된다. 공자는 사람이 죽은 뒤에 어디로 가는지, 내세가 있는지 없는지, 우주를 형성하고 있는 기본적인 것이 무엇인지 그런 문제, 종교적 신앙의 차원이나 형이상학적인 존재론, 그리고 서양철학에서 말하는 인식론 같은 것에는 별로 관심을 두지 않았던 것이 사실이다. 전혀 관심이 없었다기보다 이상적인 사회 건설과 같은 현세의 일에 비해 상대적으로 관심이 적었다고 볼 수 있다. 그러나 관심이 상대적으로 적었다는 것일 뿐 아주 없었던 것은 아니었다.

여기서 굳이 공자의 내세관을 먼저 살펴보려는 것은 내세관과 현세관은 늘 사물의 표리처럼 함께 하기 때문이고 내세관은 곧 사회와 역사에 대한 인식의 출발점이기 때문이다. 공자로부터 비롯되는 유가儒家의 내세관은 공자 이전 고대 중국 역사에서 형성된 원형으로서의 유물유칙有物有則에 따른 형이상학적인 존재관에 뿌리를 두고 있다. 여기에 역학易學의 역동성이 가세하여 물극필반物極必反의 사상을 자연스럽게 수용하고 있는 것이다. 대표적으로 공자도 그러하고 후세 유가도 그러하듯 자주 '하늘'을 운위하고 있으나 그 하늘은 기독교의 하나님처럼 인격신도 아니고 천체물리학적인 하늘과도 구분되는 초자연적이고 초인간적인 것의 총체로서 자주 등장한다. 때로는 '자연의 섭리'도 되고 때로는 '운명'으로 읽히기도 하며 또 때로는 '백성의 마음' 곧 민심과 동의어로 사용되기도 한다.

계로(季路, 子路)가 귀신은 어떻게 섬겨야 하느냐고 물었다. 그러자 공자가 말했다.

"귀신을 올바로 섬기기 전에 사람을 올바로 섬기도록 노력하는 것이 옳다."

"그러면 죽음이란 대체 어떤 것입니까?"

"사는 것도 잘 모르는데 죽음을 어떻게 알겠느냐?"(『논어』「선진」)

위의 대화를 통해 우리가 알 수 있는 것은 중국에서는 고대부터 귀신을 섬겨 왔다는 것, 그리고 공자는 귀신 섬기는 일에 별 관심을 두지 않았다는 것, 그러나 귀신을 아주 부정하지도 않고 옛 사람들의 생각을 그대로 수용, 답습했다는 것 등이다.

공자가 별 생각없이 그 존재를 받아들인 중국의 귀신은 무엇인가?

귀신鬼神은 귀鬼와 신神의 복합어이다. 두 개념은 비물질적 존재, 초월적 존재라는 점에서는 유사점이 있으나 그 위상에서는 현저하게 다른 개념이었다. 신神은 최고신인 상제上帝를 정점으로 그 아래에 오제五帝를 비롯한 온갖 신들이 옹립하고 있다. 이들 신들의 세계도 노여워하고 늙고 병들고 시기하고 질투하여 때로는 하늘에서 마구간지기를 하다가 상제의 노여움을 받아 지상으로 내려왔다는 등의 전설이 수없이 생겨나는 것으로 보아 하늘나라의 조직과 생활이 이승의 인간세계와 그다지 다르지 않다는 것을 알 수 있다. (신들도 연애를 한다. 견우와 직녀처럼) 어쩌면 인간 세상을 그대로 옮겨놓은 것이 하늘나라 신들의 세계이다. 이는 중국인들의 상상력의 한계일 수도 있으나 어쨌든 저들만의 독특한 사생관死生觀의 산물임은 분명하다. 이승과 저승의 경계가 뚜렷하지 않은 인신人神이다.

귀鬼는 귀歸와 동의어로서 '돌아간다'는 뜻을 지니고 있는 말이다. 사람이 어디서 왔는지는 모르지만 원래의 그 자리로 돌아가는 것, 그것이 죽음이다. 그러므로 귀의 세계는 인간의 본래 자리이자 원형질과 같은 것이다. 죽음이라는 과정을 통하여 육신을 벗고 '돌아가는' 것의 다른 명칭은 혼백魂魄이다.

공자는 귀신이나 혼백의 상태와 변화에 대한 구체적인 언급을 하지 않았으나 『주역周易』에서는 "정기가 응취凝聚하여 사물이 되고 그것이

흩어지면 혼백으로 변화하니 이로써 귀와 신의 정상을 안다"고 하였다. 사물(인간을 포함하여)은 정기가 응취하여 된 것이며 죽음은 그 해체 현상이다. 죽음으로 해체된 혼백 중에서 혼은 하늘로 올라가고 백은 땅으로 돌아간다고 보았다.

공자보다 훨씬 후세에 태어난 왕충(王充, 27~99?)은 그의 저서 『논형論衡』에서 "사람이 살아 있는 것은 정기精氣가 있음인데 죽으면 정기가 소멸된다. 정기는 혈맥에서 나오는 것으로 죽으면 혈맥이 고갈되고 정기도 소멸된다. 혈맥이 고갈되고 정기가 소멸되면 형체는 썩어 재와 흙이 될 뿐인데 달리 무엇이 있어 귀가 된다고 하겠는가. 죽은 사람은 귀가 될 수 없으며, 이 문제는 우리가 명확하게 알 수도 없다. 아직 생겨나지 않았을 때 존재를 알 수 없는 것과 같은 이치다.

또 사람의 죽음은 불이 꺼지는 것과 같다. 불이 꺼지면 빛이 사라지는 것처럼 사람이 죽으면 인식작용이 소멸된다. 음양의 기가 응취하여 사람이 되었다가 수명이 다하여 죽으면 돌아가 다시 기가 되는 것이다. 그것뿐이다." 생명은 기가 뭉쳐진 상태이고 죽음은 기가 해체되어 원래의 상태로 환원하는 것이다. 여기서 대체 무엇이 있어 귀가 되고 신이 된다는 말인가. 귀신의 존재에 대한 강한 부정이다. 공자가 귀신의 존재, 즉 사후세계에 대해 진지하게 생각하여 가르침을 통해 밝힌 일이 없다는 것은 그가 왕충의 생각처럼 귀신의 존재를 허구일 뿐이라고 생각했을 것으로 짐작할 수 있다. 공자의 유가儒家를 강렬하게 비판해 온 묵자墨子는 그의 저서 『묵자』(「비유」)에서 공자를 일컬어 "귀신이 없다고 하면서 제례를 배운다"고 하여 그 모순됨을 통렬하게 비난한 바가 있거니와 귀신에 대해 별반 믿음도 없으면서 제사는 철저하게 지내도록 권하고 스스로 제례를 집행해 온 공자의 이중적이고 모순된 행위는 공자를 비난하는 비평가들에게 좋은 소재를 제공해 주고 있다.

공맹자가

"귀신은 없습니다."

또 말하였다.

"군자는 반드시 제사 지내는 예를 배워야 합니다."

이에 묵자가 말했다.

"귀신이 없다고 하면서 제사 지내는 예를 배우라고 하는 것은 마치 손님이 없는데도 손님을 대접하는 예를 배우는 것과 같고 고기가 없는데도 고기 잡는 그물을 만드는 것과 같소."

공자의 유학을 계승 발전시킨 신유가新儒家도 귀신의 존재를 부정했다. 그러나 제사 지내는 의례는 세밀하게 발전시켰다. 이 모순된 행위는 무엇인가? 공자는 영혼의 영생과 초자연적 실체를 인정하지 않으면서도 충효와 같은 도덕적 가치를 실현하기 위한 방편으로 제사를 적극 권장해왔던 것이다.

인간 존재가 기의 응취이고 그 해체가 죽음이라면 살아 있을 때와 같은 기억과 인식능력을 지닌 동일체로서의 사후 존재는 있을 수 없다. 즉 생전의 지극한 사랑을 기억하여 이승을 떠나지 못하는 귀신, 너무나 깊은 원한 때문에 저승 문턱을 넘지 못하고 이승 공간을 떠도는 혼백 같은 것은 있을 수 없는 얘기들이다. 상상력이 빚은 허상일 뿐이라는 것이 신유가의 대체적인 생각이었다.

문제는 사실이 그렇다면 제사는 뭐냐?는 것이다. 그들의 어버이가 죽으면 시체를 염하지도 않고 뉘어 둔 채로 지붕에 올라갔다, 우물을 들여다보았다, 하기도 하고 쥐구멍을 쑤시고 손 씻는 그릇을 뒤지고 하면서 죽은 이를 찾는다. 정말로 (귀신이) 존재한다고 하면 이 얼마나 어리석기 짝이 없는 일인가. 만약 귀신이 없다는 것을 알면서도 짐짓 찾아보는 것이라면 이 얼마나 큰 거짓인가.

또 (유가들은) 장가를 들 적에 신랑이 신부를 친히 마중하러 나가는데, 검은 옷을 입고 수레몰이가 되어 말고삐를 잡고 수레의 손잡이를 친히 쥐고 마치 친부모를 마중하듯 한다. 이처럼 유가의 혼례 의식은 위아래가 뒤집히고 부모를 거스르는 점에서 제사를 모시는 것과 같다. 부모가 아래로 처자를 따르고 처자들은 위로 부모 섬기는 일을 침해하니 이를 두고 가히 효도라 할 수 있겠는가? 이에 대해 유가들은 말한다.

"처를 마중하는 것은 그와 더불어 제사를 받들 것이기 때문이며 자식은 종묘를 지키게 될 것이므로 그들을 소중히 하는 것이다."

이에 대해 말하겠다.

"이는 거짓말이다. 그의 집안 형은 그들 선조의 종묘를 수십 년 지켰는데도 죽으면 고작 1년의 상을 입는다. 또 형제의 처는 그들 조상의 제사를 받드는 데도 아예 복을 입지도 않는다. 그런데도 처자가 죽으면 3년의 복을 입으니 반드시 종묘의 제사를 받들기 때문만은 아닌 것이 분명하다. 이 같이 처자를 아끼는 행위가 이미 큰 잘못을 저지르고 있는데도 그들은 그 모든 일이 부모를 소중히 하기 때문이라고 강변한다.

이는 지극히 사사로운 것을 소중히 하고자 하여 지극히 중한 것을 가벼이 하는 행위이니 어찌 간사한 짓이 아니겠는가?"(이상 『묵자』 「비유」하)

귀신의 존재, 즉 사후세계를 인정하지 않으면서도("공자는 괴이한 힘이나 어지러운 귀신에 대해서는 말하지 않았다.[子不語 怪力亂神]")면서도 제사 의례는 번거로울 정도로 번잡한 절차를 만들고 이를 실행하도록 강권하는 모순된 행태가 곧 공자 사상의 본질일 수 있다. 인간의 인식 능력 밖의 일에 대해서는 시비是非를 하지 않고 현세의 도덕과 윤리, 질서 유지를 위해 필요한 경우에는 귀신 이야기도 묵인하면서 지상의 사회를 정의롭고 조화롭게 만들어가는 일에 대해서는 철저하게 사고하고 철저하게 실천하는 것이 공자의 본령이었다.

중국 역사의 남상濫觴은 약 5천 년 전 황하黃河의 중, 상류지역에서 시작된다. 중심은 한족漢族이었다. 농경민족인 한족은 지도자의 정치역량을 젖줄인 황하의 치수에서 키우면서 독특한 문화를 만들어 나갔다. 삼황오제三皇五帝의 전설적인 평화시대로 시작하여 하夏, 은殷, 주周의 3대三代 왕조가 이어지면서 역사시대로 진입한다. B.C. 16세기경 하남성河南省 안양현安陽縣을 중심으로 일어난 은나라에 이어 B.C. 11세기경 섬서성陝西省을 중심으로 일어난 주나라 때에 봉건적 지배체제가 확립되었다.

봉건체제는 필연적으로 봉건 영주들(제후들)의 힘이 강해지면서 내부 모순 때문에 체제가 무너지기 마련이다. 주나라도 안으로는 제후들의 반란과 밖으로는 북방민족[戎]의 침입으로 도읍을 낙읍洛邑으로 옮기면서 기울기 시작, B.C. 8세기경부터는 제후들에 대한 통제력이 약화되어 100여 제후국이 각축하는 춘추시대로 접어든다. 고대 왕조가 무너지고 신과 동격이었던 황제의 권위도 추락하면서 가문의 배경이 없거나 약하더라도 개인의 능력에 따라 두각을 나타내는 자가 속출하니 바야흐로 '만인의 만인에 대한 투쟁'의 시대였다. 전란이 끝없이 이어지는 가운데 삶은 곤고困苦했다. 기존의 규범과 가치관이 무너진 가운데 새로운 가치관에 대한 모색이 이루어졌다. 제자백가諸子百家가 일어나 백가쟁명百家爭鳴을 이룬 때가 이 무렵이었다. 공자는 춘추시대의 한가운데서 활약했다.

공자는 하, 은, 주 3대의 고대왕조 중에서 직전 왕조였던 주나라의 문물을 표본으로 삼았다. 여기에는 이유가 있었다. 은나라가 황하 하류 지역에서 번성하고 있던 무렵 주는 중국의 서쪽 변방인 섬서성 중부 기산岐山에 근거를 두고 있던 제후 중의 하나였다. 문왕 때에 이르러 태공망太公望 여상呂尙의 도움으로 서쪽 지방의 패자覇者가 되고 이어서 문왕의 아들 무왕武王은 민심을 잃은 은나라의 주왕紂王의 대군을 목야牧野에서 패퇴시키고 주왕도 죽인 후 주 왕조를 창업했다.

주는 천하를 통일했으나 도읍이 서쪽에 치우쳐 있었으므로 낙양에 별도로 동도東都를 설치하고 노魯, 진秦, 위魏, 제齊 등의 요지에 후侯를 봉하였는데 태공망 여상은 제齊에 봉했다. 무왕의 동생 주공周公 때 시작된 이 제도를 중국 봉건제도의 시초라 하나 은대에 이미 제후국이 있었으므로 봉건제도는 은대에 시작되었다는 설도 있다.

주대의 문물은 공자가 모범으로 삼았을 정도로 잘 정비되어 있었다. 그러나 12대 유왕幽王은 포사褒姒를 지극히 사랑한 나머지 내정이 문란해져서 외적의 침략을 받아 왕은 살해되고, 그의 아들 평왕平王은 아예 도읍을 낙양으로 옮기고 말았다. 이때를 기점으로 그 이전을 서주西周, 이후를 동주東周로 구분한다.

서주 말에 이르자 제후들의 이반이 심해지고 북방민족의 침입도 잦아지더니 마침내 B.C. 256년 난왕赧王 때에 진秦에 항복함으로써 주나라는 멸망했다. 공자가 활약하고 있던 시기는 동주東周가 명맥을 이어 가던 시기였고 그 문화의 중심지는 노나라와 제나라 등 산동 반도에 근거를 두고 발전해 온 제후국들이었다.

"하나라 때의 예법과 제도에 대해서 나는 말할 수가 없다. 그것을 뒷받침할 증거를 기(杞, 하 왕조 후손을 제후로 봉한 나라)에서 찾을 수가 없기 때문이다. 은나라의 예법과 제도에 대해서도 나는 말할 자료가 없다. 은 왕조의 후손을 제후로 봉한 송宋에서 그 증거를 찾을 수 없기 때문이다. 안타깝게도 두 나라 모두 이에 대한 기록을 보존하지 못하고 있다."(『논어』「팔일」)

옛 왕조에서 훌륭했던 제도를 찾아내어 교본으로 삼고자 했으나 하夏, 은殷 2대의 왕조는 예법과 제도의 기록이 남아 있지 않고 그 후손들이 제후로 봉해져 있는 기杞와 송宋에서도 그 흔적을 찾기 불가능했다고 공자는 아쉬워하고 있다. 이로 미루어 볼 때 주周의 예법과 제도를 이상적인 것으로 설정하고 표본으로 삼았던 것은 주의 문물이 특히 뛰어나거나 훌륭해서라기보다 선대 왕조의 문물 중에서 본받을만한 근거를 가진 문화가 주대의 것에 국한되었기 때문이라고 보는 견해도 있다. 그러나 필자는 주나라에 와서 봉건제도가 정착된 사실을 눈여겨보아야 한다고 생각한다. 결국 공자는 주나라에서 봉건제도의 완성을 보았고, 그 제도를 인간이 지닐 수 있는 정치제도 중에서 최선의 것으로 보았던 것이다. 그 때문에 봉건제도가 무너지기 시작하는 주나라의 후기, 즉 동주시대부터 제후들의 이반離反이 늘어나고 이로 인하여 중국 전체가 혼란스러워진 것을 공자는 개탄했던 것이다.

그의 간절한 희망은 '돌아가는 것'이었다. 좋든 나쁘든 앞으로 흘러가는 역사의 물줄기를 잡고 주나라 시절의 문물제도로 되돌아가라고 그는 외치고 다녔다. 역사를 거꾸로 돌릴 수는 없다는 것쯤은 공자도 알고 있었다. 그가 원했던 것은 천자는 천자답고 제후는 제후다우며 공경과 대부들은 그들 신분에 맞는 역할을 충실하게 다하는 세상, 그 원형으로 주나라를 택한 것이었다.

무왕武王이 세상을 떠난 후 태자 송誦이 왕위를 계승했다. 이 사람이 성왕成王이었다. 성왕의 나이가 어려 주공周公이 국사를 대행하여 주재했다. 성왕은 도읍을 풍읍豊邑에 두었으나 후에는 은 왕조의 유민을 낙읍洛邑으로 이주시켰으며 동쪽으로 회이淮夷를 정벌하고 엄奄나라를 멸망시켰다. 은 왕조의 잔여세력을 소탕하고 주왕조의 관직을 설치하였으며 직책을 나누고 인재 쓰는 법을 제정하였다. 다시 예의를 규정했고, 새로운 음악을 악보로 만들었다. 또 법령과 제도를 고쳤으며 백성이 화목하여 칭송하는 노래가 사방에서 들렸다.

성왕이 세상을 떠난 다음 태자 교釗가 즉위하니 이가 곧 강왕康王이다. 강왕이 즉위한 후 천하의 제후들에게 통고하고 그들에게 문왕과 무왕의 업적을 알렸다. 성왕과 강왕 시절에는 천하가 안정되어 일체의 형벌이 필요 없어졌으므로 모두 한쪽에 내버려두었으며 40년 동안 사용한 적이 없었으니 성왕과 강왕 태평성세의 번영된 광경이 드러난 것이었다. (『사기』「주 본기」)

사실상 주나라 왕조의 개창자인 무왕이 죽고 그 아들과 손자 대에 이르러 주나라는 왕조 초기의 태평성세를 구가한다. 무왕의 태자 송이 왕위를 계승하여 성왕이 되었으나 정치 실무는 무왕의 형제이자 주 왕조 창업의 일등공신이기도 한 주공周公이 섭정攝政했다. 문물제도를 바꾸고 창안하여 마음껏 살기 좋은 세상으로 만들어본 시기였다. 이상국가의 실현을 꿈꾸었던 공자가 부러워할만한 여건을 고루 갖춘 셈이었다. 공자가 주 왕조의 태평성세를 가능하게 했던 문물제도와 함께 주공의 위덕을 크게 기린 것도 그 때문이다. 무릇 태평성세는 공짜로 오는 것이 아니라 통치자의 높은 이상과 그 이상을 실현하려는 의지 및 능력이 있어야 가능하기 때문이다.

『사기』의 저자는 그 태평성세를 40년으로 기록하고 있다. 그 뒤로는 주 왕조에도 포악한 임금, 방종 교만한 임금, 간교한 신하 등이 속출하여 분란과 고통이 끊이지 않았다. 공자가 정치의 모범으로 삼고자 했던 주 왕조는 성왕과 강왕의 시대였다. 보다 정확하게 말하면 주공이 틀을 잡아놓은 주나라의 문물제도였다. 그러나 공자가 동경하여 정치의 모범으로 삼았던 것은 주나라 때 정착시킨 봉건제도 그 자체는 아니었던 것이 분명해 보인다. 왜냐하면 공자는 주나라뿐만 아니라 요순시대의 정치에 대해서도 칭송과 동경을 아끼지 않고 있기 때문이다. 결국 그가 동경했던 것은 고대 왕국도 봉건제도도 아니고 덕치德治 곧 인치仁治였던 것이다.

"요堯임금처럼 위대한 임금이 또 있을까. 우주에서 가장 큰 것은 높고 높은 저 하늘인데 요임금은 그 하늘의 법칙을 그대로 본받아 실행했다. 그의 치적은 너무도 크고 넓어서 백성들이 뭐라고 이름을 붙일 수가 없었다. 요임금은 또 찬란한 정치적 치적만을 쌓은 것이 아니라 그에 못지않게 찬란한 문화를 이룩하였다."(『논어』 「태백」)

요순시대에 대한 공자의 동경과 칭송은 계속된다.

순舜임금에게는 뛰어난 신하가 다섯 사람이 있었다. 이 다섯 사람의 도움이 있었기에 천하가 잘 다스려졌던 것이다. 뒷날 주나라 왕조의 창시자인 무왕은 이렇게 말했다.

"내게는 정무를 맡기기에 충분한 신하가 열 사람이나 있다."

이에 대해 공자는 말했다.

"인재를 얻는다는 것은 지극히 어려운 일이라고 하는데 과연 틀림이 없는 말이다. 요순시대를 지나 주나라 무왕 때 인재가 가장 많았었는데 그 때도 겨우 10명이었다. 그 중에서도 한 사람은 부인(무왕의 어머니이자 문왕의 부인인 태사太姒)이었으니 그를 빼면 겨우 아홉 명에 불과했다. 그 정도의 인재를 가지고도 천하의 3분의 2를 가지게 된 것이다. 그런데도 주나라는 천하를 다 차지하려는 욕심을 내지 않고 은나라를 존속시켜 섬기고 있었다. 힘을 가지고 있으면서도 평화를 유지했던 주나라의 덕이야말로 지극한 덕이라 아니할 수 없다."(『논어』「태백」)

정치의 덕성은 내치에만 필요한 것이 아니라 외부세력과의 평화로운 공존을 위해서도 필요한 것이라고 공자는 강조하고 있다.

"우禹임금은 어느 한 곳도 흠잡을 데가 없는 임금이었다. 평소 식사는 간소하게 하고 종묘의 제사 음식은 풍부하게 차렸다. 평소의 옷차림은 좋지 못한 것으로 입었으나 예복만은 아름답게 갖추었다. 궁전은 판잣집이나 다름없었으나 치수사업에는 있는 정력을 다 쏟았다. 우임금은 정말 나무랄 데가 없는 분이었다."(『논어』「태백」)

회한

공자도 사람이었다. 사람인 이상 회한이 없을 수 없다.

"임금을 섬기는데 있어, 나는 예법에 정해져 있는 그대로를 행하고 있을 뿐인데 사람들은 그런 나를 가리켜 아첨한다고 말하고 있다.(『논어』「팔일」)

"주나라는 하나라와 은나라 두 시대의 문명을 기초로 해서 빛나는 문명을 이루었다. 그러므로 나는 주나라 문명을 보다 높이 평가한다.(『논어』 「팔일」)

진陳나라에서 공자는 말했다.

"이제 그만 돌아가야겠다, 돌아가야겠어. 내 고향의 젊은이들이 나를 기다리고 있다. 넘쳐흐르는 의욕을 주체하지 못하는 그들은 찬란한 무늬의 옷감을 가지고 있으면서도 그것을 어떻게 재단할지 모르고 있다."

"제나라는 조금만 바로잡으면 노나라처럼 될 수 있고 노나라는 조금만 바로잡으면 이상적인 나라가 될 수 있다.(『논어』 「옹야」)

"이미 있는 것을 풀어 말하고 새것을 만들어내지 않는다. 왜냐하면 옛것 가운데 보다 좋은 것을 발견할 수 있기 때문이다. 나의 이런 점은 비교하건대 노팽老彭과 비슷한 데가 있다고 생각한다.(『논어』 「술이」)

"나도 이제 몹시 늙었구나. 꿈에 주공周公을 보지 못한 지가 꽤 오래된 것 같다."(『논어』 「술이」)

"인간의 노력의 목표가 부富를 추구하는 것이라면 나도 그렇게 노력할 것이며, 그러기 위해 아무리 천한 일이라도 사양하지 않겠다. 그러나 부가 인간의 노력의 목표가 아니라면 나는 내가 가고픈 길을 택하겠다."(『논어』 「술이」)

"나물 먹고 물 마시고 팔을 베개 삼아 베고 자는 가난한 생활 속에서도 즐거움은 있는 것이다. 옳지 못한 방법으로 재물과 지위를 얻어 호화로운 생활을 하는 따위는 내가 볼 때 허공에 떠다니는 구름처럼 덧없는 것이다."(『논어』 「술이」)

"내가 몇 해를 더 살아 있어서 쉰 살에 『주역』을 배우게 되면 큰 잘못 없이 인생을 보내게 될 것이다."(『논어』 「술이」)

"나도 태어날 때부터 알고 있는 것은 아니다. 다만 옛 사람들의 남긴 업적을 사모하여 끊임없이 배우고 연구했을 뿐이다."(『논어』 「술이」)

"사람들은 나를 성인이나 인자仁者로 생각하고 있는 것 같은데 이는 사실과 다르다. 나는 다만 성인과 인자를 이상으로 삼아 잠시도 쉬는 일 없이 배우며, 배운 것을 열심히 가르쳤을 뿐이다."
공서화公西華가 말했다.
"그것이 바로 저희들로서는 배울 수 없는 위대한 점입니다."
"최고의 덕을 실천한 사람은 아마 태백泰伯일 것이다. 아버지의 뜻을 받들어 몇 번이나 임금 자리를 아우에게 양보했으나 일반 백성들이 그런 마음을 알아차릴 수 없도록 했다."(『논어』 「태백」)

"설사 주공처럼 뛰어난 재주를 가지고 있는 사람이라도 그것으로 인해 교만하다든가, 남을 위해 자기의 재주를 쓰기를 아까워하는 사람이면 그 밖에 어떤 좋은 점이 있더라도 아무것에도 쓸모없는 사람이 되고 만다."(『논어』「태백」)

"봉황새도 나타나지 않고 하수에 그림도 나오지 않으니 결국 성인 임금을 만나보지 못하고 일생을 마치려나 보다."(『논어』「자한」)

공자는 차라리 오랑캐들이 사는 구이九夷의 땅으로 가서 살았으면 하고 그의 심경을 비춘 일이 있었다.
"그런 야만의 땅에서 어떻게 살 수 있겠습니까?"
누군가 반대하자 공자는 말했다.
"군자가 살게 되면, 야만은 자연히 없어질 것 아닌가."(『논어』「자한」)

흘러가는 강물을 보면서 공자는 말했다.
"지나가는 것이란 저 물과 같다. 낮이고 밤이고 잠시도 쉴새없이 흘러가는 것이다."(『논어』「자한」)

"소나무, 잣나무가 다른 낙엽수와 구별이 되는 것은 겨울이 된 뒤의 일이다."(『논어』「자한」)

"진陳나라, 채蔡나라에서 나를 따르던 사람들은 지금 한 사람도 보이지 않는구나."(『논어』「선진」)

번지樊遲가 농사짓는 법을 배우고 싶다고 말하자 공자는 "농사짓는 법이라면 늙은 농부 쪽이 나보다 나을 것 아니냐"고 대답했다. 그러자 번지는 "그러면 채소 기르는 법을 배우고 싶습니다." 하고 청했다. 공자는 "그건 늙은 채소 경작인이 더 잘 알고 있는 일이다"고 대답했다. 번지가 물러가자 공자가 말했다.

"번지는 참으로 생각이 짧은 사람이다. 윗사람이 예를 소중히 알면 백성들이 어찌 그를 존경하지 않겠으며, 위에서 정의를 사랑하면 어찌 백성들이 복종하지 않겠으며, 윗사람이 믿음이 있으면 어찌 백성들이 성의를 다하지 않겠느냐. 이렇게 되면 이웃 나라의 백성들까지 가족을 거느리고 사방에서 모여들게 될 터인데 몸소 농사를 지을 까닭이 어디 있겠는가?"(『논어』「자로」)

"착한 사람[善人]이 백년간 정권을 잡게 되면 폭력과 흉악범이 자취를 감추게 된다고 하는데 과연 옳은 말이다."(『논어』「자로」)

"군자는 서로 협조하는 마음은 강하나 덮어놓고 같아지려 하지 않으며, 소인은 같아지려고만 하지 협조하려 하지 않는다."(『논어』「자로」)

"군자 밑에서 일하기는 쉽다. 군자는 장점을 살려 사람을 쓰기 때문이다. 그러나 군자의 마음을 사기란 쉬운 일이 아니다. 왜냐하면 군자는 정당한 일이 아니면 반가워하지 않기 때문이다.

소인 밑에서는 일하기가 어렵다. 소인은 상대방의 장점을 알지 못한 채 일을 시키고, 시킨 일을 완전무결하게 해주기를 바라기 때문이다. 그러나 소인의 마음을 사기란 쉽다. 왜냐하면 정당한 방법이 아니라도 비위만 잘 맞추면 되기 때문이다."(『논어』「자로」)

"태연하면서도 깔보지 않는 것이 군자다. 사람을 업신여기고 의젓하지 못한 것이 소인이다."(『논어』「자로」)

"군자이면서 어질지 못한 사람은 있을 것이다. 그러나 소인으로서 어진 사람은 절대로 없다."(『논어』「헌문」)

"군자는 위로 향하고 소인은 아래로 향한다."(『논어』「헌문」)

"옛날 사람들은 자기완성을 위해 학문을 했다. 그러나 지금 사람들은 출세와 명예를 위해 학문을 한다."(『논어』「헌문」)

"나를 아는 사람은 없을 것이다."
공자가 탄식하는 것을 듣고 자공이 물었다.
"어째서 그런 말씀을 하십니까?"
"나는 하늘을 원망하는 일도 없고, 사람을 탓하지도 않는다. 나는 사람이면 누구나 하는 일상에서 시작하여 보다 높은 차원의 진리를 탐구해 왔다. 이런 나를 옳게 이해하고 있는 것은 오직 하늘뿐일 것이다."(『논어』「헌문」)

장저長沮와 걸닉桀溺이 밭일을 하고 있는 옆으로 공자 일행이 지나갔다. 자로가 일행에서 벗어나 그들에게 나루터가 어디로 가야 하는지 물었다. 장저는 나루터를 가르쳐 주지는 않고 이렇게 되물었다.

　　"저기 수레 위에 고삐를 잡고 있는 사람은 누구요?"

　　자로가 대답했다.

　　"공구孔丘라는 분입니다."

　　"그럼 열국을 돌아다니고 있는 노나라의 공구인가?"

　　"그렇습니다."

　　"그 공구라면 나루터쯤은 알고 있을 것 아닌가?"

　　그러면서 나루터를 알려주지 않았기 때문에 자로는 이번에는 걸닉에게 물었다. 걸닉 역시 장저처럼 나루터는 가르쳐주지 않고 반문했다.

　　"그대는 누군가?"

　　"중유仲由라고 합니다."

　　"노나라 공구의 제자인가?"

　　"그렇습니다."

　　그러자 걸닉이 말했다.

　　"도도히 흐르고 있는 저 물을 보게. 세상 모든 것이 다 저 물과 같네. 그런 천하의 대세를 힘으로 어찌 해보겠다는 건가. 이것도 틀렸다, 저것도 틀렸다 하고 돌아다니는 공구 같은 사람을 따라다니는 것보다는 차라리 나처럼 세상을 피해 이렇게 숨어 사는 사람을 따르는 것이 좋지 않겠는가?"

그들은 하던 일을 계속했다. 허탕을 치고 돌아온 자로가 전말을 이야기하자 공자는 실망한 어조로 말했다.

"그렇다고 해서 짐승을 상대로 살아갈 수는 없지 않느냐. 인간은 어디까지나 인간으로 살 수밖에 없다. 세상이 올바르다면 굳이 내가 나설 필요가 없지 않겠느냐. 어지럽기 때문에 바로잡으려고 나서는 것이다."(『논어』 「미자」)

위衛나라 대부 공손조公孫朝가 자공에게 물었다.

"중니仲尼는 누구를 스승으로 하여 배웠는가?"

자공이 대답했다.

"문왕文王과 무왕武王이 전한 도는 끊어져버린 것이 아니다. 지금도 사람들에 의해 계승되고 있다. 어진 사람은 근본적인 것을 알고 있고, 어질지 못한 사람은 지엽적인 것을 지니고 있을 뿐 사람마다 문왕과 무왕의 도를 일부나마 가지지 않은 사람은 없다. 그러니 우리 스승님께서 어떻게 그들로부터 배우지 않을 수 있으며, 또 구태여 어느 한 사람을 스승으로 삼을 까닭이 없지 않겠는가?"(『논어』 「자장」)

요堯는 천자의 자리를 순舜에게 물려주면서 이렇게 일렀다.

"이제 하늘의 명은 너에게 내려지게 되었다. 중용의 도를 지켜 성실하게 정치를 행하라. 그렇지 못하여 사해四海 안이 살기 어렵게 되면 하늘이 네게 준 녹도 영영 끊어지고 말리라."

순도 같은 말로써 천자의 자리를 우禹에게 물려주었다.

탕湯은 폭군 걸傑을 칠 때 이렇게 맹세했다.

"소자 이履는 감히 현모玄牡를 바치고 거룩하신 천제天帝께 아뢰옵니다. 죄 있는 것을 감히 용서하지 못하며, 선량한 천제의 백성들을 (폭군의 아래에) 버려두지 못합니다. 이는 곧 천제의 마음임을 아오니, 만일 저에게 죄가 있으면 그것은 만방에 있는 모든 사람들과는 아무 상관도 없는 일이지만, 만방의 백성들에게 죄가 있다면 그 책임은 오로지 저에게 있사옵니다."

무왕武王이 폭군 주紂를 칠 때도 이렇게 맹세했다.

"천제의 은총으로 주나라에는 선량한 사람이 많습니다. 아무리 가까운 집안이라도 어진 사람의 도움만은 못합니다. 만일 백성들에게 잘못이 있으면 그 책임은 저 한 사람에게 있습니다."(『논어』 「요왈」)

"도량형을 통일하고, 법률을 정비하고, 관직과 제도 등을 다시 검토하여 알맞도록 고쳐나가면 정치는 구석구석까지 고루 잘 행해지게 될 것이다. 망한 나라들은 다시 일으켜 세우고 뒤가 끊어진 집안은 다시 이어주며 숨어 있는 어진 사람들을 찾아 등용하게 되면 천하의 민심이 다 돌아오게 된다. 정책의 중심이 네 가지가 있으니 그것은 백성과 식량과 상례와 제사다."(『논어』 「요왈」)

대저 요와 순과 우는 천하의 큰 성인이요, 천하를 가지고 서로 전하는 것은 천하의 큰일이다. 천하의 큰 성인으로서 천하의 큰일을 행하며 ,그 주고받을 즈음에 정녕히 일러 훈계한 것이 이 같은 데에 지나지 않

으니 곧 천하의 이치가 이에 더할 것이 있겠는가.(『중용장구』 서7)

"(큰 도는) 이로부터 왔으며, 성인과 성인이 서로 이어 성탕成湯과 문무
文武 같은 위대한 임금과 고요(皐陶, 舜의 신하), 이(伊, 이윤伊尹 - 탕왕湯王
의 명신), 부(傅, 부설傳說 - 은나라 고종의 명신), 주(周, 주공周公 - 무왕의 아
우로 명신), 소(召, 소공召公 - 무왕의 아우로 명신)와 같은 신하들이 이를 가
지고 도통을 서로 전하고 이어 받았다. 우리 부자夫子의 경우는 비록
그 지위는 얻지 못하였으나 그로써 지나간 성인을 잇고 오는 배움을
연 것은 그 공이 도리어 요순보다 낫다고 하겠다."(『중용장구』 서8)

공자, 인치仁治를 시험하다

"나에게 나라를 3년만 맡겨 보라"고 큰소리치던 공자였다. 그에게 기
회는 왔다. 비록 너무 짧은 기간에 끝난 일이었지만 공자의 평소 주장
을 실험해 볼 수 있는 하늘이 준 기회였다.

제나라에서 실망하여 고국인 노나라로 돌아온 공자에게 노나라 정
공定公은 처음 중도中都라는 노나라 서북부의 작은 성읍의 장관 자리中
都宰를 맡겼다. 높은 벼슬은 아니었지만 작은 성읍의 행정 책임을 진 자
리였다. 이 중도에서 공자는 스스로 덕행으로 수범하고 백성을 따르게
하는 독특한 '인仁의 정치'를 선보였다.

인의 정치가 어떤 것이었는지 구체적인 단서를 잡기 위해서는 왜 정

치가 필요했는지 그 당위성을 입증하는 일이 먼저다. 정치는 예나 지금이나 부스럼 같은 것이 아닐까. 가만 놔두면 다 잘 살 것을 공연히 권력을 타고 앉아 특권을 누리려는 힘 센 자들이 만든 장치가 아닐까. 이런 문제에 답을 내놓기 위해서는 먼저 공자의 시대에 사는 모습들이 어떠했는지 살펴볼 필요가 있다.

멀리 갈 것 없이 공자 자신의 출생과 관련된 문제들을 짚어보면 당시의 사회상의 일면을 엿볼 수 있다.

송宋나라에서 대공戴公, 무공武公, 선공宣公 등 세 명의 군주를 섬기며 상경上卿을 역임한 정고보正考父에게는 공보가孔父嘉라는 아들이 있었는데 이 사람이 공자의 6대조였다. 은나라 후예인 불보하弗父何에서 공보가까지 내리 5대에 걸쳐 귀족의 지위를 누렸기 때문에 이 가문은 독립하여 따로 한 가문을 열도록 되어 있는 법도에 따라 공孔 씨를 성으로 하는 새 가문을 열게 되었다. 그런데 이 공보가의 아내가 절색絶色이었다. 송나라 태재太宰이던 화보독華父督이 공보가의 아내에게 눈독을 들이고 유언비어로 공보가를 궁지에 몰아넣은 후 살해하고 공보가의 아내를 차지하는 사건이 일어난다. 이를 눈치 챈 송 상공宋殤公이 질책하자 화보독은 상공마저 살해한다. 이에 공보가의 아들 목금보木金父는 멸문지화滅門之禍를 피하기 위하여 노나라로 망명, 이때부터 귀족 신분은 없어지고 평민의 바로 위인 사士로 전락하여 귀족 대부의 가신으로 먹고 살아야 하는 신분이 되었다. 목금보의 손자가 공방숙이고 공방숙은 백하伯夏를 낳고 백하는 숙량흘叔梁紇을 낳았다. 숙량은 자字이고 이름은 흘이다. 이 사람이 공자의 아버지다. 흘은 노나라 추陬 지

역의 읍재邑宰를 지낸 지방관리로 나이 예순여섯에 세 번째 아내로 안
징재顔徵在라는 소녀를 맞아 야합(野合, 사마천의 『사기』에 나오는 표현)하
여 공자를 낳았다. 안징재의 나이 열다섯이었으니 남편 홀보다 쉰한 살
이나 어린 소녀였다. 예순여섯의 노인과 열다섯 살 소녀의 야합이 가능
했던 원인은 무엇이었을까? 옛 은나라 풍습으로 춘추전국시대까지 유
행했던 고매高祺 또는 교매交祺의 풍습 때문이었다는 설도 있다.

　교매의 풍습이란 해마다 중춘(仲春, 1~2월 사이)에는 나라에서 남녀로
하여금 교외로 나가 일정 장소에서 연회를 열고 야합, 곧 성행위를 하
도록 강권하는 풍습이 있었다. 만약 이유 없이 성행위를 거절하면 나
라에서 처벌했으니 성행위를 파종과 수확의 한 형태로 보는 고대사회
의 관념이 남아 있었기 때문이었다. 이런 풍습을 오늘날의 도덕관념으
로 문란하다느니 어쩌고 비판하는 것은 의미가 없다. 이렇게 홀과 야합
한 안징재는 곧 임신을 하고 가을에 아들을 낳으니 그가 공자, 이름은
구丘, 자는 중니仲尼다. 두 사람은 결혼식도 올리지 않고 그냥 아들을
낳아 살았다. 안 씨 소녀는 홀의 세 번째 부인이었다. 앞의 두 부인에게
서 홀은 이미 1남 9녀의 자식을 두고 있었다. 아들, 즉 공자의 형이 되
는 아들이 하나 있기는 있었으나 사람 구실을 못했으므로 사실상 공자
가 독자나 다름이 없었다. 위로 누나가 자그마치 아홉 명이나 됐다. 그
나마 연로했던 부친은 공자 나이 세 살 때 죽고 홀어머니 밑에서 자라
다가 열일곱 살 때는 젊은 어머니마저 세상을 떠나 천애의 고아가 됐
다.

　이상과 같은 공자의 출생과 성장 배경을 통하여 우리가 떠올릴 수

있는 한 폭의 그림이 있다. 중국의 철학사가 조기빈趙紀彬은 그의 저서 『反논어』에서 춘추시대의 사회적 특징을 "정전제井田制가 쇠퇴하고 사유제私有制가 발흥해 가던 과도시기"였다고 분석하고 있다. 따라서 "공자 학파 내부의 대화 모음인 『논어』는 빈부문제의 발전 상황과 그에 대한 자신들의 의견 및 태도를 수록한 것"으로 규정하고 있다. 역사 발전의 원리를 '계급투쟁'에서 찾으려는 유물사관의 결정론적인 오류를 감안하더라도 당시 사회상에 대한 그의 통찰은 매우 적절해 보인다.

먼저 조기빈은 『논어』 「공야장」에 나오는 다음 구절을 들어 당시에 이미 임대관계가 발생했으며, 임대관계는 사유제를 전제로 한다는 점에서 이때 이미 고대 봉건체제의 핵심인 정전제가 무너지고 사유제가 발흥하기 시작했다고 분석했다.

"누가 미생고微生高를 곧은 사람이라고 했는가? 어떤 사람이 그의 집으로 식초를 빌리러 갔을 때 그는 솔직하게 자기집에 식초가 없다고 말하지 못하고 이웃집에 가서 식초를 빌려 그 사람에게 주었다고 한다."

미생고라는 사람이 자기에게 식초가 없으면서 이웃에게 빌려서라도 남에게 빌려준 행위가 옳으냐, 그르냐 하는 판단이(없으면 없다고 솔직하게 밝히는 것이 옳으냐, 내 것이 없으면 이웃에게 빌려서라도 내게 찾아온 사람에게 빌려주는 것이 옳으냐) 문제가 아니다. 여기(조기빈의 저서)서는 식초를 빌려주고 빌려가는 일이 생겼다, 즉 '식초는 사유재산이다'라는 사실만 부각되고 있다. 사유재산이 늘어나면 상대적인 박탈감을 가진 자가 도적으로 변할 수 있다. 사회적으로 모든 부도덕한 행위의 원천을 '사유제'에서 단서를 찾으려는 것에도 일리가 있다고 하겠다. 논리상으로는 '소유'가 없으면 '도적질'도 없기 때문이다. 그리고 도적질은 또 다른 윤리적 문제를 야기시킨다.

섭공이 공자에게 자랑삼아 말했다.

"우리 고을에 아주 정직한 사람이 있는데, 그의 아비가 남의 양을 훔치자 자식으로서 아비를 관에 고발을 했습니다."

그러자 공자가 대꾸했다.

"우리 마을에 사는 정직한 자는 그와 다릅니다. 아비는 자식을 위해 그 허물을 덮어주고 자식은 아비의 허물을 덮어주지만 그 속에 정직함이 있습니다."(『논어』 「자로」)

공자의 생각이 분명하게 드러나는 말이다. 윤리와 법률의 우선순위를 가리는 질문에 대한 대답이다. 비록 죄를 지은 아비라 하더라도 자식이 아비를 고발하는 것은 효와 충을 최고의 가치로 내세워 온 공자의 윤리관에 정면으로 배치된다. 오늘날 대한민국에서는 반공법에 의한 연좌제가 폐지되었으나 북한에서는 사상범의 경우 부모 자식 간에도 고발하지 않으면 처벌하도록 되어 있어 극명한 대조를 보이고 있다. 이 경우에도 공자는 자식이 아비를 고발하지 않고도 "그 속에 정직함이 있다"고 여운을 남기고 있다. 진짜 정직함이란 기계적인 법률의 실행에 있는 것은 아니라는 뜻이다. 어쨌든 당시 세상에는 도둑이 횡행하고 있었고, 배고픈 도둑들이 모여서 작당하면 큰 패거리가 되어 정치 문제로 비화하기 일쑤였다.

공자가 중도의 장관으로 부임한 지 1년 만에 이웃 고을은 물론이고 멀리 다른 나라에서도 중도의 정치를 본받기 위해 찾아오는 사람들이 늘어났다. 이 공적을 지켜본 정공은 공자를 불러올려 사공司空 벼슬을 주고 이어 대사구大司寇로 발탁했다. 대사구는 6경六卿의 하나로 재판과 형벌을 주관하는 관직이다. 요즘 대한민국의 직제로는 법무부장관과 대법원장을 합쳐놓은 정도가 될 것이다.

정공의 두터운 신임을 받고 있던 공자는 정공 14년 마침내 대사구에서 재상의 직무를 대리하게 되었다. 일인지하 만인지상一人之下 萬人之上이 된 것이다. 아무리 벼슬이 높아 재상의 직무를 대행하는 권세라 하더라도 제후의 권세에는 아득하게 미치지 못하는 것이었다. 비록 정공이 큰 신뢰를 보내주고는 있었으나 그래도 공자의 이상국가 실현을 위한 개혁의 행보에는 한계가 있었다. 그래도 재상이 되자 공자는 즐거웠던 것 같다. 자기도 모르게 즐거움이 언동에 묻어 나오는 바람에 제자들이 의아했다. 제자들 중 한 사람이 불만스러운 어조로 말했다.

"군자는 희로애락을 드러내지 않는다고 하는데, 하물며 그렇게 가르쳐 오신 선생님께서 좀 지나치지 않나……"

그런 불만이 공자의 귀에 들어가자 공자는 말했다.

"나라의 윗자리에 앉아서 수완을 마음껏 발휘하고, 아랫사람들의 의견에도 충분히 귀를 기울일 수 있으니 좋지 않으냐."

공자의 마음속에 있는 것은 딱 한 가지, 이상국가를 만들 기회가 왔다는 것이었다. 그래서 즐거웠던 것인데 제자들 중 일부에게는 "선생님도 별 수 없구나." 하고 비쳤을지도 모를 일이었다.

　재상의 권한을 행사하게 되자 공자는 먼저 노나라의 정치를 혼란케 한 장본인의 한 사람인 소정묘를 처벌했다(공자가 경쟁자의 한 사람인 소정묘를 주살한 사실을 두고 지금까지 논란이 이어지고 있다. 중국의 일부 역사학자들은 소정묘가 실재 인물이 아니었다고 주장하기도 한다). 환부를 도려낸 것이었다. 가장 큰 환부를 도려내고 나서 곧 마음에 두었던 대로 개혁을 단행했다. 윗사람들이 저들 자신은 호화롭게 살면서 백성들에게 검소하고 부지런하며 충효의 예를 지키라고 강제하던 때와는 달리 공자와 그 제자들은 누가 보든 보지 않든 상관없이 검소하고 부지런했으며 예를 지키고 실행하는데 빈틈이 없었다. '윗물이 맑으면 아랫물은 자연히 맑아진다'는 자연의 이치를 그대로 실현해 보인 것이었다.

　그렇게 3개월이 지났다. 변화가 있었다.

　장사꾼은 폭리를 취하려고 애쓰지 않았다. 한탕주의가 사라지고 부지런한 기풍이 사회 전체에 일어났다. 풍기가 문란하여 '말세'라는 말이 돌았으나 이제는 남자와 여자가 길을 갈 때도 서로 떨어져서 걸었다. 치안이 확보되어 도둑이 줄어들고 물건을 거리에 내놓아도 가져가는 사람이 없었다. 또 노나라를 방문하는 외국인은 관리들에게 뇌물을 주지 않고도 할 일을 다 하고 떠날 수 있게 되었다.

　노나라가 사회의 바탕에서부터 안정되고, 그 덕택에 융성하자 가장 크게 불안을 느낀 것은 역시 이웃의 제나라였다. 제나라 신하들 중에는 이런 불안을 노골적으로 드러내는 사람이 많았다.

　"공자가 노나라 정치를 계속 담당하면 노나라는 언젠가 천하의 패자가 될 것이다. 그럴 경우 제일 먼저 이웃인 제나라가 먼저 침공을 당할 것이다. 그럴 바에는 차라리 지금 땅을 떼주어 노나라와 화친을 담보 받는 편이 좋을 것이다."

이런 주장에 대해 대부 여서黎鉏가 반대 의견을 내놓았다.

"너무 성급하게 노나라에 끓고 들어갈 필요는 없다고 본다. 그 전에 노나라를 내부에서 흔들어보는 방책이 있을 것이다. 땅을 나눠주는 것은 그 후에 생각해도 좋을 것이다."

노나라를 내부에서 흔들어 볼 방책이란 미녀들을 보내어 부패케 하는 것이었다. 제나라는 나라 안에서 미녀 80명을 가려 뽑았다. 그들에게 노래와 춤을 가르친 다음 30대의 수레에 나누어 태우고 노나라로 보냈다. 제나라 미녀들을 태운 수레는 노나라 남문 밖에 세워두고 입국 허가를 기다렸다. 먼저 노나라의 계환자가 남문 밖에 가서 미녀들을 보고 흠뻑 빠져버렸다. 계환자는 혼자 빠지지 않고 교외 시찰이라는 명목으로 정공을 모시고 남문 밖으로 나갔다. 이번에는 정공이 빠졌다. 두 사람은 날마다 남문 밖의 제나라 수레 행렬에 가서 미녀들의 노래와 춤을 보느라 나랏일을 잊었다. 성질 급한 자로가 공자에게 말했다.

"나라가 이 지경이니 선생님께서 아무리 애써도 다 헛일입니다. 벼슬 그만두셔야 합니다."

공자가 달랬다.

"얼마 있으면 교제(郊祭, 동지와 하지에 지내는 제사)날이 온다. 그날 만일 예법에 따라 대부에게 고기를 내려준다면 아직 희망이 있다. 너무 서둘러 판단할 일이 아니다."

계환자와 정공은 제나라의 선물에 빠져 나랏일을 잊고 살았기 때문에 교제날이 되어도 신하들에게 고기를 보내지 않았다. 그럴 정신이 없었던 것이다. 공자가 우려했던 일이 실제로 벌어진 것이었다. 공자는 지체 없이 벼슬을 버리고 노나라를 떠났다.

노나라를 떠난 공자는 노나라의 남쪽 국경에 가까운 둔이라는 마을에 묵었다. 기라는 악사가 공자의 뒤를 쫓아 그곳까지 왔다.

"선생님은 죄를 지은 일도 없는데 왜 노나라를 떠나십니까?"

"노래로 대답하지요."

공자는 노래를 불렀다.

"여자를 이용한 계략인데

여기에 넘어가면 한 몸의 파멸 뿐

나라의 기둥이 저 꼴이라면

멀리 달아나서 유유히 살고 싶다."

기가 서울로 돌아오자 계환자가 물었다.

"공자가 뭐라고 하던가?"

기는 들은대로 솔직하게 말해 주었다. 계환자는 깊이 한숨을 쉬며 혼잣말을 했다.

"선생은 내가 여자를 받아들인 것에 화가 나신 거구나."

제나라의 책략은 적중했다. 공자는 짧은 동안의 정치 실험에서 성공 여부를 가릴 것 없이 일단 개혁의 실현성에 대한 자신감을 얻은 셈이었다. 그와 함께 재상도 신하이므로 신하된 사람으로 개혁할 수 있는 것이 한정돼 있다는 사실도 터득한 셈이었다(정치는 현실이다. 그 현실의 가운데에는 '인간의 욕망'이 있다. 공자가 극복하거나 제어할 수 없는 것이 그것이었다). 그는 목표를 바꾸었다. 노나라 같은 작은 나라에서 자신의 이상을 실현해 보려던 작은 꿈에서 깨어나 '천하'에 그 이상을 펼쳐보려는 원대한 꿈으로 바꾼 것이었다. 그러나 큰 꿈은 구름 같아서 종잡을 수가 없다. 그가 앞으로 방문하게 될 여러 나라(제후국)의 임금들도 오십보백보로 노나라 정공과 비슷하거나 그보다 못한 소인배일지도 모를 일이었다. 그 신하들 중에는 제후의 비위를 맞추면서 살아온 간교한 무리들이 득시글거릴지도 모를 일이었다. 한 마디로 노나라를 떠나 천하로 주유하게 될 공자 일행의 앞길은 독사와 맹수들이 와글거리는 정글과 같았고 폭풍이 이는 바다와 같았다. 나이 쉰이면 당시는 늙은이로 취급 받을 때였다. 그 나이에 공자는 꿈을 꾸며 유랑의 돛을 올렸다. 반겨줄 사람은 천지간에 아무도 없는데 갈 곳은 많은 거지처럼.

주유천하周遊天下

노나라 국경의 마을 둔에서 악사 기와 만난 이후 공자 일행(따르던 제자의 수가 정확하게 알려져 있지 않다)은 위衛나라로 들어갔다. 위나라에서는 자로子路의 손위 처남인 안탁추顏濁鄒의 집에 머물렀다.

위나라로 들어온 공자는 함께 온 염유冉有에게 말했다.

"사람들이 많구나."

"사람이 참 많습니다. 사람이 이만큼 많아졌으니 이제 무엇을 더해야 좋습니까?"

"잘 살게 해 주어야지."

"잘 살게 된 다음에는 어떻게 해야 합니까?"

"교육을 해야지."(『논어』「자로」)

늘 그랬지만 공자는 위나라에서도 기회만 주어지면 이상적인 국가로 만들 자신이 있었다.

위나라 영공靈公은 공자가 위나라로 들어왔다는 소식을 듣고 "현자가 왔다"고 기뻐했다. 공자를 접견한 자리에서 영공은 노나라에서 녹을 얼마나 받았는지 물었다.

"6만 두斗를 받았습니다."

"위나라에서도 6만 두를 주겠소."

노나라에서와 같은 봉록을 받고 정사를 돌보게 되었으나 뚜렷한 직책은 주어지지 않은 채로 국정 전반에 걸쳐 자문하는 역할, 즉 왕의 의논 상대가 되었다. 공자가 영향력을 발휘하고 위나라의 정사에 깊이 개입하여 개혁의 시동을 걸려고 하자 신하들 중에는 공자의 각종 정책에 불편을 느끼고 저항하는 사람들이 많았고, 일부는 노골적으로 공자를 폄훼했다.

"아주 위험한 인물입니다."

한 신하가 말했다.

"그가 한 때 기용되었던 노나라에서는 덕으로 다스린다는 평계로 온갖 번잡한 예절과 제도를 만들어내어 백성들에게 강요한 결과 땀 흘려

일하기보다 형식적인 예절 차리기에 가진 힘을 다 쏟는 풍조가 일어났으며 그로 인하여 국력이 쇠퇴하였으나 도적이 줄고 세상이 고요하다는 사실만으로 군자의 정치라는 칭송을 듣게 되었습니다. 그러나 알고 보면 나라 망치는 첩경이었습니다. 제후와 대부 공경을 이간질하여 적대관계로 내몰면서 내부 투쟁으로 몰아가는 것도 저들의 수법입니다. 나라가 시끄러워져야 저들의 효용가치가 상승하기 때문입니다. 이제 저들이 사실상 노나라에서 실패하고 천하를 떠돌면서 유세를 벌이는 가운데 첫발을 위나라로 돌렸은즉 내치면 군자를 알아보는 안목이 없다는 비난을 들을 것이므로 귀를 기울이는 척하면서 저들의 동태를 면밀하게 살펴보는 것이 좋을 것입니다."

영공은 그럴듯한 말이므로 따르기로 했다. 영공은 장수 공손여가公孫余假에게 지시하여 공자를 감시케 했다. 공자 일행이 머물고 있는 안탁추의 집 주변에는 무장한 군인들이 번을 서면서 밤낮으로 감시했다. 들고 나는 모든 사람들이 감시를 받았으므로 집주인인 자로의 처남도 생활의 불편은 물론이고 입장이 난처하게 되었다.

"우리 선생님이 죄를 지은 것도 없는데 이렇게 감시를 당하고 출입마저 통제되어서야 머지않아 이 사람들이 우리를 모두 죄인으로 옭아 넣을 것이 분명합니다. 이 나라에서는 희망이 없습니다."

공자도 그렇게 생각하고 있던 참이었다. 불편한 것쯤이야 참고 견딜 수 있었으나 위나라의 공적公敵이나 되는 것처럼 감시를 받아서야 더 이상 참고 견디는 것도 무리였다. 더 버티다가는 무슨 죄를 씌워 처단할지 알 수 없는 긴박한 상황이었다.

"떠나자."

공자는 결단을 내렸다. 위나라에 온 지 10개월만이었다. 영공은 형식적으로 붙잡는 척했으나 오히려 시원해 하는 표정이었다. 조曹나라로 들어갔다. 거기서도 몰이해와 위협이 기다리고 있었다. 공자와 그 제자들 무리는 조나라를 떠나 진陳나라로 향했다. 이처럼 주유 초기에 기대를 걸었던 위나라와 조나라에서 공자는 모두 실망을 안았다. 배고프고 헐벗는 것은 참을 수 있었으나 몰이해와 폄훼는 참기 어려웠다. 그러나 공자는 참고 또 참았다. 오해와 시기에 가득 찬 비난과 조롱을 감수했다. 제자들 중에는 투덜거리고 불평하는 자도 있었고 낙오하거나 되돌아가버리는 사람도 있었다.

세 번째 목표는 진陳나라였다. 진나라로 가는 도중 공자 일행은 송宋나라의 광匡이라는 도시를 지나갔다. 기왕 송나라에 왔으니 송나라에거는 기대도 있었다. 송나라는 노나라처럼 주 황실의 후예를 제후로 봉한 나라였기 때문이었다.

광의 성곽 앞에 이르렀을 때였다. 일행의 모습이 추레하고 수상쩍었는지 지나가는 주민들이 그들의 거동을 유심히 살피고 있었다. 그러나 공자 일행은 이미 그런 주민들의 호기심에는 익숙해져 있어 별반 관심이 없었다. 광의 성곽 일부가 허물어져 있었다. 공자의 말고삐를 잡고 가던 제자 안각이 갑자기 무너진 성곽을 보면서 외쳤다.

"저깁니다. 전에 이곳에 왔던 일이 있는데 그때는 저 무너진 곳으로 들어갔습니다."

지나가던 광의 주민 중 한 사내가 안각의 외치는 소리를 들었다. 말하는 억양이 틀림없는 노나라 사람이었고 그 내용도 무너진 성곽으로 들어갔다는 것이라 전에 이곳을 침략하여 짓밟았던 노나라 계季 씨의 가신 양호陽虎의 기억이 났다. 말 위에 앉은 사람의 풍채가 양호와 비슷했고 생긴 모습도 닮았다. 공자의 키가 9척인데다 풍채도 좋았으므로 양호와 혼동할 만했던 것이다. 사내는 일행에 앞서 성안으로 내달려 노나라의 양호가 다시 쳐들어왔다고 알렸다. 성안의 병사들이 쏟아져 나와 일행을 겹겹이 에워쌌다. 제자들이 나아가 병사들의 대장격인 환퇴桓魋에게 자신들은 노나라 사람이 분명하나 양호가 아니라 대유학자인 공자를 스승으로 모시고 천하 제후들을 순방하고 있는 중임을 설명했다. 환퇴는 그럴만한 증거가 없다는 이유를 들어 포위망을 풀어주지 않았다. 오히려 성 밖의 작은 오두막에 일행을 몰아넣고 겹겹이 병사들을 세워 감시케 했다.

제자들 사이에 공포가 깃들었다. 음식도 아주 조금만 공급되었기 때문에 모두 굶주려 있었다. 하루, 이틀, 사흘, 나흘, 닷새가 갔다. 그래도 감금상태는 계속됐다. 송나라의 제후 임금은 말할 것도 없고 중신들 중에 아무도 코빼기를 보이지 않았다. 닷새째 되던 날 일행과 떨어져 진나라의 형편을 살피러 갔던 안회顏回가 돌아왔다.

아끼던 제자가 돌아오자 공자는 죽었던 자식 보듯 반가웠다.

"무사했구나, 회야. 반갑구나. 돌아와 주다니 정말 반갑다."

회는 스승을 위로했다.

"제가 어떻게 감히 선생님보다 먼저 죽을 수 있겠습니까?"

자식이 부모보다 먼저 가는 것은 불효다. 제자가 스승보다 먼저 가는 것도 불효라고 생각한 것이다. 결국 안회는 지병으로 스승보다 앞서 먼 길을 떠났지만 이때의 마음은 불효를 하고 싶지는 않았던 것이리라.

안회가 합류했으나 감금상태에서 풀려날 대책이 없기는 마찬가지였다. 오히려 더 깊은 절망이 일행을 휩쌌다. 그러자 공자가 말했다.

"너희들은 걱정하지 마라. 저 문왕文王은 이 세상에 없으나 나는 그의 길을 계승하여 천하에 알리려고 이리 고단한 행보를 하는 것 아니냐. 내가 이런 길을 선택한 것은 하늘이 나로 하여금 문왕의 도를 널리 홍포하라는 것이다. 하늘의 뜻이 그러한데 여기 있는 광의 사람들이 우리를 어떻게 하겠느냐."

참 터무니없는 자신감이었으나 제자들은 스승을 믿고 한 가닥 위안을 삼았다. 그러나 당장 무슨 대책을 세워야 했다. 제자 중 한 사람이 나서면서 말했다.

"그래도 선생님을 존경하고 이해해 주는 제후는 위나라의 영공이 제일이었습니다. 제가 영공에게 가서 선생님이 영공의 신하임을 증명케 해주면 저 사람들이 위나라와 전쟁할 마음이 아니라면 우리를 풀어줄 것이라 생각됩니다. 저를 위나라로 보내 주십시오."

그렇게라도 해서 이 감금상태에서 풀려나는 것이 급선무였다. 공자는 반신반의하면서 그 제자를 위나라로 보냈다. 며칠 안 있어 제자가 위나라 영공의 친필 서한을 들고 돌아왔다. 가까스로 감금상태에서 풀려난 공자는 잠시 위나라의 포에 머물다가 다시 길을 나섰다. 일행이 감금상태에서 풀려날 때 송나라의 사마환퇴는 공자의 제자들에게 질책을 들었다. "무식한 놈이 사람을 알아보지 못하고 함부로 감금하여 고생만 시켰다"는 것이 이유였다. 그러자 환퇴는 이를 갈았다.

"너희 입만 살아 나불거리는 유생들아, 다음에 또 나를 만나면 그때는 살아남기 어려울 것이다."

감금과 굶주림, 도적 떼의 습격 등 늘 생명의 위협을 받았으나 공자는 태연했다. "하늘이 내게 이 도를 행할 것을 명했으니 내가 죽기야 하겠는가." 하는 마음이었다. 일행은 정鄭나라에 도착했다. 정나라에 도착할 무렵 공자 일행은 흩어져 있었다. 공자는 제자들과 떨어져 동문 밖에 서성이고 있었다. 성 안에 먼저 도착한 자공子貢이 마침 성 밖에서 들어오는 정나라 사람을 붙잡고 혹시 우리 선생님을 본 적이 없느냐고 물었다. 그러자 그 사람이 말했다.

"동문에서 한 낯선 사람을 보았소. 그의 이마는 당요(唐堯, 요임금) 같고 목은 고요(皐陶, 순의 신하) 같고 어깨는 정나라 자산(子産, 정나라 대부) 같더이다. 다만 허리에서 밑이 우禹임금보다 세 치 정도 짧았는데 몹시 지친 모습이 상갓집 개와 같았소."

자공이 공자를 만나 정나라 사람이 말한 것을 그대로 이야기했다. 그러자 공자는 몹시 즐거워했다.

"그 사람이 나에 대해 말한 것이 다 맞지는 않으나 상갓집 개 같다는 말은 정말이지 딱 들어맞는 말이구나."

'상갓집 개'는 오라는 사람도 없는데 천하를 주유하고 다니는 공자의 모습을 가장 적나라하게 표현한 말로서 회자되었다.

고생 끝에 찾아간 정나라에서도 제대로 머물지 못하고 공자와 그 제자들은 다시 송宋나라를 거쳐 위나라로 돌아갔다. 도중 송나라에서 공자는 거수巨樹 아래에서 제자들에게 예禮를 강의하고 강의한 내용을 연습시키고 있었다. 전날 공자 일행을 감금했다가 수모를 당한 송나라의 사마 환퇴가 공자 일행이 다시 송나라에 온 것을 알고 죽이기로 작정, 일행이 예를 연습 중인 거목을 베어버렸다. 거대한 나무가 쓰러지면서 자칫 깔려 죽을 뻔한 위기를 간신히 넘기자 제자들이 서둘렀다.

"여기 있다가는 목숨이 위태롭습니다. 빨리 송을 떠납시다."

공자는 태연했다. 이번에도 문왕의 도를 내가 계승, 전파하고 있는데 하늘의 뜻이 거기 있다면 환퇴 따위가 감히 어쩌랴 하는 것이었다. 공자의 자신감 그대로 일행은 죽거나 다친 사람 없이 환퇴가 쳐놓은 죽음의 그물에서 빠져나왔다.

공자가 위나라로 오고 있다는 소식을 들은 위나라의 영공이 전날 공자에게 서운하게 한 것을 후회하고 있던 터라 반가운 나머지 몸소 멀리까지 마중을 나와 주었다. 그러나 공자를 끔찍이 아끼고 존경하기는 했으나 영공은 이미 너무 늙어 국정을 장악하지 못하고 있었고, 따라서 공자에게도 시정施政의 기회를 주지 못했다.

공자가 위나라에 있을 때였다. 어느 날 경쇠[磬]를 치고 있는데 망태기를 걸치고 대문 앞을 지나가던 사람이 귀를 기울이고 한참 듣다가 입을 열었다.

"음, 세상을 걱정하고 있는 인물이로군."

공자가 계속 경쇠를 치자 그 사람도 계속 귀를 기울여 경쇠 소리를 듣다가 다시 말했다.

"세상에 대해 애착심이 너무 강한 게 탈이야. 세상에서 자기를 알아주는 사람이 없다는 것을 진작 깨달았으면 나처럼 몸을 숨기고 살면 그만 아닌가. '냇물이 깊으면 아예 옷을 입은 채로 건너고, 얕으면 옷을 걷고 건넌다'고 하지 않는가."

이 말을 전해들은 공자가 말했다.

"세상을 버리는 일이야 어렵지 않은 일이다. 세상을 바로 고치기가 어려울 뿐. 그는 체념이 지나치다."

공자 일행이 진나라에 머물고 있을 때였다. 양식은 떨어지고 돌림병이 돌아 병들어 눕는 사람들이 많았다. 춥고 배고픔을 잘 견뎌 오던 자로가 마침내 폭발했다.

"군자도 궁지에 빠지는 경우가 있습니까?"

공자가 대답했다.

"군자라 하여 궁지에 빠지지 않는 것은 아니다. 그러나 궁지에 빠졌다고 해서 마음의 안정을 잃으면 소인과 다름이 없다고 하겠다."(『논어』 「위령공」)

후학을 가르치기도 하면서 삼 년이 되었을 무렵 진나라는 전쟁의 수렁에 빠져들었다. 합종연횡合縱連橫이 밥 먹듯 이루어지던 시절이라 진이 한동안 동맹관계를 맺어오던 초楚와 부딪치면서 초나라의 침략이 잦았고 여기에 오吳가 가세하여 진나라는 하루도 편할 날이 없는 전쟁의 연속이었다. 사태가 이 지경에 이르자 공자는 드디어 진을 떠나기로

했다.

"이제 그만 돌아가고 싶다. 돌아가고 싶다. 내 고향의 젊은이들이 나를 기다리고 있는 곳으로. 의욕이 넘치고 배움에 대한 욕구가 왕성한 그들은 마치 호화로운 옷감을 가지고도 어떻게 재단할지 몰라 옷을 지어입지 못하는 처지와 같다. 그들에게 돌아가고 싶다."

공자는 제자들을 데리고 길을 떠났다. 진나라를 떠나 위나라의 포에 이르렀을 때 위나라는 포를 중심으로 반란이 일어나고 있었다. 공자 일행은 반란군에 포위당했다.

공자를 따르는 일행 중에 공양유라는 사람이 있었다. 학문도 깊었고 무예도 출중한데다 용기가 있는 사람이었다. 그는 자신의 수레 다섯 대를 가지고 공자 일행을 따르고 있었다. 위나라 반군에 포위당하자 공양유가 나서면서 말했다.

"선생님을 따라 지난번 송나라에 갔을 때 광匡에서 갇힌 적이 있었습니다. 지금 여기서 비슷한 일을 겪고 보니 이 또한 천명이라 생각되고 결국은 선생님께서 이 고난을 헤쳐 나갈 것으로 믿습니다. 그러나 저는 지난번 같이 앉아서 고난을 당하지는 않겠습니다. 그런 고난을 당하느니 차라리 나가 싸우다가 깨끗이 죽겠습니다."

공양유는 몇 안 되는 병력을 이끌고 적을 향해 나아갔다. 죽음을 각오한 공양유의 행동에 적들도 겁을 먹고 함부로 해치지 못했다. 적장이 공자에게 찾아와 조건을 제시했다.

"선생님은 적이 아닙니다. 다만 한 가지, 위나라로 가시지 않겠다는 약속만 해 주십시오. 그러면 보내드리겠습니다."

"좋소. 받아들이겠소."

반란군은 다짐을 받고 일행을 놓아주었다. 그러나 반란군의 손에서 풀려난 일행은 곧장 위나라로 향했다. 자공이 뒤를 돌아보며 걱정스럽게 말했다.

"선생님께서 저들과 약속을 하지 않았습니까. 지금 위나라로 가시면 저들과의 약속을 어기게 됩니다."

"목숨을 잃을지도 모르는 위협 속에서 마지못해 한 약속이었다. 그런 약속은 하늘도 약속이라고 생각하지 않을 것이다."

약속을 하고 그것을 지키는 것은 신의信義로서 군자의 덕목이다. 그러나 공자가 생각하는 신의는 곧이 곧대로의 신의가 아니라 상황에 따라 달리 해석할 수 있는 융통성 있는 신의였다. 목숨을 잃을지도 모르는 위협 속에서 한 약속은 약속이 아니다, 약속이 아니기 때문에 당연히 지킬 필요도 없는 것이다, 이것이 공자의 생각이었다.

공자가 위나라로 들어가자 영공은 이번에도 반가워서 멀리까지 마중을 나왔다. 영공도 공숙公叔 씨의 반란 때문에 골치를 앓고 있었다. 공자를 만나자마자 영공은 공숙의 문제를 꺼냈다.

"공숙이 반란을 일으켰으니 그를 토벌하여 징계코자 하는데 어떻게 생각하십니까?"

"그렇게 하셔야지요. 당연한 말씀입니다."

"그러나 대부들의 생각은 다릅니다. 그들은 무력을 쓰지 말고 공숙을 포용하라 하지만 그렇게 하면 나라의 기강이 바로 서지 않을 것입니다. 또 공숙이 점거하고 있는 포는 진나라와 초나라의 침략을 막는 요새이니 이곳이 불안정하면 장차 더 큰 재앙을 불러올 것입니다."

"내가 보기에 포의 반란군은 아직 세력이 미미하여 진압군을 보내면 쉽게 진압할 수 있을 것입니다."

"좋은 말씀이오. 내 반드시 포의 반란군을 진압하리다."

그러나 그것은 말 뿐이었다. 이미 영공은 자신이 결정한 정책을 밀고 나갈 힘이 없었다. 신하들의 반대에 막히면 그 반대를 누르고 헤쳐 나갈 의욕도 없었다. 포의 반란군을 제압하겠다는 것도 흐지부지 되고 말았다. 영공은 이번에도 공자의 기대에서 벗어났다. 공자는 한탄했다.

"만일 내게 나라를 맡기는 사람이 있으면 일 년에 기초를 이룩하고 삼 년이면 훌륭히 성과를 올릴 수 있을 것이다."(『논어』「자로」)

그러나 권력을 쥔 자 누구도 공자에게 "(삼 년 동안) 나라를 당신이 맡아서 경영해 보시오."하고 고삐를 넘겨주는 사람은 없었다.

도척盜跖의 질타

공자의 생각과 행동은 당시 (춘추시대) 중국사회에서도 비난, 비판, 그리고 조소의 대상이었다. 흔히 하는 말로 "중국에서는 득의得意하면 공맹孔孟을 가까이 하고 실의失意하면 노장老莊을 가까이 한다."는 말 그대로였다. 세상에는 득의한 사람보다 실의한 사람이 훨씬 많은 게 예나 지금이나 분명한 현실이다.

공자의 생각과 언행에 대한 비판은 공자가 살던 시대에도 많았다. 춘추시대는 고대 전제왕국에서 봉건시대로 전환하는 과정에서 각지에서 난립한 제후, 대부, 공경들이 저마다 세를 불리며 각축하던 시기로 전란이 끝이 없었고, 기존 제도와 신앙의 토대가 깡그리 무너지면서 새로운 가치관을 정립해야 하는 대혼란의 시기였다. 이런 시기에 전시대의 문물周代을 닮아야 한다고 외치는 것 자체가 생뚱맞기는 했다. 노장老莊의 영향을 받은 은자隱者들이 공자를 비판하는 내용은 이미 『논어』 곳곳에서 발견되거니와 자로와 같은 성미 급한 제자들도 가끔 스승의 언행에 불만을 품고 대들거나 툴툴거리는 장면을 우리는 보아왔다.

모든 시대를 통하여 공자의 언행을 가장 통렬하게 비판한 것은 아무래도 『장자莊子』의 「잡편雜篇」에 나오는 공자와 도척의 대화 장면일 것이다. 그보다 훨씬 후대에 와서 모택동毛澤東이 당 내부의 실용주의 노선을 누르고 권력을 공고히 하는 과정에서 일으킨 문화혁명이라는 야만적인 운동이 일어났을 때 그 과녁이 비림비공非林非孔이었으며 공자를 반동의 선두에 세우고 공격했던 일은 일단 젖혀놓고 그 외의 전 시대를 통하여 공자 비판의 모든 요소들이 『장자』「잡편」에 이미 나열돼 있음을 본다. 물론 『장자』의 「잡편」은 장자 자신의 글이 아니라 후대(전국시대 말엽에서 전한 초기까지) 누군가가 끼워 넣은 위작偽作일 가능성이 큰 것으로 알려져 있기는 하다. 그러나 그것이 위작이든 오리지널이든 관계없이 고대 중국에서 공자에 대한 이런 류의 비판이 행해졌다는 사실만 알고 음미하면 그만이다.

『장자』「잡편」의 도척과의 대화를 음미하다 보면 문득 조선 후기 실학자 연암燕巖 박지원(朴趾源, 1737~1805)의 『호질虎叱』을 연상케 된다. 도척이 공자를 앞에 두고 속 시원하게 비난하는 언사들이 호랑이가 똥통에 빠진 양반을 앞에 두고 꾸짖는 내용과 비슷하기 때문이다. 아마 연암이 도척의 흉내를 냈다기보다 작품 구상을 할 때 작가의 내면에서 동기를 부여하는데 영향이 있었을 것으로 짐작된다. 장자가 그려놓은 도척과의 대화 장면은 허구이지만 음미해 볼만한 가치가 있으므로 여기서 전체를 옮겨놓기로 한다.

공자에게 유하계柳下季라는 벗이 있었다. 유하계는 선비였으나 그의 아우는 성과 이름을 젖혀놓고 사람들이 도척盜跖이라 부르는 사람으로 9천 명의 졸개를 거느린 큰 도적 두목이었다. 그는 천하를 횡행하면서 제후들의 영토를 침범하여 노략질을 자행했다. 남의 집에 구멍을 내거나 문을 부수고 들어가 소나 말을 훔치고 부녀자를 겁탈했다. 도적질을 하느라고 일가친척도 다 잊었고, 부모형제도 돌아보지 않았다. 물론 조상에 대한 제사도 지내지 않았다. 그가 휩쓸고 지나가면 큰 나라에서는 성문을 굳게 닫고 지키고, 작은 성읍에서는 모든 백성들을 성안으로 도망쳐 피하게 했다. 어쨌거나 많은 백성들이 피해를 입거나 괴로움을 당했다.

공자가 유하계에게 말했다.

"어떤 한 사람의 아비 되는 사람이라면 반드시 그 아들을 훈계할 수 있을 것이요, 어떤 사람의 형이 된다면 반드시 그 아우를 바로 가르칠 수 있을 것이네. 만약 아비가 되고서도 그 자식을 훈계할 수 없고, 형이

된 사람이 그 아우를 가르칠 수 없다면 부모와 형제의 사랑이 다 무슨 소용이겠는가. 자네는 세상에 알려진 재사이면서도 자네 아우는 도척이라는 이름으로 도적의 괴수가 되어 천하를 괴롭히고 있는데도 그를 가르치지 못하고 있으니 나는 속으로 자네를 부끄럽게 여기고 있네. 내 이제 그대를 대신하여 도척을 찾아가서 그를 설득해 보겠네.”

유하계가 말했다.

“자네는 애비 된 사람은 반드시 그 자식된 사람을 훈계할 수 있고, 형은 아우를 가르칠 수 있다고 말하네만, 만약 자식이 애비의 훈계를 듣지 않고 동생이 형의 가르침을 받지 않고 비록 자네가 가서 타이른다 해도 자네 말을 따르지 않는다면 어쩌겠나? 도척이란 놈은 그 사람됨이 보통이 아니어서 마음은 용솟음치는 샘물같이 끝도 없이 솟아나고 성질은 회오리바람같이 사나우며, 완력은 어떤 적이라도 막아내기에 충분하고 게다가 언변도 좋아 자신의 비행을 꾸며대기에 충분하다네. 제 마음에 들면 좋아하지만 마음에 들지 않으면 성을 내고 욕하고 큰소리치니 제발 자네는 그놈에게 가지 말아주게.”

그러나 공자는 친구의 말을 듣지 않고 도척에게 갈 결심을 굳혔다. 안회에게 수레를 몰게 하고 자공을 오른편에 앉히고 도척을 만나러 그 일당이 머물고 있는 장소로 갔다.

도척은 태산의 남쪽에 부하들을 쉬게 하고 자신은 사람의 간을 회를 쳐서 먹고 있었다. 공자가 수레에서 내려 앞으로 나아가 도척의 졸개에게 말했다.

“노나라에 사는 공구라는 사람이 장군의 높은 위명을 듣고 삼가 재배再拜로서 알현코자 합니다."

졸개가 달려가 도척에게 알렸다. 졸개의 말을 들은 도척은 크게 노하여 눈빛을 번뜩이며 머리칼을 곤두세웠다.

"공구라? 노나라의 위선자 공구가 나를 찾아왔다고? 만날 일 없으니 내 대신 그에게 전해라. 너는 적당히 말을 지어내어 함부로 문왕과 무왕을 칭송하고, 허리에는 죽은 소의 가죽으로 만든 띠를 하고 머리에는 나뭇가지 같은 것으로 이것저것 장식한 관을 쓰고, 부질없는 소리를 멋대로 지껄이고 다니며, 농사도 짓지 않으면서 먹고 살고, 길쌈도 하지 않으면서 옷을 입는다. 입술을 놀리고 혀를 차면서 멋대로 옳다, 그르다 판단을 내리고 천하의 군주들을 미혹시키는데다 학자들로 하여금 근본으로 돌아가지 못하도록 방해하면서 효니 공손함이니 우애니 하는 것들을 정해놓고 제후들에게 알랑거려 요행히 인정받아 부귀라도 누려볼까 하는 속셈을 가지고 있는 놈이다. 네 죄는 참으로 무겁다. 당장 돌아가라. 안 그러면 너의 간으로 점심 반찬을 하겠다."

졸개가 와서 두목의 말을 전하자 공자가 다시 말했다.

"나는 당신의 형님인 유하계와 절친하게 지내고 있소. 부디 장군의 신발이라도 바라볼 수 있게 해 주십시오."

졸개가 다시 가서 전하니 도척이 말했다.

"질긴 놈이군. 이리 데리고 오너라."

공자가 총총걸음으로 도척의 앞에 나아가 두 번 크게 절을 했다.

도척은 화가 나 있었다. 두 발을 쩍 벌리고 서서 손으로는 칼자루를 어루만지고 눈을 부릅뜬 모습이 마치 새끼 호랑이를 어르는 어미 호랑이 같았다.

"구야, 앞으로 나오너라. 만약 네가 하는 말이 내 뜻에 맞으면 살 것
이로되 내 뜻을 거스른다면 이 자리에서 너는 죽을 것이다."

공자가 말했다.

"천하에는 세 가지 덕이 있다고 들었습니다. 첫째는 이와 같으니 태어
나면서부터 키가 크고 체격이 늠름한데다 용모도 아름다워 비길 데가
없으며 남녀노소 귀천을 가리지 않고 모든 사람들이 그를 좋아하는
것, 이것이 첫째입니다. 둘째는 지혜이니 지혜가 천지를 뒤덮고 능력은
사물의 근본 이치를 헤아릴 줄 아는 것, 이것입니다. 마지막으로 용기
가 있고 많은 부하들을 거느릴 줄 아는 능력, 이것이 마지막 덕입니다.
대개 누구나 이 중에서 한 가지 덕만 갖추어도 제후라 칭하기에 충분
합니다. 그런데 장군께서는 이 세 가지 덕을 함께 갖추고 계십니다. 키
는 여덟 자 두 치나 되고 얼굴과 눈에서는 광채가 나고 입술은 붉고 이
빨은 조개를 가지런히 해놓은 것 같고 목소리는 종소리 같습니다. 그런
데도 이름이 도척이라 불리고 계시니 저는 마음속으로 장군님을 위하
여 심히 부끄럽고 애석하게 여기고 있습니다. 만약 장군께서 제 말을
따를 의향이 있으시면 저는 남쪽으로 오나라와 월나라, 북으로 제나라
와 노나라, 동으로 송나라와 위나라, 서쪽으로 진나라와 초나라에 이르
기까지 모든 나라에 사신으로 가서 그들로 하여금 장군님을 위하여
사방 수백 리에 이르는 성을 만들고 수십 만 호의 봉읍封邑을 만들어
장군님을 제후로 삼게 하고자 합니다. 그러면 장군님은 그곳을 근거로
이 난세를 혁파하여 병사들은 쉬게 하고 형제들은 거두어 받들고 조상

께 예를 다하여 제사도 드릴 수 있을 것입니다. 이는 곧 성인이나 재사의 행위로서 온 천하가 바라는 바이옵니다."

듣고 있던 도척이 크게 화를 내며 말했다.

"듣거라, 구야. 대체 이익이 되는 말로 사람을 꾀는 것은 세상의 어리석은 사람들에게나 하는 짓이다. 지금 내 체격이 훌륭하고 용모가 아름다우며 사람들이 나를 보면 좋아하는 것은 모두 내 부모의 덕이지 네 따위가 칭찬해 주지 않더라도 내가 이미 다 알고 있는 일이다. 내가 듣건대 남의 면전에서 칭찬하기를 좋아하는 자는 등 뒤에서 욕도 잘한다고 들었다. 지금 네가 큰 성을 쌓게 한다느니, 백성을 모아준다느니 했는데 이것은 이익을 미끼로 나를 꾀는 것으로 나를 세상의 범속한 인간과 같이 다루려는 수작이다. 허나 그런 것들이 다 무슨 소용이냐? 성이 제아무리 커도 천하보다 크겠느냐? 요와 순임금은 천하를 다스렸으나 그 자손들은 송곳 하나 꽂을 땅도 갖지 못했느니라. 탕임금과 무왕도 스스로 천자가 되었으나 자손은 모두 대代가 끊어지고 말았다. 그것은 모두 그들이 지닌 이익이 너무 컸기 때문 아니겠느냐? 또 내가 듣건대 옛적에는 새나 짐승이 많고 사람은 적어 사람들도 모두 나무 위에서 집을 짓고 살며 짐승의 해를 피했고, 낮에는 도토리나 밤을 줍고 밤에는 나무 위에서 잠을 잤다고 한다. 그래서 그들을 유소씨有巢氏의 백성이라 불렀던 것이다. 또 그 시절에는 백성들이 옷을 입을 줄 모르고 여름이면 장작을 쌓아놨다가 겨울에는 이것을 땠다고 한다. 그래서 그들을 지상의 백성이라 부르는 것이다. 신농씨神農氏의 시대만 하더라도 사람들이 안락하게 누워 자고 일어나서는 유유자적했다. 백성들은 제 어미는 알아도 아비는 누군지 몰랐고, 고라니와 사슴 따위와 어울려 살았다. 농사 지어 먹고 길쌈해서 입었으며 서로를 해치려는 마음을 내지도 않았다. 이것이 바로 지극한 덕이 성했던 시절이었다. 그런데 황제黃帝는 덕을 온전히 실현시킬 수가 없어 탁록涿鹿의 들판에서 치우蚩尤와 싸우는 바람에 사람들의 피가 백리 사방을 물들였다. 이어서 요와 순이 천자가 되자 많은 신하들을 내세웠고 드디어 탕왕은 그의 주군을 내쳤으며 무왕은 주왕紂王을 죽였다. 그로부터 강한 자가 약한 자를 짓밟고 다수가 소수를 학대하게 된 것이다. 내가 보기에 탕왕과 무왕 이후의 제왕들은 모두 세상을 어지럽히는 무리들이다. 그런데 너는 지금 문왕의 도를 닦은 후에 천하의 지혜를 도맡아 후세 사람들을 가르친다고 나섰다. 넓고 큰 옷에 가는 띠를 매고 헛된 말과 거짓 행동으로 천하의 임금들을 현혹시켜 부귀를 도모하려는 것이다. 이로 미루어 볼 때 도둑치고는 너보다 큰 도둑이 없는데 세상 사람들은 어찌하여 너를 도구盜丘라 부르지 않고 나를 도척盜跖이라 부르는 것이냐?

너는 달콤한 말로 자로를 설복시켜 따르게 하고, 그가 쓰고 있던 높은 관을 벗기고 그가 차고 있던 긴 칼을 풀어놓게 한 뒤 네 가르침을 받게 했다. 천하 사람들은 말하기를 공구는 난폭한 행동을 금지시키고 그릇된 행동을 금하게 할 수 있다고 말한다. 그러나 자로는 결국 위나라 임금을 죽이려다가 실패했고, 위나라 동문 밖에서 사형을 받아 그의 몸이 소금에 절게 되었다. 이것은 너의 가르침이 잘못되었기 때문이다. 너는 스스로 재사니 성인이니 하지만 노나라에서 추방되었고, 제나라에서는 궁지에 몰렸고, 진과 채나라 사이에서는 포위를 당했으니 천하에 몸 둘 곳이 없지 않으냐? 너는 자로로 하여금 처형당하여 소금에 절여지게 하였으니 결국 환난으로 말미암아 위로는 몸을 보전할 길이 없고, 아래로는 사람 노릇을 할 수 없게 만든 것이다. 너의 도를 어찌 귀한 것이라 하겠느냐? 세상에서 덕이 높기로는 황제보다 더한 이가 없지만 그 황제도 덕을 온전히 지킬 수가 없어 탁록의 들에서 싸워 백리 사방을 피로 물들인 것이다. 요임금은 자애심이 없고, 순임금은 효를 다하지 못했으며 우임금은 일을 하느라고 깡말랐으며 탕왕은 주군을 내쳤고, 무왕은 주왕을 죽였고, 문왕은 유리에 유폐되었다.

이 여섯 사람은 세상에서 높이는 인물들이다. 그러나 제대로 논하자면 모두가 이익 때문에 그 진실을 바로 보지 못하고 억지로 그 성정을 거슬렀던 사람들이다. 이들의 행위야말로 심히 수치스럽다 할 것이다.

세상에서 말하는 현사賢士로는 백이와 숙제가 있는데 고죽의 임금자리를 사양하고는 수양산에서 굶어죽었고, 그들의 시체는 아무도 장사 지내주는 사람도 없었다. 포초抱焦라는 사람은 자기의 행동을 꾸미고 세상을 비난하다가 나무를 끌어안고 죽었다. 신도적申徒狄은 임금에게 간하다가 들어주지 않자 돌을 지고 황하에 몸을 던져 물고기와 자라의 밥이 되었다.

개자추介子推는 자기 넓적다리 살을 베어 문공에게 먹일 정도로 충성을 다했으나 뒤에 문공이 그를 배신하자 노하여 떠나 살다 나무를 껴안은 채 타죽었다. 미생尾生은 여자와 다리 밑에서 만나기로 약속하였으나 여자가 오지 않자 그 자리에서 기다리다가 물이 불어 다리 기둥을 껴안은 채 빠져죽고 말았다. 이 여섯 사람들은 잡으려고 매달아놓은 개나, 제물로 강물에 던져진 돼지나 표주박을 들고 구걸하러 다니는 자나 다를 것이 없는 자들이다. 모두 명분에 얽매여 죽음을 가벼이 하고 근본으로 돌아가 수명을 보양하려 하지 않은 자들이다.

또 세상에서 말하는 충신으로는 비간比干과 오자서伍子胥에 견줄만한 사람이 없다. 그러나 오자서는 처형당해 시체가 강물에 던져졌고, 비간은 심장을 도려내는 참혹한 죽음을 맞았다. 두 사람은 천하의 충신이었지만 결국 천하의 비웃음거리가 되고 말았다. 내가 볼 때 자서나 비간까지 인물들은 모두 귀한 사람이라 할 수 없다. 네가 나를 설득하기 위해 귀신 이야기를 한다면 혹 내가 모를 수도 있겠으나 사람에 관한 이야기라면 지금까지 내가 이야기한 범위에서 벗어나지 못할 것이니 그런 일들이라면 이미 나도 모두 알고 있는 일들이다.

이제 내가 너에게 사람의 성정에 관해 이야기해 주겠다.

사람의 눈은 좋은 빛깔을 보려하고 귀는 좋은 소리를 들으려하고 입은 좋은 맛을 보려하고 기분은 만족을 바란다. 사람의 수명은 기껏해야 백 살, 중간 정도 가야 여든 살, 밑으로 가면 예순 살이 고작이야. 그것도 병들고 여위고 죽고 문상하고 걱정거리로 괴로워하는 시간을 빼고 나면 그 가운데 입 벌리고 웃는 날이 한 달에 겨우 4, 5일이 고작이야. 하늘과 땅은 무궁하지만 사람에게는 죽음에 이르는 일정한 때가 있는 법이거든. 이 유한한 육체를 무궁한 천지 사이에 맡기고 있는 것은 준마駿馬가 좁은 문틈으로 내달리는 것과 다름이 없다. 따라서 자기 기분을 만족시키지 못하고 그 수명을 온전히 하지 못하는 것은 모두 도에 통달하지 못했기 때문이다.

구야. 네가 하는 말들은 모두 내가 버린 것들이다. 당장 달려서 돌아가라. 다시는 내게 와서 그따위 말을 하지 말아라. 네가 말하는 도라는 것은 본성을 잃었기 때문에 제대로 된 것은 없고 모조리 사기요, 허위다. 그런 것으로는 사람의 참된 모습을 파악할 수 없다. 논의할 가치조차 없는 것이다."

공자는 두 번 절하고 빠른 걸음으로 문을 나와 수레에 올라탔다. 수레를 탔으나 말고삐를 세 번이나 놓치고 눈은 멍하니 아무것도 보지 못했고, 얼굴은 불 꺼진 재와 같았다. 수레 앞턱의 가로대에 기대어 머리를 떨구고 숨도 제대로 쉬지 못했다.

노나라의 동문에 이르렀을 때 마침 유하계를 만났다. 유하계가 말했다.

"요즘 며칠 보지 못했는데 행색이 어딜 갔다 오는 길 같구만?"

"바로 맞혔네."

"거마의 행색을 보니 혹시 도척을 만나러 갔다가 오는 길인가?"

공자는 한숨을 쉬며 말했다.

"그렇다네."

"전에 얘기한대로 도척이란 놈이 자네의 뜻을 거스르지 않던가?"

공자가 대답했다.

"그랬다네. 나는 말하자면 아픈 데도 없는데 뜸질을 한 격이 되고 말았어. 허둥대고 달려가다가 호랑이 머리를 만지고 수염을 잡아당긴 셈이었지. 자칫했으면 호랑이에게 먹힐 뻔 했어." 도척이 하는 말의 뜻을 새겨보면 한 마디로 공자의 사상이 인간의 본성을 멀리 떠나 인위적이고 작위적이며 허식과 위선이라는 것이었다. 공자가 이상사회로 숭앙하는 주나라의 문왕과 무왕의 도라는 것도 이미 인간의 본성을 잃었다는 것이었다. 도척의 표현을 빌면 '덕이 가장 성한 때'는 인간이 나무 위에서 살던 때였고, '어미는 알되 아비는 누군지 모르는' 모계중심사회, 즉 원시공산제였다. 그 이후에는 이미 신하가 왕을 죽이고, 골육상잔이 버젓하게 행해지던 '덕을 완전히 실현하지 못하는 시대'였다. 공자가 이상사회로 받들던 주대周代는 말할 것도 없고 요순우탕堯舜禹湯 시대도 이상사회가 아니라고 『장자』는 도척의 입을 빌려 질타하고 있는 것이다.

공자는 진나라에서 채蔡나라로 옮겼다. 채에서는 이 년 동안 머물렀다. 이 년 후 채에서도 뜻을 펴기 어렵다고 판단하고 섭葉으로 발길을 돌렸다. 섭공이 공자에게 정치의 요점을 물었다. 공자가 대답했다.

"먼저 가까이 있는 사람들을 잘 챙기고 적재적소適材適所에 등용하면 멀리 있는 사람들이 몰려올 것입니다."

"과연."

섭공은 감탄했다. 그러나 그때뿐이었다. 제후들은 공자가 먼 길을 여행하여 어렵사리 자기네 왕국을 방문하면 그 명성 때문에 예의상 만났다. 그리고 이런 저런 일에 대해 물었다. 어떤 질문은 구체적인 것이었으나 어떤 질문은 막연한 것도 있었다. 매번 공자는 성심껏 대답했으나 차츰 제후들의 성정과 그들이 처한 형편에 따라 적당히 대답하는 경우도 있었다.

천하 주유가 별 의미가 없지 않을까 스스로 생각하고 있던 중에 노나라에도 변화가 일고 있었다. 공자는 노나라를 떠난 지 십삼 년 만에 다시 고향인 노나라로 돌아왔다. 그의 나이 육십삼 세였다.

공자의 궁극적 목표는 이상국가 건설이었다

공자는 초상집 개처럼 이놈 저놈의 발길에 채이면서 중국 천하를 주유하기만 했던 것은 아니었다. "나에게 3년만 나라를 맡겨 보라"고 탄식하듯 아쉬움을 토로했지만 그에게도 기회가 아주 없었던 것은 아니었다. 사마천은 『사기』에서 이렇게 적고 있다.

"노魯나라 정공定公 14년(B.C. 496) 공자는 56세로 대사구大司寇에서 재상 직을 맡게 되면서 얼굴에 희색을 띠었다. 공자가 국정에 참여한 지 삼 개월에, 돼지와 양을 판매하는 상인들이 감히 터무니없이 값을 부르지 못했다. 길을 가는 남녀 행인들은 서로 떨어져 길을 걸었고, 길에 물건이 떨어져도 자기 것이 아니면 아무도 줍지 않았다. 각국의 손님들이 노나라를 방문했으나 관원들에게 사정하며 예물을 보내지 않아도 만족스럽게 보살핌을 받고 공무를 수행하고 자기 집처럼 편하게 일을 본 후 돌아갈 수 있었다."

제후는 왕이고 재상은 요즘 벼슬로는 국무총리 격이다. 노나라의 제후왕 정공이 나라 경영을 공자에게 "한 번 해 보라"고 맡겼던 셈이다. 공자의 치세 철학은 지금까지 우리가 살펴본 바로는 법치法治가 아니라 덕치德治에 있었다. 공자가 재상의 직책을 겸임하게 되자 "얼굴에 희색을 띠었다"고 『사기』는 전하고 있다. 『사기』의 저자는 물론 『논어』를 보고 인용했을 것이다.

이 장면에 대한 기술記述이 스스로 생각하기에도 미흡하다고 판단했음인지 『사기』의 저자는 『열전』에서 이 사실을 조금 더 상세하게 다루고 있다.

정공으로부터 재상의 직책을 받고 공자가 기쁜 표정을 짓자 제자 중 한 사람(아마 자로였을 듯)이 불만스럽게 말했다.

"선생님께서는 우리에게 가르치시기를 군자는 희로애락을 밖으로 드러내지 않는다 하시고, 또 하찮은 권력에 우쭐하는 것도 소인배의 행실이라 하셨습니다. 이제 선생님께서 재상의 직임을 받아 그토록 즐거워하시는 모습은 참으로 뜻밖입니다."

그러자 공자가 대답했다.

"과연 나는 그렇게 가르쳤고 지금도 그 생각에는 변함이 없다. 그러나 내가 가르친 것은 덕으로 다스리는 살기 좋은 나라를 만들기 위함이었다. 지금 그 기회가 온 것이다. 나라의 윗자리에 올라서 꿈꾸던 나라를 만들기 위해 마음껏 능력을 발휘하고 어진 사람들의 의견에 귀를 기울이는 것도 나쁘지는 않을 것이니, 그래서 내가 기뻐한 것이다."

"나에게 삼 년만 나라를 맡겨 보라"고 했던 공자였다. 공리공론이 아니라 실제 원용하여 삶의 질을 높이는데 기여하는 학문을 추구했던 공자였다. 그런 공자가 자기 조국 노나라를 떠나 천하를 주유하면서 제후들을 만나 정치의 요체를 설파하고 마땅히 나아갈 바를 설득하며 다닌 지 십수 년, 그에게 기회가 아주 없었던 것은 아니었다. 어떤 제후는 그에게 정권을 맡기지는 않았지만 그의 정치철학을 배우고 정책을 실현해 보려고 애를 쓴 경우도 있었고, 어떤 제후는 그와 제자들 일행을 자기 나라에 머물게 하면서 녹봉을 주어 먹여 살리면서 공자를 통치 자문역으로 대우한 경우도 있었다. 천하를 주유했으나 언제나 길에서 지낸 것이 아니라 짧게는 몇 달, 길게는 몇 년씩 머문 적도 있었다.

그런 경우에도 제후들은 정치권력을 완전히 내주어 "나라를 만들어 보라"고 허락하지는 않았다. 이번 경우도 마찬가지였다. 재상이라는 실권을 주었으나 최종 정치적 결단을 내리고 실현하는 사람은 당연히 제후왕인 정공 자신이었다. 그래도 재상이라면 나라 만드는 일을 반쯤이나 감당하는 직책이었다. 게다가 공자에게 재상 직을 부여한다는 것은 공자의 통치철학에 대한 신뢰를 바탕에 깔고 있는 결단이었다.

십삼 년이라는 긴 세월 동안 천하를 주유하며 "나를 써 보라"고 외쳤으나 '먹고 먹히는' 전방위 싸움을 일삼던 천하의 제후국들은 누구도 그에게 나라를 통째로 맡겨주지 않았다. 그랬는데 이제 자기 조국 노나라에서 기회가 온 것이었다. 어떻게 해서 이런 일이 일어났을까?

공자가 살았던 춘추전국시대는 5천년 중국 역사 속에서 정확하게 절반에 해당하는 시점이었다. 한족漢族이 황하유역에 처음 농경민족으로 등장하여 세웠다는 전설적인 삼황오제三皇五帝 시절을 지나 하夏, 은殷, 주周의 3대 왕조가 이어지면서 본격적인 역사 시대로 진입한다. B.C. 11세기경 섬서성陝西省 남쪽에서 일어난 주周가 은殷을 멸망시키고 고대 왕국의 기틀을 확고히 했으나 주나라도 B.C. 8세기경에는 제후들에 대한 통제력이 약화되고 북방민족의 침입으로 수도를 낙읍(洛邑, 낙양洛陽)으로 옮기면서 주나라의 통치권은 형해화되고 사방에서 일어난 제후국들의 전방위적인 할거시대가 시작된다. 그리고 이 미증유의 대전란 시대에 중국문화사에서 가장 화려한 사상의 백화제방百花齊放이 전개된다. 공자는 춘추시대 말기에 태어나 활약한 인물이었다.

춘추시대에는 진晉, 연燕, 노魯, 조趙, 등藤, 송宋, 주周, 정鄭, 진秦, 채蔡, 초楚, 월越, 오吳 등 무려 15국이 난립하여 패권을 다투었고, 이 중에서 진, 초, 제, 오, 월의 다섯 나라를 춘추 5패五霸라 지칭하기도 한다. 그러다가 진晉의 대부이던 한韓, 위魏, 조趙의 삼국이 분할 독립한 B.C. 403년까지를 춘추시대로, 그 이후 진秦이 천하를 통일한 B.C. 221년까지를 전국시대라 부른다. 춘추와 전국시대는 사실상 주나라 이후의 대혼란기를 이르는 명칭으로 시대적 특징을 굳이 구분할 필요가 없는 동시대였다.

이런 미증유의 대혼란기를 맞아 삶이 피폐하고 곤고할 때 중국은 공자를 낳았다. 비슷한 시기와 환경에서 인도는 석가를 낳았고, 유대민족은 예수를 낳았다. 각자의 문화적 배경에 걸맞은 메시아 또는 이상주의자를 낳아 거친 항해의 조타수로 삼았던 것이다.

여기까지 길게 공자의 행적을 늘어놓은 데는 까닭이 있었다. 그는 결코 종교를 만들어 "나를 통해 영생을 얻으라."고 말한 적이 없었다. 그의 관심은 오로지 이상국가 건설에 있었다. 존재 자체에 대한 고뇌를 할 때도 공자가 생각한 존재는 가족의 일원이거나 마을의 주민, 또는 그보다 큰 성읍의 백성이거나 제후국의 신민, 또는 황민皇民이었다. 이처럼 그는 어디에 소속된 일원으로서의 인간에 대한 관심에서 벗어난 적이 없었다. 인仁을 비롯하여 예禮, 지智, 신信, 의義의 5상五常은 모두 인간관계에서 창출된 가치이자 덕목이었다.

공자의 가르침은 한대漢代에 와서 지배 이데올로기가 된다. 이후 공산주의가 등장하기까지 중국 역사는 유교적 가르침을 실현하려는 측(송대의 신유학 즉 성리학)과 현실권력이 갈등하면서 흘러오다가 공산주의라는 지상낙원을 지향하는 방향으로 가닥을 잡아갔다. 신유학이 한반도에 건너와 지치至治를 실현하려는 도학정치道學政治로 발전하면서 사림士林이라는 독특한 신분 계층을 낳았고, 이 계층의 도학이 집권층과 갈등하면서 네 번에 걸친 사화士禍를 불러오는 불씨가 되기도 했다. 공자의 이상국가 건설에 대한 집념은 한반도에서 도학정치가 되고 공자의 예법禮法은 종교로 둔갑하여 유학儒學은 유교儒敎가 되었다. 그러므로 유교라는 종교는 없다. 있다면 그것은 유학에 대한 오해가 낳은 '한국적 내세관의 변형'일 뿐이다.

이상국가는 지상낙원의 또 다른 이름이다. 이 지상을 완벽한 공동체로 만들어 운영해 보고 싶은 욕망은 동서양을 가리지 않고 해묵은 과제가 되어 왔다. 서양의 경우 '유토피아'라는 '실현가능한 꿈'으로 나타났다. 이에 대한 역사가 토인비(Arnold Toynbee, 1889~1975)의 설명을 싣는다.

"이와 같이 에스키모, 유목민, 오스만리 및 스파르타인은 인간성의 무한한 다양성을 될 수 있는 대로 버리고 그 대신 융통성이 없는 동물성을 몸에 지님으로써 그들의 사업을 성취했던 것이다. 그 때문에 그들은 퇴보의 길에 발을 들여놓았다. 생물학이 가르치는 바에 의하면 지극히 특수한 환경에 지나치게 잘 적응한 동물의 종류는 이미 막다른

곳에 이르러 진화의 과정에서 버림을 받는다고 했는데, 발육정지문명이 바로 그것이었다.

그와 같은 운명과 비슷한 상태를 하나는 유토피아의 이름으로 불리는 공상적 인간사회가, 또 하나는 사회적 곤충에 의하여 조작되는 현실사회가 보여준다. 비교해 보면 플라톤의 『국가』나 올더스 헉슬리(Aldous Leonard Huxley, 1894~1963)의 『멋진 신세계』(과학의 발전에 따른 미래의 사회를 그린 소설)뿐만 아니라 개밋둑이나 벌집에서도 우리가 발육정지문명에서 본 바와 같은 현저한 특징, 즉 카스트화와 전문화라는 특징을 발견한다.

사회적 곤충이 현재의 사회적 발전의 단계에 도달하여 그 단계에서 영원히 정지하게 된 것은 '호모 사피엔스'가 보통 일반의 척추동물 속에서 두각을 나타내는 몇 백만 년 이전의 일이었다. 유토피아에 이르러서는 애당초의 가설에서부터 정지적靜止的이다. 이들 작품들은 예외 없이 공상사회空想社會의 묘사라는 형태를 빌려 위장한 행동강령이며 환기시키려는 행동은 늘 이미 쇠퇴기에 들어가 인위적으로 하향운동을 저지하지 않는 한 결국 멸망해버릴 현실사회를 어느 일정한 수준으로 고정시키는 일이기 때문이다. 어떠한 사회에 있어서도 유토피아가 쓰여지는 것은 대개는 그 사회의 성원이 그 이상의 진보에 대한 기대를 잃은 뒤의 일이므로 하향운동을 저지하는 것이 대다수의 유토피아가 염원하는 최대의 것이다. 따라서 이 문학의 장르 전체를 부르는 명칭의 기원이 된 영국의 한 천재의 주목할 만한 작품(『유토피아』)을 제외하고, 거의 모든 유토피아에 있어 절대부동의 안정된 평형상태라는 것이 다른 일체의 사회적 목적이 그 하위에 두어져 필요하다면 그 때문에 희생되는 목표로 되고 있다."(토인비, 『역사의 연구』 제3편 문명의 성장)

제2부
거대한 허구 - 기독교

삼위일체설의 탄생

'한국인은 종교적'이라고들 말한다. 맞는 말이다. 그러나 "똥 막대기를 꽂아놓고 이게 신이다 하면 그 앞에 널브러져 절하는 것이 한국인"이라는 말은 듣기 거북하다. 거북하더라도 들을 말은 들어야 한다. 그 말 속에 한 가닥 진실이 녹아 있기 때문이다.

불교가 전래(고구려 소수림왕 2년, 서기 372년)되기 이전의 한국인들을 지배한 신은 골목마다 있었고, 집안에서도 안방에는 안방의 신, 부엌에는 부엌의 신이 있었고 마루 밑에도 외양간에도 그 공간을 지배하는 신이 있었는데 그것들을 일일이 챙기고 빌어야 집안이 편하고 일신이 병마와 재앙으로부터 안전하다고 믿었다.

불교가 들어왔다. 고구려에는 전진前秦의 승려 순도順道가 372년에, 백제에는 동진東晉의 승려 마라난타摩羅難陀가 384년에 들어와 전파했고, 신라에는 이보다 약 150년 뒤인 5세기에 고구려 승려 아도阿道가 몰래 잠입하여 선교에 성공했다. 그리고 6세기에는 백제 승이 일본에 불교를 전파한다. 삼국이 불교를 받아들이는 과정을 살펴보면 그 속에 '한국적인' 특성이 잘 드러난다.

선교 승려들(중국 승)은 전도의 대상을 하층 기민基民으로 잡지 않고 왕을 비롯한 궁중의 지배계층을 먼저 공략했다. 전략적인 선택이었는지 어쩌다가 그리 되었는지 분명치는 않으나 이 선택은 대성공이었다. 지배 이데올로기 구축에 곤궁했던 삼국의 왕들은 다소의 우여곡절은 있었으나 대개는 별로 큰 저항 없이 선진 종교인 불교를 받아들이고 왕권으로 거창한 절을 지어 승려들을 양성하게 했다. 이렇게 지배계급 상층부에서 시작된 불교는 삼국시대 중기에 이르자 전 국토, 전 국민에게 골고루 스며들었다. 위에서 아래로 물이 흘러가는 것과 같은 이치였다. 이로써 삼국시대의 한국문화는 불교문화가 대종을 이루게 되었다. 사회 지배계급의 불교화는 성공적이었다. 불교를 받아들여 호국불교護國佛敎라는 독특한 모양새로 가꾸어 낸 신라가 삼국을 통일하는 주역이 된 것은 당연한 결과였다.

이러한 경향은 고려의 건국 과정에서 더욱 선명하게 드러나 마침내 고려라는 나라가 불교국가로 자리매김하게 되었다. 그러나 고려는 '불교 국가'답게 웅장한 규모로 사찰을 건립하고 막대한 토지와 노비를 사찰 소유로 하는 등 특혜를 주었으나 결코 그 나라가 불국토佛國土는 아니었다. 중세 사회의 유일한 생산수단이던 토지는 모두 권문세가權門勢家의 소유였고, 농민은 송곳 꽂을 땅 한 뙈기도 소유하지 못했다. 이성계

李成桂와 정도전鄭道傳 일당 및 그 후예들은 조선 건국을 역성혁명易姓革命으로 부르기를 좋아하나 사실 그것은 종교혁명이었다. 불교를 산중으로 내몰고 성리학이 지배하는 사회로 만들었으나 다 아는 바와 같이 조선 5백 년이 지치至治의 시대와는 너무 거리가 멀었다. 그리고 조선은 5백 년을 버티다가 망했다. 조선을 망하게 한 것은 일본 제국주의가 아니라 서양 문명이었고, 서양 문명의 핵심인 기독교였다. 당연히 일제가 패망하고 기독교 국가인 미국에 의하여 수립된 남한 정부는 기독교 국가를 지향하기 마련이었다. 한국인들의 '종교적인' 성향이 만천하에 드러난 것은 이때였다.

먼저 북한이다. 종교와 상관없는 듯한 얼굴을 하고 있는 북한 사회야말로 가장 종교적인 세상이기 때문이다. 그 근거는 공산주의야말로 히브리즘이 낳은 메시아 강림사상을 지상낙원 건설로 왜곡한 이론체계이고, 이를 잘 버무려(주체적으로) 제 입에 맞는 떡으로 내놓은 것이 김일성주의金日成主義이다. 이 사회는 독재체제를 지나 신정국가神政國家를 이루고 조손祖孫 3대를 대물림하며 군림해 오고 있으나 아무리 어리석은 사람이 보아도 그들의 권력은 여기까지가 한계인 듯하다. 남한 사회를 지배하던 기독교 이데올로기가 수명을 다해가는 여러 증상이 나타나고 있는 것과 유사한 모습이다. 남북한을 통틀어 권력 창출의 바탕을 제공했던 메시아리즘이 쇠퇴하면서 자체적인 모순이 드러나고 내부적인 붕괴 현상이 일어나고 있는 것이다. 유학儒學에서 말하는 물극필반(物極必反, 사물의 발전이 정점에 이르면 반드시 대립물로 전화轉化한다)의 현상이 노정되고 있는 것이다.

한국인은 종교적인가? 이런 질문이 나오게 된 이유가 기독교의 세계 정상급 선교 속도와 무관하지 않다. 한국인들은 두 가지 때문에 스스로 놀라고 있다. 하나는 세계 10위권의 경제성장이다. '10위권'이라는 것은 10~20위 사이의 경제력을 뜻하는 것으로 통계 주체에 따라 순위는 들쑥날쑥하지만 교역량(무역 총량)이나 국민총생산에서 10위권에 올라 있는 것만은 사실이다. 여기에 고무된 일부에서는 2025년 통일, 2030년 세계 10위권 이내 진입이라는 장밋빛 청사진을 내걸기도 한다. 어쨌거나 요즘 한국인들은 "이게 꿈이냐" 할 정도로 포만감을 주체하지 못하고 있다. 또 하나는 전 세계를 통틀어 미국 다음으로 선교사를 많이 파송하는 나라라는 자부심이 말해주듯 기독교의 수입국에서 수출국으로 변신했다는 점이다. 온 나라의 구석구석에 교회가 있고 대도시의 상가에는 한 상가에 5~6개의 교회가 입주해 성업 중인 곳도 있다. 그래서 대한민국은 기독교 국가인가? 그건 아니다. 기독교인 상당수가 단군을 비롯하여 그들이 '우상'이라고 점찍은 상대와의 전쟁을 계속하고 있기 때문이다. 일부 교파의 조직 편제에는 '단군 문제 대책위원회'가 있을 정도로 이 땅은 '우상으로 가득한 땅'이다. 국무총리로 지명 받은 문창극 씨가 지난날 교회에서 했다는 강론의 내용에 대해 기독교인들은 "뭐가 잘못이냐"고 반문한다. 하나님이 우주 만물을 주관하는 능력의 절대자라면 일제 강점도 북한군의 남침도 지지리 가난도 모두 하나님이 우리에게 주신 것이다. 그래야 이치에 맞는다. 교회에서 '믿는 사람들' 앞에서 기독교 신자다운 말을 했을 뿐인데 뭐가 잘못되었느냐는 것이다.

몇 해 전에는 경기도 분당에 있는 한 교회가 아프가니스탄에 선교단을 파송한 일이 있었다. 반군叛軍이 그 선교단을 인질로 잡아놓고 정부군 및 한국 정부와 교섭 중 한 명을 사살하는 사고가 있었다. 당시 반군이 한국 정부와 서방사회에 대고 요구하는 것은 반군 중 정부군에 포로가 된 자들의 석방이었다. 교섭 중에 선교단 한 명이 살해되자 우리 사회는 적지 않은 내상內傷을 입었다. 그 후에도 이 교회는 선교단 파송을 멈추지 않았다. 우리 정부도 종교적인 이유로 희생을 자초하는 단기선교단 파송에 적극적으로 제동을 걸 생각은 없는 듯하다. 그 사건으로 한국 기독교의 세계 선교사업이 위축되었을까? 그 반대였다. 그들은 하나님이 설정해놓은 '위기'를 오히려 은혜의 징조로 생각한다. 지난날 지지리 못 먹고 전쟁으로 황폐했던 시절 미국을 중심으로 한 선교팀의 원조로 버텨왔던 시절을 생각하고 고마워하는 기독교인들은 그 보답으로 아시아의 불교국가와 중동 이슬람국가에까지 선교단을 파송하여 목숨을 걸고 사역하겠다는 의지를 불태우고 있다. 그들의 최종 목표는 이스라엘이다. 유대인들이 지배하고 있는 나라, 예수를 십자가에 못 박았던 유대교의 나라에 입성하여 그들을 개종시키는 것이 크리스천의 마지막 사명이라고 믿기 때문이다. 불교 국가라든가 이슬람국가는 유대교의 본거지로 가는 도중에 만나는 통과의례일 뿐이다. 아직 그런 사명을 이룬 서방국가는 없다. 십자군의 원정에 비견되는 그 사명을 감당해야할 나라는 미국도 아니고 유럽 국가들도 아니며 한국이라고 믿고 있는 것이다. 그런 사명감에 불타는 사람들에게 외교적 마찰이나 국력의 낭비 등을 들어 설득하는 것은 무리다. 하물며 교리상의 부조리나 철학적 문제점을 들어 시비하는 것도 애당초 한계가 있는 일이다. 신앙, 즉 믿음이란 이치를 따져서 갖는 것이 아니기 때문이다.

1950년대 어느 여름, 여의도 광장(당시의 이름은 5·16광장이었다.)에 전국의 기독교인들이 모여 천막을 치고 집회를 열었다. 미국의 선교사 빌리 그래함(Billy Graham, 1918~)라는 사람이 찾아와 벌인 소동이었다. 온 나라가 들썩할 정도로 대단한 규모의 집회가 연일 계속되자 북한의 어느 매체가 이런 메시지를 던졌다. "지금 남조선 서울에서는 미국 선교사놈을 떠받들고 큰 푸닥거리를 벌이고 있다" 사람들은 '푸닥거리'라는 우리말이 이처럼 적재적소에 사용되는 것을 보고 감동 받았다. 북한 지배자들도 '푸닥거리' 벌이기는 마찬가지였으나 제 똥 구린 줄 모르기는 그쪽도 만만치 않아 미처 자신을 돌아보지 못하고 남한의 종교만 가지고 시비하는 것으로 만족해하는 모양이었다.

종교와 사상이 지배자(지배계급)의 권력 창출 및 유지, 계승의 도구로 사용되는 남북한의 모습은 고구려, 백제, 신라의 삼국이 불교를 받아들일 때의 모습과 방불하고 조선이 성리학을 지배 이데올로기로 삼았던 것과 큰 차이가 없다. 가까운 예를 들어 북한 사회를 벗어나 갖은 고생끝에 대한민국에 정착한 '탈북자'들 대부분이 기독교인이 되는 것을 당연한 일로 여기는데 왜 그럴까? 탈북자들이 공산 이데올로기의 대척점에 기독교가 서 있다고 생각했을 수도 있고, 대한민국 정부가 그들을 교화하는 과정에 신앙 갖기를 종용했을 수도 있다. 그 어느 쪽이거나 '대한민국의 지배 이데올로기는 종교'라는 점을 시인하는 꼴이다.

필자는 기독교는 종교가 아니라는 주장을 펴면서 그 증거로서 기독교가 정치와 밀착되어 있었던 역사를 뒤져보려는 생각은 없다. 역사 쪽에서 살펴보면 어느 것 하나 온전한 모습을 발견하기 어렵기 때문이다. 『이기적 유전자』의 저자 리처드 도킨슨(Clinton Richard Dowkins, 1941~)은 『만들어진 신』에서 신이 인간을 만든 것(창조)이 아니라 인간이 신을 만들어냈다고 조목조목 밝히고 있다. 특히 그는 유대인의 부족신인 여호와 하나님이 노망 든 늙은이처럼 질투하고 사납고 종잡을 수 없는 성벽이어서 '신답지 않다'는 점을 비판의 과녁으로 삼는다. 도킨슨의 입장은 이해하지만 그와 같은 선상에서 투정 부리고 싶은 생각은 없다. 여호와 신이 신답지 못하다면 '신다운 신'을 갈망한다는 고백일 수도 있기 때문이다. 도킨슨의 쾌도난마와 같은 문장 속에서 서양인들이 생래적生來的으로 지니고 있는 갈망의 한 자락을 읽을 수 있었다. 그에 비하여 필자의 생각은 더 근본적이고 차갑다. 신이 노망을 하든 광기를 부리든 아랑곳할 필요 없다는 것이 내 생각이다. 애당초 존재하지도 않았기 때문에 노망 부릴 수도 없기 때문이다. 그보다 나는 현재 진행 중인 기독교의 종교 행위 속에서 그 해답을 찾을 생각이다.

서울 강남에서 소문난 대형 교회인 A 교회의 주일 예배. 예배 순서지에 따르면 입례 찬송, 참회기도, 주기도문, 찬송, 대표기도(장로), 찬양(찬양대), 성경낭독, 설교(담임목사), 헌금, 찬송, 축도로 주일 낮 예배는 끝났다. 예배의 대미인 '축도'는 '성부, 성자, 성신의 이름으로' 예배에 참석한 교인들과 그 가족, 그리고 더 욕심을 부리면 이 세상 만물에게 복을 내려주십사고 목회자가 축원하는 순서다. 나무나 당연한 예배의 순서이기 때문에 이에 대해 의문을 품어본 신도는 많지 않다. 성부, 성자, 성신(성령)은 삼위일체의 신으로 기독교의 신앙 대상이다. 삼위가 일체라니 이게 무슨 소린가? 별로 의심하지 않고 수용해 온 기독교 교리의 중요한 대목에 대한 의문으로 이 글을 시작하려고 한다. 한국 교회가 별 의심 없이 받아들여 습관적으로 수용하고 있는 '삼위일체설'을 파고 들어가다 보면 뜻밖에 기독교의 본질에 접근하게 되지 않을까 하는 기대가 없지 않다.

니케아공의회와 콘스탄티누스 대제

서기 300년대, 즉 4세기 무렵에는 로마제국이 내부적 모순과 외적의 침입으로 기울어가던 무렵이었다. 기울어가던 로마 제국을 붙들기 위하여 안간힘을 쓰던 콘스탄티누스 황제의 이름 뒤에 대제大帝라는 명칭이 붙는 이유는 알 수 없다. 우리나라 임금 이름 뒤에도 걸핏하면 '대왕大王'을 붙여주는 것이 관례이니까 비슷한 일이겠거니 짐작할 뿐이다. 이 황제가 큰일을 하기는 했다. 기독교를 로마의 국교로 공인하고 니케아에서 공의회를 소집하여 삼위일체설을 확정한 공로가 있는 사람으로 알려져 있다. 어쨌든 그 니케아 공의회 이후 지금까지 로마 가톨릭은 물론이고 동방정교東方正教 등 이른바 구교舊教는 당연한 도리인 양 '삼위일체설'을 근본 교리로 삼아 왔고, 종교개혁을 이끌었던 루터와 칼빈도 여기에는 손을 쓰지 못하고 가톨릭의 교리를 답습, 승계함으로써 한국 기독교의 대종을 이루는 개신교 교회들도 별다른 의문없이 이 교리를 채택하여 순종해 오고 있는 중이다.

'삼위일체설'이란 한 마디로 전능의 창조주 하나님과 그 아들 예수, 그리고 하나님의 영靈인 성령(聖靈 혹은 성신聖神)이 삼위位로 분할되어 역할을 하고 있으나 실제로는 이 삼위가 한 몸이라는 뜻이다. 기독교에서는 성경(聖經, Bible)을 무오류無誤謬의 기록물로 친다. 인간의 두뇌나 가슴으로 창작한 것이 아니라 하나님의 계시를 받아 기록한 문서이기 때문에 하나님 자신이 쓴 것이나 마찬가지여서 오류가 있을 수 없다는 입장이다. 그래서 교단이나 교회가 옆길로 빠지면 본래의 모습으로 돌아가려는 회복운동이 일어나는데 이때 근거가 되는 것은 언제나 성경이다. 전체 66권의 독립된 기록물로 구성된 성경은 예수 탄생 이전의 유대 민족의 부족신 에호바(여호와)와 유대 민족 간의 관계 및 역사를 기록한 구약舊約과 예수 탄생 이후의 행적과 기록을 모은 신약新約으로 나뉘는데 구약은 히브리어로, 신약은 그리스어로 기록되어 있어 각각 언어 체계가 다르다. 구약이든 신약이든 66권의 성경 기록을 샅샅이 다 읽어보아도 '삼위일체설'에 대한 주장이나 설명을 하는 대목은 찾을 수가 없다. 『구약』은 B.C. 1000년 전부터 유대민족의 지도자들이 기록한 문서인데 이때의 저자들은 하나님과 직접 소통하는 행운아들이었다. 그들이 남긴 유대 민족의 미래에 대한 신의 여러 약속들 중에는 독생자 예수의 탄생에 대한 예언도 포함되어 있으나 그 아들이 곧 여호와 자신의 현현顯現이라는 암시는 없다. 『신약』은 주로 예수의 탄생에서 죽음까지의 행적을 기록한 네 권의 복음서와 예수의 제자들이 로마 교회를 비롯하여 초기의 교회에 보내는 편지들이 대종을 이루고 있다. 이들 신, 구약 66권의 경전은 이보다 더 많은 기록물들 중에서 선택된(편집된) 것으로, 성경에 수록된 글들을 '정경正經'이라 하고 정경에서 제외된 글들을 '외경外經' 또는 '위경僞經'이라 부르는데 이 외경의 내용과 제외된 이유에 대한 구구한 억측들이 나돌고 있는 것 또한 사실이다.

『신약(New testament)』의 주인공은 당연히 예수 크리스트이다. 예수의 행적을 직접 기록한 네 권의 복음서는 각각 주제와 필법이 달라서인지 내용에서도 약간씩의 차이가 보이지만 큰 줄거리는 대동소이하다. 예수 탄생 이후의 행적과 종교적 계시를 모은 신약전서의 핵심을 이루고 있는 것은 말할 필요도 없이 이 4편의 복음서이다. 나머지는 바울, 요한, 야곱 등 예수의 제자들이 로마와 소아시아 등지에 설립한 초대 교회나 인물에게 보내는 편지가 주종을 이루고 있다. 이들 복음서와 서간문을 아무리 잘게 뜯어보아도 '삼위일체설'을 주장하거나 설파한 대목은 나오지 않는다. 『구약Old testament』에서도 보이지 않는 것은 물론이다. 바이블은 구약이든 신약이든 하나님의 계시로 인간이 기록했으므로 그 자체가 '하나님의 말씀'이다. '하나님의 말씀'이기 때문에 바이블은 기독교의 근간이 되는 경전이어서 다른 종교에서 말하는 성전聖典보다 그것이 차지하는 비중은 절대적이라 할 정도로 무겁다. 이토록 절대적인 권능의 성경에서 뒷날 기독교의 중심 교리가 되는 삼위일체설에 관하여 아무런 언급이 없다는 것은 이 종교의 본질과 관련된 중대한 시사점을 주고 있다고 하겠다. 『성경』에 대해서는 좀 더 자세히 알아보겠지만 그에 앞서 대부분 성경책의 표지 다음 페이지에 큰 글씨로 적어놓은 『사도신경』을 먼저 인용해 보기로 한다. 『사도신경』은 『주기도문』과 함께 각 교회에서 예배 때마다 암송하는 대표적인 신앙고백서이다.

전능하사 천지를 만드신

하나님 아버지를 내가 믿사오며

그 외아들 우리 주 예수 그리스도를 믿사오니

이는 성령으로 잉태하사

동정녀 마리아에게 나시고

본디오 빌라도에게 고난을 받으사

십자가에 못 박혀 죽으시고

장사한 지 사흘 만에 죽은 자 가운데서 다시 살아나시며

하늘에 오르사

전능하신 하나님 우편에 앉아 계시다가

거기로부터 산 자와 죽은 자를 심판하러 오시리라.

성령을 믿사오며

거룩한 교회와 성도가 서로 교통하는 것과

죄를 사하여 주시는 것과

몸이 다시 사는 것과

영원히 사는 것을 믿사옵나이다. 아멘.

위의 『사도신경』은 개신교의 교리를 확정한 니케아공의회가 만든 기독교 근본 교리의 핵심이다. 이 문서에 따르면 예수는 '아버지'인 하나님의 외아들로서 동정녀 마리아의 몸을 빌려 인간으로 강세降世한 인

물임을 분명히 하고 있다. 즉 예수는 신 그 자체가 아닌 피조물 중의 하나로서, 사망의 깊은 계곡에서 깨어나 부활한 후 하늘에 올라 하나님 우편에 앉아 있다가 최후심판의 날에 다시 역할을 부여 받아 재림할 것을 '믿는다'는 내용이다. 이 믿음은 기독교 신앙의 골수이기 때문에 이에 대한 믿음이 없거나 결여된 신자는 진정한 기독교인이 아니다. 우리가 '기독교인'이라 부르는 대상은 『사도신경』에서 밝히고 있는 신앙고백의 내용을 완전히 '믿는' 사람들이다. 여기서 밝혀둘 일이 있다. 필자는 언젠가 어느 기사에서 외국(아마 미국이었을 것으로 짐작한다)의 한 연구기관이 조사한 바에 따르면 교회에서 사역하는 목사의 60퍼센트가 하나님의 존재를 믿지 않는다는 조사 결과를 발표한 것을 읽은 일이 있었다. 불행하게도 그 연구기관의 이름과 국적을 기억하지 못하지만 이 기사의 내용이 늘 마음속에 자리 잡고 있었던 것은 분명하다. 이 기사의 내용이 사실에 가깝다면 주일마다 강단에서 설교하는 목사들의 절반 이상이 거짓말을 하고 있는 셈이다. 즉 지구 차원의 거대한 사기극이 벌어지고 있다는 얘기다. 그러나 이 문제는 잠시 뒤로 젖혀두고 여기서는 '삼위일체'라는 그 '깊은 교리'에 대해서만 집중하기로 하자.

니케아공의회를 주관한 인물로 알려진 콘스탄티누스대제(재위, 306~337)는 유대인의 유일신 에호바(여호와)에 대한 믿음이 강한 사람이었을까? 아니었다. 그는 로마인들이 전통적으로 믿어오던 태양신의 숭배자였다. 그가 밀라노칙령으로 기독교를 공인한 까닭은 '제국의 통일'이라는 정치적 목표를 실현하기 위해서였다.

그는 디오클레티아누스 황제의 뒤를 이어 황제가 되었으나 원로원으로부터 정식으로 인정을 받은 것은 황제가 된 지 7년만인 312년의 일이었다. 그는 작전에 치밀한 전략가였고, 전투에 능한 무인이었다. 말기 증상을 보이던 로마제국을 재통일한 정치인이었다. 그가 황제의 자리에 올랐을 때 이미 로마는 기울어 서로마제국과 동로마제국으로 찢어져 있었고, 다시 하나의 제국에는 정제正帝와 부제副帝가 있어 로마제국 전체를 통틀어 네 명의 황제가 난립하여 각자 영토를 분할하여 통치하고 있었다. 내부적인 분열상에 더하여 고트족을 비롯한 외적의 침입을 막기 위하여 황제는 거의 대부분의 시간을 전장의 말안장 위에서 보내야 했다. 콘스탄티누스는 종교와 철학에 관심이 깊은 사람은 아니었다. 로마인은 전통적으로 다신교였는데 태양신을 숭배했던 콘스탄티누스는 유대인의 민족신인 여호와에 대해 큰 관심은 없었다. 그러나 유대인의 일신교는 이미 로마의 기층사회에 광범하게 스며들어 있었고, 지식인인 귀족사회에서도 플라톤 철학과 결합하여 히브리즘과 헬레니즘의 결합으로 합리주의의 모양을 띤 서양 문명의 줄기가 형성되고 있었다.

한편 제국의 정치적 상황은 말기 증상을 보이고 있었다. 로마제국의 멸망 원인에 대해서는 역사학자마다 다른 견해를 내놓고 있어 일정하지는 않으나 종교적, 사상적, 문화적 분열현상이 고질적으로 작용한 것만은 사실이었다. 콘스탄티누스 1세를 대제大帝로 호칭하면서 로마 재통일의 장본인으로 보는 까닭도 이러한 정치적 위기를 일시적이나마 미봉한 데 있었다. 그는 종교, 즉 유대인의 신앙을 정치적으로 이용했다. 그 결과 나온 것이 밀라노 칙령과 니케아 종교회의(공의회)였다. 그가 기독교를 로마제국의 국교로 지정했다는 것은 사실과 다른 이야기다. 밀라노칙령에서 나온 결정은 기독교를 다른 로마의 기존 종교와 마찬가지로 공인公認한다는 내용이었다. 기독교인에게 특별히 부과하던 세금을 감면하고 기독교를 믿는다는 이유만으로 범죄자 취급하던 종래의 방침을 철회하여 기독교 신앙을 자유롭게 허용한다는 방침을 천명한 것이었다. 그 결과는 그가 예측하지 못했던 일이었다.

니케아 종교회의에 참석한 기독교 지도자들의 수는 많지 않았다. 로마제국과 이스라엘, 그리고 북아프리카와 소아시아에 흩어져 있던 많은 교회의 지도자들 중 니케아 회의에 참석한 수는 소수에 지나지 않았다. 그런 소수의 종교 지도자들이 모여 근본 교리를 논의한 결과 나온 것이 '삼위일체설'이었다. 니케아 종교회의, 기독교 측에서 부르는 명칭으로 공의회에서 '삼위일체설'이 근본교리로 채택된 이유는 무엇일까?

아버지와 아들, 그리고 신의 작용이라는 성령聖靈이 동일한 실체라는 이 황당한(?) 주장은 니케아 종교회의에 참석한 사람들의 독창적인 생각은 아니었다. 이미 이집트의 신화를 비롯하여 세계 여러 민족의 신화 또는 종교에서 반복 등장해 온 것이었다. 멀리 돌아볼 것 없이 우리 민족의 시원사始原史에서도 3에 대한 이야기는 얼마든지 찾을 수 있다. 증산도甑山道의 종도사宗道師 안경전安耕田은 지난 17년 동안 번역작업을 거쳐 지난 해(2013년) 간행한 『환단고기桓壇古記』 보급판 해설에서 다음과 같이 쓰고 있다.

"『환단고기』에는 한민족의 고유신앙이자 인류의 시원종교始原宗敎이며 원형문화인 '신교'의 가르침과 신교문화의 꽃인 '제천행사'가 구체적으로 기록되어 있다"고 전제하고 이어 "『환단고기』는 천지인天地人을 삼신三神의 현현顯現으로 인식한 한민족의 사상을 체계적으로 전한다. 우주만유가 생성되는 근원을 『환단고기』에서는 일신一神이라 정의한다. 일신은 각 종교에서 말하는 조물주요, 도道요 하나님이다. 그런데 일신이 실제로 인간의 역사 속에서 작용을 할 때는 언제나 삼신으로 나타난다. 한 손가락이 세 마디로 되어 있듯이 하나 속에는 셋의 구조로 '삼신원리'가 들어 있기 때문이다…… 조물주 삼신三神의 신령한 손길에서 삼재三才가 나왔다. 달리 말하면 삼신이 현실계에 자신을 드러낸 것이 바로 천지인이다. 때문에 천지인 각각은 삼신의 생명과 신성을 고스란히 다 지니고 있고, 각각에 내재된 삼신의 생명과 신성神性은 서로 동일하다. 이러한 천지인을 『환단고기』는 천일天一, 지일地一, 태일太一이라 일컫는다……"

이게 무슨 소린가? 어려운 문자를 쓴 것도 아니고 두루뭉술 잘 넘어가는 듯싶으나 자세히 읽어보면 도대체 무슨 소리를 하고 있는지 요령부득이다. 일찍이 교부철학자나 종교개혁 이후의 개신교 신학자들 가운데서도 '삼위일체론'을 해설해 보겠다고 나선 사람들이 많았다. 그들의 저서들을 읽어보면 거의 전부가 용두사미, 시작은 거창하였으나 결론은 흐지부지하게 끝난 경우가 많았다. 오늘날 교회에는 많은 '인기목사'들이 있으나 그들도 설교 시간에 '삼위일체론'을 주제로 설교하는 어리석은 사람은 별로 없다. 그 자체가 따분하고 어려워 '스마트한 설교'를 하기에 부적절한 내용이기 때문이다. 신학자가 책에서, 목사가 설교를 통해 할 수 있는 최선의 주장은 "절대자인 하나님의 존재를 인간의 언어와 논리로 말할 수는 없다"는 것이다. 따라서 기독교 교리로서의 '삼위일체론'은 이해의 대상이 아니라 '믿음'의 대상이다. 어느 교인이나 목회자의 신앙이 어느 정도인지 테스트 해보고 싶으면 '삼위일체설'에 대한 그의 생각을 들어보는 것으로 충분한 이유가 여기 있다.

앞서 일신一神이 현실계에 현현顯現한 것이 삼신이라고 설파한 증산도의 종도사는 『환단고기』와 『단군세기』의 삼신사상이 기독교의 삼위일체설과 어떻게 다른지 설명하려고 나선다.

"위서론자僞書論者들은 『단군세기』에 나오는 삼신일체 논리가 기독교의 삼위일체 사상을 모방한 것이라고 주장한다. 삼신일체는 '삼신일체상제三神一體上帝'의 일부인데, 삼신일체상제는 '얼굴 없는 무형의 하나님인 조물주 삼신과 한 몸이 되어 직접 우주 만유를 낳고 다스리는 유형의 인격적 하나님을 가리킨다. 그러나 기독교의 삼위일체는 '하나님은 본질적으로 하나인데 성부, 성자, 성령이라는 세 위격位格으로 계신다'는 뜻이다. 따라서 『환단고기』가 말하는 동방의 '삼신일체'와 기독교의 삼위일체는 본질적으로 전혀 다른 것이다."

"너희 믿음이 사람의 지혜에 있지 아니하고 다만 하나님의 능력에 있게 하려 하였노라. 그러나 우리가 온전한 자들 중에서는 지혜를 말하노니 이는 이 세상의 지혜가 아니요, 또 이 세상에서 없어질 통치자들의 지혜도 아니요, 오직 은밀한 가운데 있는 하나님의 지혜를 말하는 것으로서 곧 감추어졌던 것인데 하나님이 우리의 영광을 위하여 만세 전에 미리 정하신 것이라.(고린도 전서 2: 5 ~7)

유병언이 말했다.(TV조선)

"성경이라는 것, 참 구절이 많은데, 목사라는 사람들 먹고 살기 딱 좋아요. 한 구절 따다가 정치, 경제, 사회 온갖 잡탕을 비벼 넣어 설교라고 팔아먹으면 헌금이 얼마나 들어오는데…… 한국 교회, 그런 겁니다."

기독교는 구원의 종교다. 구원이 없다면 이 종교는 생명력을 잃는다. 본질적으로 한국 교회의 신도들은 모두 '구원파'다. 적어도 세월호가 침몰하기 전, 유병언이 오리무중으로 경찰과 검찰을 놀리기 전까지는 그랬다. 한국 개신교의 대부분 교파들은 믿음으로 구원을 받은 사람은 일단 천국으로 가게 돼 있으며 구원으로 중생(重生, 거듭나다)을 얻은 이후에는 죄를 지어도 구원의 약속은 이행된다고 믿었다. 그러나 이런 믿음이 구원파가 주장해 온 중심 교리임이 판명된 이후에는 사정이 조금 달라졌다. 교파의 지도자들은 아직 교리를 수정하지 못한 상태이고 신도들은 자신의 종래 믿음을 버리지도 못하고 그대로 지키지도 못하는 상태에서 어정쩡하게 살고 있다. 그러면서도 유병언과 구원파와 무관함을 입증이라도 하듯 돌을 높이 쳐들고 있다. 유병언과 구원파를 향해 던질 기세다. 예수가 지금 살아 있었다면 당연히 그랬을 것이다. "너희들 중 죄 없는 자가 그를 돌로 쳐라." 과연 한국의 기독교인들은 유병언에게 돌을 던질 자격이 있을까?

하나의 삽화가 있다. 세상 사람들 누구나 알고 있는 국무총리 문창극 후보의 교회 강론에 대해서다. 국무총리는 조선시대 계급으로 치면 영의정이다. '일인지하 만인지상'으로 보통 사람이 올라갈 수 있는 관직 중 단연 최고의 자리다. '높다'는 의미 외에도 한 나라를 이끌어 가야

하는 막중한 소임이기 때문에 그 나라 국민들과의 교감이 무엇보다 선행하여 필요한 자리이기도 하다. 그런 그가 오래전 어느 교회(사랑의 교회)에서 간증인지 강론인지 확실치 않은 발언을 통하여 "일제강점의 고난을 준 것도 하나님이 예비하신 일이고 연단을 통하여 이 민족을 강하게 만들기 위함이었다."는 요지의 발언을 한 일이 있다는 것을 KBS가 당시의 동영상을 찾아내어 보도함으로써 세상이 시끄러워지고 끝내 그는 총리 후보의 자리를 물러나고 말았다. 이 일이 문제가 되어 정치권이 시끄러울 때 대부분의 기독교인들은 "뭐가 문제냐?"고 의아스러워했다. 그의 발언은 기독교 교리에 부합하는 내용이었고, 하나님께서 이 민족을 연단하여 강하게 만들기 위하여 고난을 주었다는 내용인데 앞뒤를 잘라내어 거두절미하면 이상한 소리가 되고 만다는 것이었다. 어느 기독교 단체와 우익 사회단체에서는 광고를 통하여 이 사실을 보도한 언론기관에 대한 적의를 감추지 않았다.

기독교에서 여호와 하나님은 유일신으로 전지전능全知全能한 창조주이며 무소부재無所不在한 절대자이다. 전지전능하기 때문에 민족이나 국가의 운명은 물론이고 개인의 삶도 모두 하나님이 정해놓은 각본에 따라 진행된다. 대한제국이 일제에 복속되어 36년간 고난의 강점을 당한 것도 다 하나님이 정해놓은 일이다. 여기에 대해 터럭끝 만큼이라도 의심을 가진다면 그는 기독교인이 아니다. 문창극 씨는 그런 이야기를 교회에서 했을 뿐인데 도대체 뭐가 잘못되었느냐고 반문했었다. 그리고 일반신도들도 이 사건을 통하여 신앙에 깊은 시험을 받았다. 신도로서의 양심에 따라 말을 하자니 국민 정서에 어긋나고 국민 정서에 맞추어 말을 하자니 기독교 신앙과 교리에 맞지 않은 탓이다. 그렇지 않은 경우도 있다. 대부분의 기독교 교인들은 우리나라의 상고사上古史는 잘 몰라도 이스라엘의 역사는 훤하게 꿰고 있다. 구약성서의 대부분이 이스라엘의 역사이기 때문이다. 그들은 단군왕검을 인정하지 않을뿐만 아니라 서울의 어느 초등학교 교정에 세워놓은 단군상의 목을 베어버리는 짓을 서슴지 않았다. 이유는 '우상숭배'이기 때문이다. 한민족 시원사始原史를 말하면 우상숭배이고 이스라엘의 고대사를 이야기하면 신앙 깊은 사람이 된다. 어느 교단에는 단군문제 대책위원회가 구성되어 있을 정도로 이 문제만큼은 용감하게 대처하고 있다. 종교적 신념은 사회 윤리 또는 규범이나 관습, 의식과 상충하여 갈등을 일으키는 경우가 종종 있다. '여호와의 증인'이라는 교단과 제칠일 안식교 신도들이 군 입대를 미필적 고의에 의한 죄악으로 단정하여 입대를 하지 않아 기피자가 되거나 입대하고도 무기 수령을 거부하여 영창 신세를 지는 등 갈등 사례가 많았었다. 지금은 '양심범'이라는 개념이 있어 이 문제를 해결하고 있으나 지난날에는 이런 행위를 '조국에 대한 배신행위'로 낙인찍어 배척하기도 했었다. 외래 종교와 전통의식의 충돌 또는 갈등이 아직은 별것 아닌 상태로 잠복해 있으나 앞으로 어느 날 이것이 무서운 바이러스가 되어 우리 사회의 건강을 해치는 원흉이 될 날이 있을 것으로 내다본다.

종교와 사회 구성원이 지닌 전통 의식과의 충돌 현상을 우리는 앞서 유병언과 문창극의 경우에서 살펴보았거니와 좀 더 구체적인 사례 한 가지를 더 들자면 직전 대통령을 지낸 이명박이 서울시장 자리에 있을 때 기도를 통하여 "서울시를 하나님께 봉헌하겠다"고 공언하여 많은 서울 시민들의 마음을 오그라들게 했던 일이 있었다. 공직자이기 이전에 이미 독실한 크리스천이었던 이 시장의 이 같은 기도는 신도의 입장에서는 당연한 것이었다. 그 때문에 우리 사회는 이런 문제를 철저하게 따져 묻고 공동선共同善이라는 해답을 마련하는 대신 서둘러 덮어버리고 지나왔을 뿐이었다. 대한민국 헌법은 '종교의 자유'를 명시해놓고 있다. 이 같이 헌법이 밝혀놓은 가치관 아래서 '종교문제'는 불가침의 치외법권 지대에서 방치돼 있었다. 민주사회에서 '제4부'로 여겨지는 분야로 자타가 공인하는 것이 언론이지만 필자의 좁은 생각으로는 '제4부'는 '종교'이다. 특히 우리나라에서 '종교'는 방임放任하는 것이 상책이라고 할 정도로 그 자신 외에는 누구도 책임을 묻지 않는 치외법권의 무풍지대에서 순항을 해 오고 있었다. '제4부'로 무소불위無所不爲의 우리나라 언론이 가장 건드리기 싫어하는 분야가 종교라는 점은 시사하는 바가 크다. 기독교가 '종교문제'의 첨두에 서 있었고, 다른 종교 또는 종파는 기독교의 등 뒤에 숨어 어부지리를 만끽하며 따라온 것이었다. 예를 들어 종교 지도자들이 세금을 내는 것이 옳으냐 아니냐를 두고 논쟁이 벌어졌을 때 '불전佛錢'의 사용방법을 두고 가장 심각하게 고민해야 할 불교계는 한 발 뒤로 물러서서 불구경이나 하고 있고 오로지 목사의 월급에서 근로소득세를 내는 것이 옳으냐 아니냐 하는 문제만 전면에 내세워졌던 것이 그 한 예이다. 기독교는 어느덧 '한국을 대표하는 종교'가 되었다.

그러나 이것은 종교의 본질과는 다소 거리가 있는 문제이다. 종교,

여기서 말하는 기독교의 정체성과 본질을 말해주는 것은 모든 성경의 첫 머리에 나와 있고, 신·구교를 막론하고 예배 시에 암송하는 신앙고백서인 『사도신경』을 더 자세히 살펴보면 된다. 『사도신경』을 한 마디로 요약하면 "삼위일체설을 믿는다"는 것이다. 이 짧지만 중요한 문서의 내용은 크게 세 단락으로 이루어져 있는데 첫째 단락은 '전능하신 창조주 하나님에 대한 믿음'이고, 두 번째 단락은 '그 외아들 예수 그리스도'에 대한 믿음이다. '외아들'에 대한 설명은 이 짧은 문서의 가장 큰 부분을 장식하고 있다. 먼저 출생의 비밀이다. 동정녀 마리아의 몸을 빌려 '성령으로 잉태'한 사람의 아들이며, 유대총독(로마제국의 관리) 빌라도의 사형 언도로 십자가에서 죽었으나 사흘 만에 육신이 되살아나 하늘에 올랐으며, 이후 하나님 우편에 앉아 계시다가 최후 심판의 날에 다시 인간 세상으로 돌아온다는 믿음을 고백하고 있다. 마지막으로 세 번째 단락은 성령에 대한 것이다. '성령의 역사役事'에 대한 믿음, 그리고 교회의 역할에 대한 자부심, 부활과 영생에 대한 믿음으로 이 문서는 기독교의 모든 교리를 함축하여 담고 있는데 그 중에 압권은 삼위일체설이다. '삼위일체'에 왜 '설說'이 붙었는지 모르지만 대개 '설'은 남은 믿지 않지만 본인과 동조자들은 굳게 믿는 주장을 말할 때 붙이는 접미어다.

『사도신경』은 이름 그대로 '사도使徒'들이 만들었을까? 아니었다. 예수가 세상에 있을 때 따르던 제자들을 비롯하여 예수 사후 제자가 된 바울 등 기독교가 세계 종교로 되기까지 활약이 컸던 사람들을 '사도'라 부르고 신약성경의 대부분은 이들 사도들이 성령의 감동을 받아 저술한 것으로 돼 있는데 이들은 『사도신경』을 만들지도 않았고, 그런 문서를 예배에 활용하지도 않았다. 이 문서를 만든 장본인은 중세시대의 교부敎父들이었다는 것이 정설이다. 아리스토텔레스와 플라톤의 철학 체계를 원용하여 스콜라철학을 파먹고 살던 로마 가톨릭의 신부들이 그들이다. 이 문서를 차근하게 씹어보면 교회와 그 지도자들을 믿고 의지하는 것이 곧 하나님과 그 아들 예수, 그리고 성령의 기대에 부합하는 길임을 분명히 하고 있다. 사람들은 왜 교회에 나가야 하고 왜 신부들을 먹여 살려야 하는지 이보다 명확한 이유를 가져다 대는 문서는 일찍이 없었다. 종교개혁으로 가톨릭의 형식주의를 타파한 개신교와 그 교회의 다수가 유독 이 『사도신경』만은 버리지 아니하고 이어받아 예배 시에 활용하고 있는 까닭도 짐작할 수 있다. "교회에 나와라." "헌금을 하라"고 백 마디 말로 떠드는 것보다 이 짧은 문서 하나가 더 효과적이기 때문이다.

이제 본론으로 들어가자. 『사도신경』은 말할 것도 없고 '삼위일체설' 자체가 모순으로 가득 차 있다. 인간이 지니고 있는 상식과 논리로는 이해할 수 없는 명제로 이루어져 있기 때문이다. 예를 들어 예수는 자신의 죽음을 예견했던 마지막 저녁 겟세마네 동산에서 기도하기를 "내 아버지여 만일 할 만하시거든 이 잔을 내게서 지나가게 하옵소서. 그러나 나의 원대로 마시옵고 아버지의 원대로 하옵소서." 했고, 다음날 사형 언도를 받고 골고다 언덕에서 십자가에 못 박혀 죽게 되었을 때는 "나의 하나님, 나의 하나님 어찌하여 나를 버리셨나이까."(마태복음 27장 46절) 하고, 다른 기록에서는 "아버지, 내 영혼을 아버지 손에 부탁하나이다."(누가복음 23장 46절) 하고 피 끓는 소리로 부르짖었다. 그 외에도 예수가 전능한 하나님의 피조물(아들)이라는 표현은 신약성경 곳곳에 널려 있다. 피조물이 창조주와 동일체라는 것이 삼위일체설의 내용이다. 이게 가당키나 한 일인가? 창조주가 자신을 죽음에 몰아넣고 "가능하면 이 잔을 내게서 떠나게 하소서." 하고 호소한다니 이런 연극이 대체 어디에 있다는 것인가? 이에 대한 신학자 또는 기독교의 지도자들은 "인간의 논리로 신의 존재를 증명하려는 어리석음"을 책망하는 것으로 대답을 대신한다. 즉 삼위일체설은 인간의 상식이나 논리로는 풀 수 없는 심원한 종교적 명제라는 것이다. 즉 하나님 세계의 일이니 신도들은 닥치고 믿기만 하면 된다는 이야기다. 기독교의 핵심 교리인 삼위일체설은 이처럼 인간의 논리나 상식을 넘어 신성神性의 장막 뒤로 숨어버렸다. '믿거나 말거나'의 경지로 밀려난 것이다. 여기서 우리는 대부분 종교의 생성 원리인 '믿음'의 세계에 닿는다.

믿음의 실체

놀랍게도 기독교는 그 방대한 조직과 깊은 역사에도 불구하고 삼위일체설이라는 정체성에 뿌리를 둔 중요한 문제에 대한 대답을 마련하지 못한 채 종교적 신비주의의 장막 뒤에 숨어버리는 것과 같은 행태로 일관하고 있다. '믿음'에 대해서도 일정한 설명이 없다. 모든 종교는 각각 약간의 차이는 있지만 '믿음' 위에 서 있다. '깨달음의 종교'인 불교에서조차 '믿음'은 극락세계로 가는 첩경이다. 그 중에서도 기독교는 '믿음의 종교'라 할만치 '믿음'은 천국으로 가는 열쇠이다.

"믿음은 바라는 것의 실상이요, 보이지 않는 것의 증거니 선진들이 이로써 증거를 얻었느니라. 믿음으로 모든 세계가 하나님의 말씀으로 지어진 줄을 우리가 아나니 보이는 것은 나타난 것으로 말미암아 된 것이 아니니라."(『히브리서』 11장 1~3절)

『히브리서』의 작자가 누군지는 알려져 있지 않다. 현란한 언어 구사 능력과 논리적 전개 솜씨로 보아 바울의 서간문들 중 하나가 아니겠느냐고 짐작하지만 정확하지는 않다. 그 대상도 기독교를 믿는 모든 유대인들을 대상으로 하고 있어 특수한 교회나 한정된 사회에 보내는 메시지와는 달리 그 범위가 한정되지 않아 일반적이다. 만약 바울의 편지글이라면 바울은 큰 실수를 한 셈이다. 아주 그럴듯하여 자주 인용되는 문구이기는 하지만 이것 역시 '믿음'(faith, belief)에 대한 의구심을 불러 일으키기에 충분한 소재가 된다.

『히브리서』 11장에 나오는 위의 글을 뒤집어 간단하고 무식하게 말하면 "믿으면 있고 안 믿으면 없다"가 된다. 좀 더 읽어보면 작자의 의도가 그대로 숨김없이 나온다. "믿음이 없이는 하나님을 기쁘시게 하지 못하나니 하나님께 나아가는 자는 반드시 그가 계신 것과 또한 그가 자기를 찾는 자들에게 상 주시는 이심을 믿어야 할지니라."(『히브리서』 11장 6절)

이 종교의 요체는 '믿음'이다. 유일신 여호와(초기에는 유대민족의 전쟁신이었다)의 신성神性은 말할 것도 없고 그의 존재 자체를 입증하는 것도 오로지 '믿음'이다. '믿음'이란 무엇인가? 사전적인 풀이로는 "사람이나 사실, 말에 대하여 믿는 마음" 또는 "불가시적인 초월적 존재의 실재성을 믿는 인간의 심리 상태"(국어사전)이다. 알려진 바와 같이 인간의 마지막 영역인 '마음', 또는 '영혼'에 대한 '과학적 탐구'가 의욕적으로 추진되었고, 일부에서는 상당한 효과가 있었던 것으로 알려져 있다. 즉 마음이니 영혼이니 하는 것들이 신비한 그 무엇도 아니고 불멸의 존재 양식은 더욱 아니며, 뇌의 작용에 지나지 않는다는 것이다. 지금 생물학 분야의 연구는 뇌의 어느 부분이 예술적 창조를 맡고 어느 부분이 종교적 고매한 생각을 담당하는지 밝혀내고 있다. 나는 인간의 뇌수腦髓 어느 부분이 무슨 일을 하느냐 하는 문제에는 관심이 없다. 예술 창작과 종교적 사고도 뇌가 만들어낸 것이라면 큰일이다. 그러나 그건 사실인 듯하다. 동진출가童眞出家하여 평생을 비구로 살고 수행이 깊어 법을 묻는 수좌들이 문전성시門前成市를 이루었던 B 스님, 그분은 속인들 같으면 '살만큼 살았다'고 할 여든여섯에 중풍을 맞았다. 뇌일혈, 뇌졸중이라고도 하는 이 병은 사람의 뇌에 흐르고 있는 혈관이 터져 뇌의 기능(전체 또는 부분)이 멈추는 병이다. 여든여섯의 노스님은 졸지에 어린아이가 돼버렸다. 자기 의지와 지식으로 할 수 있는 일은 없었다. 소변도 제 힘으로 못 보니 기저귀를 차고 있어야 했다. 이 참담한 상황에서 벗어나도록 그의 일생에 걸친 수행은 무슨 도움이 되었을까? 무슨 도움이 되겠지, 설마 보통 사람들 같을라고, 그렇게 생각하고 지켜보았다. 결과는 실망스러웠다. 그분의 평생에 걸친 수행 공덕은 이 비참한 지경에서 그를 건져주지 못하였고, 그의 투병생활은 보통 사람들(비구도 아니고 참선도 못해 본)보다 더 어렵게 투병하고 있었고, 더 철저하게 어린 아이로 퇴행해 갔다.

기독교 이야기를 하다가 느닷없이 스님네 예화例話를 끌어내는 행태를 못마땅하게 생각하는 사람도 있겠으나 '믿음'이라는 심성心性을 설명하다가 '믿음'을 포함한 일체의 심리적 기전이 뇌의 작용이라는 것을 입증하기 위해 스님 얘기에 미친 것이었다. 기독교가 '믿음'을 너무 믿었거나 불교의 한 유파가 '마음'을 과장스럽게 신비화한 나머지 '마음'으로 모든 것을 다 설명할 수 있다고 착각하는 것이나 피장파장이니 무릇 종교란 어차피 기댈 언덕이 있어야 하는 법이지만, 지금 그 언덕들이 무너지고 있는 것이다. 그러나 종교의 입장에서 보면 언덕이 무너지든, 그 너머 산이 무너지든, 바다가 넘치든 아랑곳하지 않고 견고하고도 질긴 '믿음'의 반석 위에 요지부동으로 서 있는 것이다.

마침내 내가 고백해야할 때가 이른 것 같다. 나는 이 글을 통하여 앞서 밝힌 강고強固한 믿음을 가진 사람들을 설득하거나 이해시키거나 또는 그들과 논쟁을 벌일 생각이 전혀 없다. 힘에 부치거나 결과가 뻔한 일은 피하는 것이 상책이라고 경험상 알고 있는 까닭이다.

기왕 말이 나왔으니 사례 한 가지만 더 들고 지나가자. 나는 나이가 연만한 사람들(적어도 80세 이상인 사람들)을 만나면 "차표 사 두었느냐?"고 물었다. '저승이 멀다하나 대문 앞이 저승일세' 어쩌구 하는 우리 전래의 노랫가락 말처럼 저승 갈 날이 코앞인데 준비는 해두었느냐는 농담이었는데 대부분의 노인들은 이 농담을 심각하게 받아들였다. 정부에서 높은 벼슬을 했던 A 씨에게 같은 말을 했더니 한 달 뒤 그가 말했다.

"차표를 끊었습니다."

"어디 가는 차표인데요?"

"극락 가는 차표라고 하데요. 불교라는 이름입니다."

"그까짓 이름 아무러면 어떻습니까. 그런데 불교를 택한 이유가 뭡니까? 어떻게 된 일인데요?"

다그쳐 묻자 그는 솔직하게 털어놓았다.

"친한 사람 중에 전에 조계종 총무원장을 지낸 K 스님이 있습니다. 이 양반한테 차표 얘기를 했더니 집으로 여남은 권의 책을 보내왔더군요. 대부분 딱딱한 불교 책이라 손이 나가지 않았는데 그 중에 미국인으로 한국에서 입산 수도한 스님 한 분이 쓴 자전적인 글이 있었습니다. 미국 동부지방의 일류 대학에서 과학을 연구하여 박사가 된 그가 '차표'를 사러 버스 터미널에 가서 줄을 섰다가 불교를 택하게 된 까닭과 한국 스님을 스승으로 모시게 된 전말이 소상하게 나와 있었습니다. 그 책을 보다가 이런 생각을 했습니다." 이 사람은 과학도로서 현대 과학이 지향하는 정신과 방법론에 익숙해진 사람이다. 그가 그토록 고심한 끝에 선택했다면 여러 가지를 두루 참작하여 올바른 선택을 했을 것이다. 아니면 그의 인생 전체가 실패일 텐데 어찌 가볍게 생각했겠는가. 하물며 나는 과학도 아니었고 나이가 연만하여 깊이 있는 생각을 하기에도 적절치 못하다. '그가 선택한 것을 따르자' 이렇게 생각하고 불교라는 '차표'를 손에 쥐게 되었습니다."

얼른 듣기에도 K 씨의 '선택'에는 치명적인 결함이 보였지만 그건 다

접어두고 나는 이런 말을 해 주었다.

"내가 알기로는 불교는 수행의 종교입니다. 피나는 수행으로 깨달음에 이르러야 합니다. 그런데 지금 그 나이에 눈이 파란 미국 스님처럼 피나게 수행할 수 있겠습니까? 세상에는 '믿음'의 종교도 있습니다. 믿기만 하면 중생重生하여 영생永生을 보장 받는 그런 종교도 있습니다. 그런 차표로 바꾸는 것이 어떻겠습니까?"

그로부터 몇 달 뒤 그는 먼 길을 떠났다. 작별 인사를 하기 위해 장례식장에 가서 국화 한 송이를 헌화하다가 나는 속으로 웃었다. 온화한 모습의 사진 밑에 〈성도 K 아무개〉라는 이름을 쓰고 〈OO교회〉라는 명패도 있었다. 그가 언제 어떤 계기로 차표를 바꾸고 〈OO교회〉의 성도가 되었는지 나는 그 내력을 알지 못한다. 어쨌거나 그는 '구원'을 받았고 영생의 길을 갔다. 돌아보니 〈OO교회〉에서 나온 신도들이 검은 상복을 차려입고 "날빛보다 더 밝은 천당 믿는 마음 가지고 보겠네.……" 하는 찬송가를 부르고 있었다. "이거구나." 나는 그제야 알았다. 천국은 멀리 있지 않았던 것이다.

우울하고 경건한 표정으로 찬송가를 부르고 있는 한 무리의 사람들은 앞에서 지휘하는 한 남자의 입술을 지켜보고 있었다. 그가 아마 〈OO교회〉의 담임목사이거나 경조사 담당 부목사일 것이라고 짐작이 갔다. 지휘자는 의사처럼 이런 종류의 슬픔에 익숙해진 표정으로 미리 준비해 온 찬송가의 장 번호를 나지막한 목소리로 읊조리면 성가대원들은 지휘자의 입술만 보고도 알아듣고 정확하게 해당 찬송가를 부르기 시작하는 것이었다. 그렇게 하여 "606장"이 끝나고 "607장 내 본향

가는 길"을 부른 후 "609장 이 세상 살 때에"를 끝으로 찬송가 부르기를 그치고 기도에 들어갔다.

지휘자(담임목사?)의 기도는 약간의 준비가 있었음을 보여주었다. 준비라는 것은 수학선생이 수업에 들어가기에 앞서 오늘 가르칠 교과서의 내용을 미리 알아보고 예상되는 학생들의 질문을 미리 상정하여 대답을 마련해 두는 행위와 비슷했고, 주례를 부탁 받은 사람이 예식장으로 가기에 앞서 오늘 결혼하는 남녀의 신상과 양가 부모의 이력을 간단하게 알아두는 정도와 비슷했다. 오늘 영혼과 육체가 분리되어 '하늘나라로 인도되어 가는' 사람에 대해서도 조잡하지만 생전의 행적을 약간 조사했음이 드러났다. 즉 목사는 그의 직업에 충실한 편이었다. 이럴 때 어떤 주례자는 직업적 노력 없이 대충 나왔다가 두루뭉술하게 한 인간의 일생을 주워섬기는 경우도 있었다(인간의 삶이란 그렇고 그런 것이어서 두루뭉술하게 맞아떨어지는 경우가 더 많았다. 예를 들어 점쟁이가 복채를 들고 찾아오는 손님에게 대뜸 "배고프고 원한에 찬 귀신들이 어깨에 다닥다닥 붙었으니 사는 게 힘이 들지, 쯧" 하고 넘겨짚어도 사실과 크게 다르지 않은 것과 같은 이치다).

여기서 발견되는 것은 종교가, 특히 기독교가 어떤 사람들에게는 직장이요, 직업이라는 사실이다. 한 때 대한민국에서는 눈이 멈추는 곳마다 '신학교神學校'가 있었다. 기독교의 교단 또는 교파마다, 지역마다 신학교를 세워 운영하고 있었으니 그 수가 엄청났던 것이다. '신학교'는 대학이라는 명칭을 달고 있었으나 국가가 인정하는 수능시험이나 기타 자격고시의 성적에 상관없이 입학할 수 있는, 대학 교육의 예외지대로 인정받았다. 정확하게 말하자면 자격 미달이거나 공부에 관심이 적은 젊은이들이 신앙을 빙자하여 교회의 추천을 받아 입학할 수 있는 대학이었다. 물론 커리큘럼이나 교수진 등 여러 방면에서 일반 대학과 비교할 수 없는 열악한 상태였다. 〈크리스찬 아카데미〉를 창설하여 운영했던 강원룡 목사는 《사상계思想界》 잡지에 발표한 글에서 "한국 교회는 망할 것"이라고 예고했다. 그 이유는 "북에서 피난 내려온 기독교인 자녀들이 자격도 없으면서 신학교를 나와 목사 안수를 받으니 이들이 강단에 서서 설교하면 똑똑한 교인들이 교회를 외면할 것"이라는 것이었다. 강원룡 씨는 당시 우후죽순처럼 난립하던 신학교를 걱정했던 모양인데 피난민 세대가 아니더라도 수능세대에서도 신학교에 대한 수요는 넘치고 있었다. 이에 대한 걱정 때문에 기독교인이 대통령에 당선되자 교계의 지도자들은 청와대로 대통령을 예방하여 문제의 해결을 요청했다. 대부분의 신학교가 '대학원대학'으로 승격한 것이 이때의 일이다. 신학교가 대학원 대학이 되었다고 해서 사정이 나아진 것은 없으나 '대학원'의 위상을 허물어버린 부정적 결과는 있었다.

이렇게 하여 대학원대학이 된 종래의 신학교에서 쏟아져 나오는 예비 목사들이 1년에 수만 명이나 된다고 하니 그 직업도 경쟁이 심하고 먹고 살기 어렵기는 다른 분야와 마찬가지인 모양이다. 그 결과는 참담하다. 아파트 단지 내에 상가가 들어서면 1층에서 5층까지 층마다 교회가 들어서는 기현상이 벌어진 것이다. 이렇게 난립한 개척교회들은 기독교의 성스러움을 갉아먹고 보통의 직업군으로 끌어내렸다.

가톨릭의 세속화와 권위주의가 종교개혁을 불러왔지만 양적으로 급

팽창한 한국 교회를 지배하고 있는 것은 시장의 논리이며 상업적 직업 논리일 뿐이다. 그에 대한 반성으로 영성회복운동이 일부에서 일어나고 있으나 아직은 미미한 목소리일 뿐이다. 대세는 상업화이다.

'상업화된 기독교'의 전형은 한국 기독교의 모태인 미국에서 찾을 수 있다. 미국에서는 대통령에 당선되면 취임선서를 성경책에 손을 올려놓고 행한다. 미국을 '기독교 국가'로 분류하는 이유가 이것이다. 개신교의 한국 선교는 미국 선교사인 장로교의 언더우드 목사와 감리교의 아펜젤러 목사에 의해 1885년(고종 22)에 시작되었다. 연도는 비슷하다. 장로교가 새문안교회를 세우자 감리교에서는 정동교회를 세워 이곳을 기점으로 평양, 대구, 부산 등지로 빠르게 전파되어 갔다. 그 중 장로교는 미국의 북장로회와 남장로회가 경쟁적으로 한국 선교 사업을 벌였고, 여기에 캐나다의 교회도 참여하였다. 그러나 대체적으로 미국의 남북 장로회가 한국 개신교의 영역을 양분하면서 발전해 왔다. 그 미국이 문제이다.

어떤 사람들은 이렇게 말할 것이다. "개신교만 기독교냐? 그보다 1백 년이나 먼저 순교자들의 피를 먹으며 전파된 가톨릭이야말로 기독교의 대표적인 종단 아닌가?" 하고. 그러나 내 생각은 한결같다. 기독교의 대표 종단은 개신교인 것이다. 비록 프란치스코 교황이 한국을 방문하여 광화문 네거리에서 시복식을 거행하는데 수십 만의 군중이 운집하여 환호했다고는 하나 군중 동원능력으로만 비교하자면 1970년대 빌리 그래함이라는 미국 부흥 목사가 한국에 왔을 때 5·16 광장(지금의 여의도 광장)은 전국에서 모여든 기독교 신자들의 천막으로 발 디딜 틈이 없을

정도였다. 그런 집회가 사흘이나 계속됐으니 2014년 여름 영화 《명량》
과 함께 반짝했던 교황의 인기는 "저리 가라"였다. 남쪽 서울의 큰 광장
에서 미국의 장사꾼 목사가 판을 벌이자 불편해진 북한의 신문이 보도
하기를 "남조선에서는 지금 미국 무당을 데려와 큰 푸닥거리를 하고 있
다"고 했다. '푸닥거리'라는 우리말을 참 적절하게 사용한 사례로 꼽힐
것이다.

푸닥거리를 하든 굿판을 벌이든, 빌리 그래함이나 교황이나 이 기회
에 머리를 내밀고 싶어 하는 한국의 수많은 사제들이나 모두들 장사판
에서 제몫을 하려고 애쓰는 사람들이었다. 제몫을 해야 수입이 늘고 수
입이 늘어야 배가 든든해지기 때문이다. 미국에는 목사나 변호사가 지
천이다. 목사들도 역할에 따라 세분되어 부흥목사가 따로 있고 TV부
흥목사라는 직업이 별도로 존재한다. 공중파가 아닌 지상파 방송을 통
하여 설교를 하고 이 설교를 보고 감동한 사람들이 헌금을 온라인으
로 부쳐오면 세금을 뗀 후 남은 것으로 먹고 사는 직업이다.

본바닥인 미국의 개신교는 이처럼 정체성을 잃고 있다. 한국 교민들
도 수많은 교회들 중 하나를 골라 찾아가 타국살이의 어려움을 더는
데 도움을 받는다고 한다. 이렇게 세분화 된 교회에서 목회하는 직업인
들의 주 수입원은 장례식을 집전해주고 받는 사례금으로 알려져 있다.
사정이 이런데도 왜 목회자들은 미국 유학을 꿈꾸고 있으며 미국 물을
먹은 목회자는 왜 아직도 국내에서 선호 대상인가? 우리나라 각 대학
에서는 1900년대까지만 해도 미국 박사들을 선호하는 경향이었다. 기
업도 그랬고, 정부도 그랬다. 그러나 지금은 아니다. 외국에서 박사학위

를 따가지고 국내에 들어와도 아무도 쳐다보지도 않는 세상이 되었다. 유독 종교계에서만 외국 선호 경향이 아직 살아 있으나 이것마저 곧 불식될 전망이다. 사람들이 미국 교회와 미국 신자들의 수준을 다 알아가고 있기 때문이다.

1997년에서 1998년에 진행된 국가 부도사태, 즉 IMF사태 때의 일이다. 그 직전에 시중 은행장들을 중심으로 하는 한국의 금융인들이 미국 금융계를 방문한 일이 있었다. 거기서 한국 금융인들은 눈이 동그랗게 될 정도로 놀랬다. 당시까지 국내 금융은 고객의 예금이나 중앙은행으로부터 낮은 이자를 주고 교부 받은 돈을 비싼 이자를 붙여 대출하여 그 차익으로 살아가는 형식이었다. 그랬는데 미국 가서 보니 이른바 '파생금융상품'이라는 것이 복잡하게 개발되어 있었다. 아, 이게 선진 금융이구나 하고 놀란 후진국의 금융인들이 돌아와 파생상품을 개발하여 판매해 보겠다고 땀 흘렸던 일이 있었다. 이때 개발된 파생금융상품들 대부분이 엉터리로 판명되었다. 금융상품과 종교가 무슨 상관 있다는 말인가? 하고 의아해 하겠지만 양자 간에는 유사점이 많다. 한국 교회가 미국 신학을 좋아하고, 미국 학위라면 덮어놓고 좋아하고, 파란 눈에 금발을 휘날리는 백인 선교사의 말이라면 아무리 상업주의에 물든 말이라도 신성시 하는 피원조 시대의 사고습관을 답습하면 조만간 애써 쌓아온 바벨탑이 무너지는 광경을 보게 될 것이다.

한국 교회에서 월급 받으며 일하는 목사, 부목사, 전도사 등은 자기 직업을 성직聖職으로 부르기를 주저하지 않는다. 특히 종교인의 급료에 대한 갑종근로소득세 부과 문제가 불거질 때마다 그들은 보통 근로자가 아니라 성직자임을 내세워 소득세 부과의 부당성을 강조한다. 대한민국 헌법에 종교의 자유가 명시되어 있는 것은 사실이나 이는 근대 국가의 일원으로서의 보편적 의무인 납세의 의무와 충돌하는 개념은 아니다. 정부는 세원개발税源開發 차원에서 종교단체나 기관에서 일하면서 밥 벌어 먹고 사는 사람들에게 근로소득세를 징수하려는 것이 아니라 같은 근로자이면서 유리 지갑처럼 꼬박 세금을 물고 있는 여타 근로자들과의 역차별을 해소하는 차원에서 징세하려고 했던 것인데 대부분의 목사, 스님들이 스스로 성직임을 내세워 세 부담을 거부하기에 이른 것이다.

여기서 우리는 솔직해질 필요가 있다. '자신을 속이고 남도 속이는 성직놀이'에서 이제는 벗어나 솔직한 마음으로 사실을 들여다보자. 자칭 성직자라는 사람들 대부분이 월급쟁이들이고 그 중 일부는 오너이거나 CEO급이다. 그들 중 일부는 부와 권력을 세습하려다가 격렬한 반대에 부딪쳐 사회적인 문제를 일으키기도 했고, 더러는 신도들이 헌금으로 모은 돈을 사적으로 유용하다가 공금횡령죄에 걸려드는 사이비 오너, 사이비 성직자도 있었다. 어느 경우이거나 성직자들에게는 공통의 성격이 발견됐다. 먹고 살기 위해 그 길을 택했다는 점이었다. 우리나라의 성직자님들은 자신이 직업인이라는 사실을 인정하지 않는다. 목사가 되기 위해 신학교에 입학하는 젊은이들 모두가 정규 대학에 진학하지 못해서, 또는 졸업 후 진로가 명확하지 못하여 그 불확실하고 어려운 길을 선택했다고 볼 수는 없다. 그러나 신학교를 졸업하고 어느 교회의 전도사로 취직하는 순간부터 그들은 일반 회사에 취직하여 말단 사원으로 시작하는 보통 젊은이들과 꼭 같은 과정, 꼭 같은 의식의 변화를 겪는다. 결혼하는 사람도 있다. 대부분의 남자에게 결혼은 '현실'로 느껴진다. 아내와 자식들을 어깨 위에 올려놓고 무거운 걸음으로 생명을 소진해야 하기 때문이다. 신학교 졸업 후의 진로도 의과대학을 나온 젊은이들과 비슷하다. 의대를 졸업한 후 대형병원에 취직하여 인턴, 레지던트 과정을 겪은 후 의사가 되듯이 신학을 졸업한 젊은이들은 집안이 넉넉하거나 처가의 도움으로 개척교회를 세워 독립하는 경우도 있고, 대형 교회의 전도사로 취직하여 계단을 밟아 올라가는 경우도 있다. 이 과정에서 대형 교회의 세습 문제도 불거지고 아파트 단지의 교회를 '신도 몇 명'을 끼워 팔아먹는 일도 일어난다. 교회와 '성직'을 밥벌이 일터로 생각하기 때문에 일어나는 일이다. 지금의 종교단체와 기관, 교회는 한정된 인원의 밥벌이와 명예욕 등을 채우기 위해 정교하게 다듬어진 기구에 지나지 않는다.

헤밍웨이(Ernest Miller Hemingway, 1899~1961)는 『노인과 바다』에서 이런 문제를 다루고 있다.

"죄에 대해서는 생각하지 말자. 그런 생각을 하기에는 너무 늦었고, 돈을 받고 생각을 일로 삼는 사람들이 있으니까 그런 생각은 그런 사람들이나 하게 놔두자. 물고기가 물고기로 태어난 것처럼 너는 어부가 되려고 태어났어. 성베드로도 위대한 디마지오의 아버지처럼 어부였지."

자신이 잡은 (죽인) 물고기에 대하여 죄의식이 생겨나려 하자 노인은 이를 억누르며 생각 따위는 직업적인 생각쟁이들이나 하도록 내버려두

자고 마음먹는다. 이 글에 나오는 '돈을 받고 생각을 일로 삼는 사람들'을 '교회에서 밥 벌어 먹고 사는 사람들'로 바꾸어놓으면 천당이니 지옥이니 삼위일체니 믿음이니 하는 문제들은 그들에게 미뤄놓고 보통 사람들은 그런 생각의 감옥에서 벗어날 필요가 있다.

풍우란(馮友蘭, 1894~1990)은 그의 역저 『중국철학사』에서 예악禮樂과 정치조직政刑의 기원 및 그 기능을 설명하는 가운데 『좌전』의 환공 2년조(B.C. 710) 장애백臧哀伯의 말을 다음과 같이 인용하였다.

"임금이란 마땅히 덕을 밝히고 악의 근원을 봉쇄하여 백관에 군림해야 하므로 도리어 실수하지 않을까 늘 조심해야 합니다. 따라서 훌륭한 덕을 명백히 밝혀 후대 임금들後孫에게 현시합니다. …… 무릇 행위의 준칙德은 검소하면서도 절도가 있고 등급에 따라 증감하는 법입니다. (임금은) 무늬와 색채를 써서 표지하고 소리와 빛을 통하여 발현함으로써 백관을 굽어봅니다. 그리하여 백관은 마침내 경계하고 두려워하여 감히 기율을 위반하지 못하는 것입니다."

임금이 예악을 장려하는 것은 예술적 취향 때문이 아니고 검소한 생활을 하는 것도 즐거워서가 아니다. '백관이 경계하고 두려워하여 감히 기율을 위반하지 못하도록 하기 위함'이다. 종교도 그와 같다. 성전을 크게 짓고 장엄하게 꾸미는 것은 신도들이 감히 의문을 품지 못하게 하기 위해서인 것이다. 사제司祭가 검소하고 덕스럽게 행동하는 까닭은 그들이 생래적으로 경건하거나 수행으로 몸과 마음을 닦았기 때문은 아니다. 직업적인 필요에 의해 생겨난 습속이라 할 수 있다.

무속과 가톨릭

가톨릭(Catholic, 천주교, 구교)이 우리나라에 전파된 것은 개신교보다 약 100년 쯤 앞섰다. 성리학 외에는 어떤 종교적 진리도 세계관도 받아들일 수 없었던 조선 사회는 이 서양 종교의 자락에 숨어 뒤따르던 서세동점西勢東漸의 대포와 총칼을 두려워한 나머지 가혹한 박해를 가하였다. 이 무렵 유럽 본바닥의 가톨릭은 이미 마녀사냥식 종교재판과 면죄부免罪符 발행으로 상징되는 세속화가 극한에 닿아 그 반동으로 종교개혁이 일어나고 기독교는 구 체계인 가톨릭과 신 체계인 프로테스탄트로 양분되었다. 프로테스탄트의 일파인 청교도들이 대서양 건너 신대륙을 개척하는 등 그 세력이 욱일승천旭日昇天하자 놀란 가톨릭의 내부에서 개혁운동이 일어나고 세계 전도에 나서기 위한 첨병으로 예수회가 조직되었다. 예수회의 외방 전도 방식은 그 전의 로마 가톨릭에 비하여 공격적이고 적극적이었다. 그리고 제국주의와 결탁하여 대포와 총칼을 끌고 갔기 때문에 아시아, 아프리카 여러 나라에서 충돌과 갈등이 일어났다. 우리나라에서는 피의 순교가 이루어졌다. 2014년 방한한 프란치스코 교황이 광화문 네거리에서 행한 시복식施福式에서 복자福者로 추대된 124명은 모두 초기 전도 과정에서 순교한 사람들이었다.

교황의 방한을 계기로 한국의 천주교 교인의 머릿수가 급격하게 늘어난 것으로 통계수치에서 확인할 수 있었다. 세례만 받고 냉담자로 분류되던 미지근한 신앙인들이 적극적으로 미사에 동참하는 신도로 돌아서는 현상도 두드러졌다. 그러나 가톨릭은 이런 외적인 변화에도 불구하고 내적으로 바뀐 것은 거의 없었다.

여호와 하나님의 선택을 받은 동정녀 마리아는 기독교 신자 이외의 사람들 눈에는 누가 봐도 그저 평범한 여자에 지나지 않지만 가톨릭에 서는 예수를 낳은 어머니이다. 예수聖子는 곧 하나님 자신이니 마리아 는 '하나님의 어머니'가 된다. '어머니'의 속성은 동서양을 막론하고 자 애慈愛이다. 자애로운 하나님의 어머니에게 빌어 천국에 가겠다는 소망 을 지닌 종교가 가톨릭이다. 근본 교리가 이러하니 그에 따른 예식이나 철학적 체계가 매우 번잡스럽게 구축되었다. 유대인의 종교인 기독교와 중동 아랍 민족의 종교인 이슬람교는 뿌리가 같다. 거칠고 메마른 사막 에서 태어난 종교라서 동근同根이라는 것이 아니라 구약성서와 코란이 모두 아브라함으로부터 예수 탄생의 일화를 그리고 있기 때문이다. 『코 란』의 기록자는 마리아를 혼전 임신한 여자로 그리고 있고, 부정한 임 신이 들키자 다른 마을로 가서 아기를 낳아 도피 생활하는 것으로 그 리고 있다. 구약과 신약에 나타난 여호와의 약속과 코란의 기록 중 어 느 것이 사실에 가까운지는 알 수 없다.

서양 종교에 대한 사전 지식이나 편견이 전혀 없는 한국의 한 어머니 가 가톨릭 미사에 처음 참여해 보고 솔직한 느낌을 이렇게 말했다.

"우리가 귀신에게 손 비비며 원하는 것을 빌던 것과 똑 같군요."

무당의 푸닥거리와 천주교의 각종 엄숙한 의례가 '똑 같다'고 비친 것 이다.

이 말 속에 가톨릭의 모든 것이 함축되어 있다. 1970년대 빌리 그래 함이라는 미국 장사꾼을 맞아 그의 설교를 듣기 위해 여의도 광장을 가득 매웠던 개신교도들이나 2014년 프란치스코 교황을 보기 위해 광화문 거리를 가득 메운 인파는 우리에게 어떤 영감을 주기에 충분하다. 일천 몇 백 년 전에 이 땅에 불교가 처음 전래했을 때도 처음 한동안의 시련기를 지나 민중들은 절 마당을 가득 매웠을 것이고, 칼 마르크스의 복음이 전해지자 '지상낙원'을 꿈꾸는 인민들이 칼을 들고 나와 신정국가를 수립하고 그 속에서 편하게 살아가고 있는 모습에서 이 나라는 '귀신에 목마른 땅'이구나 하고 느낀 것은 필자만은 아닐 것이다. 이쯤에서 한국인의 특성 하나를 들추어내야겠다. 한국인은 깃발 아래에 뭉치기를 좋아한다. 썩은 막대기에 남루한 깃발을 꽂고 누군가 앞장서서 흔들기만 하면 금세 많은 군중이 뒤를 따른다. 깃발은 종교가 되고 정당이 된다. 이런 속성 때문에 우리나라가 2차 대전 이후 기독교 신자가 가장 많이 증가한 나라로 꼽히는 영광을 얻게 된 것이다.

유대인들을 이집트의 노예 생활에서 벗어나 약속의 땅으로 이끌었던 신, 그 신은 많은 약속을 하는 가운데 조만간 메시아가 나타나 유대 종족을 구원하게 될 것이라는 약속도 포함되어 있었다. 그 약속에 따라 예수가 이 땅에 왔다. 예수 사후 열두 명의 제자들은 스승의 행적과 말씀 속에 담긴 진리를 전파하기 위하여 목숨을 바쳤다. 그 중에서도 어부였던 베드로와 그리스, 로마 철학의 세례를 받은 바울의 전도는 눈부신 것이었고, 그 토대 위에서 로마 가톨릭이라는 장대한 구조물이 들어섰다. 그 속에서 사제 노릇을 하며 먹고 살았던 사람들의 수가 얼마였는지 추계한 연구가 없어 알지 못한다. 미국의 발명왕 에디슨이 전 세계 수십 억 명에게 일자리를 주고 일부 국가에 천문학적인 부를 안겼다는 것은 사실이다. 프랑스의 과학자 루이 파스퇴르는 "천재 한 사람이 적어도 삼백 만 명은 먹여 살린다"고 구체적인 숫자를 내놓았다. 파스퇴르가 무슨 근거로 그런 숫자를 내놓았는지 알지 못하지만 가톨릭이 불만에 가득차고 생산적인 활동과는 거리가 먼 젊은이들을 사제나 수도사로 만들어 그럭저럭 먹고 살게 만든 공로도 에디슨의 발명에 뒤지지 않을 것이다.

스탕달의 『적과 흑』이라는 소설에 등장하는 주인공은 머리가 좋아 어려운 라틴어 문법을 잘도 꿰맞춘다. 이때의 라틴어 실력은 검은 옷으로 상징되는 하층계급의 수재들이 신분 상승의 무기로 활용하고 있음을 보게 된다. 마찬가지로 한국의 옛 선비(양반계급)들이나 불교의 승려들, 그리고 도교의 도사들, 심지어 신교의 무속인들까지도 일반인들이 잘 모르는 한자어를 사용하거나 한문투성이의 경전을 사용해 온 것과 같은 원리였다. 이처럼 양의 동서와 고금을 통틀어 성직자라는 사람들은 일반인이 잘 모르는 고어古語를 쓰거나 문법 체계가 어려운 언어를 사용해 왔다. 이것은 일종의 직업적 장식이었다.

성직자라는 직업인은 대체로 교활하다. 때로는 자신도 속이고 남도 속이는 이중의 속임수를 써야하기 때문이다. 출처가 분명치는 않지만 미국의 개신교 목사들 중 육십 퍼센트가 신의 존재를 믿지 않는다고 하니 그들은 자신이 믿지 않는 것을 남에게는 믿으라고 열심히 떠들고 있는 셈이다. 십여 년 전 세상을 떠난 대한불교 조계종 전 종정 성철 스님은 임종 때 남긴 열반송에서 "평생을 두고 남을 속여 그 죄罪가 수미산須彌山보다 높으니"하고 읊었다. 이 구절을 두고 머리 좋은 스님네

들이 잘 갖다 붙이고 비틀어 엄청난 함의를 지닌 구절로 반전反轉시켰지만 무식한 나로서는 이 구절을 있는 그대로 이해하고 싶다. 즉 혹시 자신이 깨달았다고 생각하는 것이 허망虛妄한 생각은 아니었을까, 그리하여 중생을 속이지 않았을까 자괴감을 진솔하게 읊은 대목이라고 받아들였던 것이다.

죽음을 앞에 둔 시점에서 이 정도라도 진솔하게 심경을 토로할 수 있는 큰 그릇은 많지 않다. 대개는 살아서나 죽음 직전에도 정의의 사도로 살아온 것처럼 분식粉飾하거나 스스로도 그렇게 믿으면서 생을 마감하는 사람들이 많다. 일부 사람들은 성녀聖女로 추앙 받는 테레사 수녀(Mother Terwsa, 1910~1997)가 "명예욕이 많은 이중인격자"였다고 말하고 있으나 필자는 그에 대한 확신이 없다. 다만 많은 성직자와 정치인들이 정의正義를 앞세워 옳은 일만 하고 살았던 것처럼 꾸미는 것을 보면 구역질이 난다.

필자는 동유럽의 루마니아, 세르비아 같은 정교회를 국교로 삼았던 나라와 이집트 사막에서 아나톨 프랑스가 『무희 타이스』를 쓰는데 영감을 주었던 중세시대의 수도원을 살펴 본 일이 있었다. 긴 복도를 끼고 벌집 같은 '수도사의 방'들이 촘촘하게 박혀 있었는데 방 안을 들여다보니 성인 남자가 겨우 몸을 누힐 수 있는 낡은 침대와 작은 책상, 그리고 겨우 엉덩이를 올려놓을 정도로 조잡한 의자가 가구의 전부였다. 그리고 방은 감옥의 독방보다 좁았다. 그 안에서 하나님의 목소리를 듣기 위해 기도했던 수도사들의 수행 정진을 폄훼할 생각은 없다. 수도사들이 피나게 묵상하고 기도하는 동안 수도원의 또 다른 방(사무실)에서는 이곳에서 보수를 받고 일하는 수사修士와 수녀들이 제각기 맡은 바 업무에 따라 어떤 사람은 이 수도원에 보내는 헌금 액수를 계산하고 지출 대비 잉여금이 얼마인지 셈을 하느라 바쁘고, 어떤 사람은 주식 과 부식비가 달마다 가파르게 상승하는 것을 걱정한 나머지 부식비를 줄이는 방안을 짜내느라 골머리를 앓고 있다. 그러는 동안에도 수도원 안팎의 청소 용역을 맡은 기관의 우두머리는 청소부들이 제대로 일을 하는지 살펴보느라고 눈알을 굴리고 다닌다. 1층 한가운데 자리 잡은 부엌의 화덕에서는 빵을 굽는 냄새가 연기와 함께 피어올라 수도원 전 체를 감싼다. 이처럼 어떤 형태의 종교단체 또는 기관도 경제적인 전후 방효과가 반드시 따르기 마련이다.

경기도와 강원도 일대에는 서울의 대형 교회가 세운 기도원이 산재 한다. 어떤 기도원은 웬만한 지방 대학의 캠퍼스를 방불케 할 정도로 규모가 크다. 세월호 참사 이후 유병언의 행적을 쫓는 방송 카메라가 안성에 있다는 금수원을 비췄을 때 종교단체가 저런 부동산을 갖는 이유가 뭔지 궁금해 하는 이들도 있었다. 어쨌거나 이런 대형 기도원들 은 주변 농촌의 땅값을 올려놓고 주변 마을에 관광지와 비슷한 수준의 수익을 올려주는 역할을 한다. 그리고 대형 건물을 유지 운영하기 위해 소요되는 인력을 서울의 모 교회에서 자원봉사자들로만 꾸려갈 수 없 는 것은 자명하다. 모르긴 하지만 우리나라에 소재하는 교회와 그 부 속기관들이 유발하는 경제적 효과는 상당할 것이다. 종교단체, 즉 교회 는 천국을 파는 구원이라는 상품을 파는 기업과 같다. 성직자들은 그 기업에 종사하는 종업원들이다. 그들은 수출기업의 영업사원이 어떻게 하면 상품을 해외 바이어들에게 더 강하게 어필할 수 있을까 궁리하는 것처럼 교리를 연구하고 멋있게 설교하는 방법을 연구한다.

가톨릭은 그리스어 'Katholikos'에서 유래한 것으로 그 뜻은 '보편적' 이라는 것이었다. 기독교 신앙이 유대 민족의 부족신앙에 그치지 않고 인류의 보편적 신앙으로 자리매김하려는 원대한 뜻을 읽을 수 있다. 그러나 앞에서 이미 살펴 본 바와 같이 가톨릭이 로마제국의 국교가 되고 이어 유럽문화의 뿌리가 된 것은 다분히 정치적 필요와 맞물려 벌어진 일이었다.

유럽에 가서 고대 제국 시절부터 중세와 근대를 거치면서 기독교(가톨릭과 개신교를 합하여)가 낳은 문명의 흔적은 엄청나다. 로마의 카타쿰베(지하교회)를 비롯하여 터키, 스페인, 프랑스, 독일, 루마니아 등지에 남아 있는 거대한 성당과 순교의 유적들을 돌아보면서 입을 딱 벌릴 필요는 없다. 그것들은 모두 '종교의 상업성'을 표현하는 증거물들이기 때문이다.

우리는 마틴 루터(Martin Luther, 1483~1546)와 쯔빙글리(Ulrich Zwingli, 1484~1531)의 종교개혁에서 큰 기대를 걸었던 것이 사실이었다. 루터가 내걸었던 95개항의 개혁 내용이 문제가 아니라 기독교라는 종교 자체를 고대 종교의 선민의식 중심에서 사랑의 이타행으로 까뒤집는 대수술을 단행한 것이었다. 따라서 가톨릭의 기독교와 프로테스탄트의 기독교는 전혀 다른 종교가 된 것이다. 이는 오늘날 개신교와 천주교가 상대를 보는 시각에서도 확인된다.

문제는 여기서 발생한다. 제의적祭儀的 외피를 벗고 황야에서 예수의 대속代贖을 경험한 개신교는 엄격한 형식 대신에 철저한 자기 연마를 통하여 모든 교인이 예수처럼 거듭나기를 요구한다. 그러나 실제로는 종교개혁으로 가톨릭의 제의로부터 해방된 자유를 상업주의로 대체함으로써 종교개혁의 꿈을 물거품으로 돌려버린 것이었다.

가톨릭의 형식주의를 탈피하고 사랑과 대속으로 무장한 프로테스탄트는 제의적 구원의 길이 열려 있었던 가톨릭의 그늘에서 벗어나 더욱 철저한 자기완성을 요구했지만 현실은 그 반대였다. 기독교의 세속화 물결이 교회 종사자들을 성직聖職에서 내몰아 속된 직장인으로 만들어버렸기 때문이다.

가톨릭교회가 권위주의의 그늘에 숨어 장사로 치부하며 연명해 보려다가 종교개혁의 된서리를 맞은 것처럼 개신교 또한 급격하게 세속화, 상업화하여 원점에서 재출발하려는 운동이 내부적으로 거세게 불고 있다.

이런 물결을 상징하는 것이 일본에서 일어난 무교회주의無敎會主義였다. 교회의 기능과 권능 자체를 부정하고 하나님과 일대 일로 만나 믿음을 지켜가겠다는 것인데 우찌무라 간조(內村鑑三, 1861~1930)와 그 제자들에 의하여 제창된 일본 기독교의 중요한 흐름이다. 한국에서는 김교신(金敎臣, 1901~1945), 함석헌(咸錫憲, 1901~1989) 등이 대표적인 무교회주의자들이었다. 일본은 기독교 전도가 세계에서 가장 어려운 국가 중의 하나로 지목되고 있다. 불교를 포함하여 전통 신교神敎가 견고하게 뿌리 내리고 있는 탓이다.

그런 풍토의 일본에서 무교회주의가 싹을 틔우고자 하니 발아發芽될 까닭이 없었다. 한국에서도 무교회주의는 철저하게 이단으로 지탄 받았다. 구교, 신교는 오랜만에 '일본식 기독교'에 대항하기 위하여 뭉쳤다. 그들은 교회가 하나님의 몸이라는 성경 구절을 인용하여 교회의 권능을 부정하는 모든 논리와 지식에 저항하였다. 그 결과 한국의 기독교인들은 교회에 대한 부정은 곧 하나님의 부정이며 이는 기독교 신앙의 왜곡이라고 비난하는데 익숙하다.

천국과 지옥이 진짜 있으면 남에게 권하지 않는다

우리가 궁금해 하는 문제 한 가지를 짚고 넘어가자.

1970년대 중반이었다. 그 무렵 대통령 박정희는 "나 아니면 안 된다"는 어리석은 생각에 사로잡혀 영구집권을 노리고 유신헌법을 제정, 공포하여 시민들의 격렬한 저항을 불러 일으켰는데 동아, 조선의 두 신문에 재갈을 물리기 위하여 이들 신문에 광고를 내지 못하도록 막은 일이 있었다. 두 신문은 '백지광고'로 맞섰고 이에 놀란 시민들이 동정 광고를 접수, 게재함으로써 광고탄압은 권력자의 의도와는 정반대로 흘러가고 있었다. 이 무렵 지식인 사회는 다투어 반정부 선언을 발표하고 언론에 공개하였는데 예술단체인 B 협회도 그 중의 하나였다. 어느 날 저녁 인사동의 한 음식점에서 회동한 회원들은 유신헌법에 반대하는 성명을 발표하기로 의견을 모으고 문안을 손질하고 발표는 회원의 공동명의로 하기로 결정했다. 그때 회원 중 전에 입산하여 승려로 지내다가 그 무렵 환속한 A가 벌떡 일어나 일갈했다.

"야, 이 자슥들아, 치앗뿌라. 니놈들은 집에 돌아가면 여우같은 마누라와 토끼 같은 새끼들이 기다리고 있잖아. 그들을 지켜주고 돌보아야할 놈들이 단 하루라도 어디 끌려가서 고생하믄 여우와 토끼는 누가돌보냐. 나는 엊그제까지 중놈이어서 거칠 것이 없는 몸이야. 내 한 몸만 고생하믄 되니까, 니놈들은 나서지 마라. 내가 대표로 성명서를 발표한다."

그 말을 들은 회원들은 누구 한 사람도 입을 떼지 못했다. 결국 그날 성명서는 A가 대표로 발표했고, 그 일 때문에 그는 어느 기관에 불려가 조사 받느라 고생 좀 하더니 그 후로는 아예 천하가 공인하는 반골투사로 변신하였다. A의 사례를 뜬금없이 꺼내놓는 이유는 간단하다. 무슨 일이 있을 때마다 '투쟁'의 선두에 서서 시위를 이끌거나 선동하는 '투사'들의 면면을 보면 천주교 신부, 조계종 스님이 중심에 서고, 그 외 정당, 사회단체의 소속 회원들이 어중간한 표정으로 들러리를 서고 있는 것을 자주 본다.

그 일이 있은 후 관심을 가지고 지켜보니 무슨 시위가 있을 때마다 앞장서서 두 주먹으로 허공을 지르며 뭔가를 외치는 신부, 스님들이 모두 그 바닥에서 무식하여 왕따에 가까울 정도로 따돌림 당하는 인물들임을 알게 되었다. 실제로 만나서 이야기를 나누어 보니 그들 '투사'들은 자기가 주장하는 투쟁의 내용을 이해하지 못하는 경우가 많았다. 그런데도 그들은 왜 앞장을 서서 세상을 시끄럽게 하나? 만나서 이야기를 들어보니 그들에게는 그것이 사는 방식이라고 했다. 월급쟁이가 월급 받는 재미로 살듯 그들은 신문, 방송에 나오는 투사의 모습에서 스스로 사는 재미를 느끼고 있었던 것이다. 신부나 스님 같은 독신의 남자들에게는 특유의 정신적 내상(內傷)이 있어 그것을 치유하기 위한 방편으로 투쟁의 길로 나섰는지 어떤지는 확언하기 어렵다. 사람에 따라 다를 것이기 때문에 일률적으로 말하기는 어렵기 때문이다.

기독교를 종교로 이론화하고 체계화한 인물은 예수가 아니라 바울(Paulos)이었다. 그 바울이 고린도 교회에 보낸 편지 두 편이 신약성서에 등재되어 있는데 「고린도전서」 7장 7절~ 9절에서 그는 결혼에 대한 자신의 생각을 진솔하게 밝히고 있다.

"나는 모든 사람들이 나와 같기를 원하노라. 그러나 각각 하나님께 받은 자기의 은사가 있으니 이 사람은 이러하고 저 사람은 저러하니라. 내가 결혼하지 아니한 자들과 과부들에게 이르노니 나와 같이 그냥 지내는 것이 좋으니라. 만일 절제할 수 없거든 결혼하라. 정욕이 불같이 타는 것보다 결혼하는 것이 나으니라."

신부들은 바울처럼 독신이다. 그러나 마음과 몸에서 일어나는 정욕을 제어하지 못하여 왜곡된 형태로 표면화되는 것이 이른바 투사형이다, 하고 정신병리학자들은 진단한다. 그러나 바울이 적절하게 지적한 바와 같이 독신으로 지낼 수 있으면 독신이 좋다. 다만 넘치는 정욕을 절제하기 어렵거든 차라리 결혼을 하는 편이 좋다는 것이다. 독신들에게 따르는 스트레스에 대해서는 바울도 언급한 일이 없다. 후세에 신부라는 독특한 직업군이 있어 그들이 심한 스트레스를 억제하지 못하고 차라리 감옥을 택하는 경우도 생길 것이라고 예견하지도 못하였다. 그럼 독신의 스트레스에서 원천적으로 해방된 개신교의 목사들은 원만한 인격을 갖추고 신앙생활도 더 깊어질 수 있었을까? 신부들보다 몇 배나 철저한 수양(기도와 묵상)이 필요하리라는 것은 짐작하기 어렵지 않다. 그러나 목사들은 대개 너무 쉽게 자기 직업이 주는 울타리 속에 안주해 버렸다. 그리하여 오늘의 기독교는 종교적 알맹이는 빠지고 형해形骸만 남은 형상이다. 그러므로 필자는 기독교를 종교로 분류할 것이 아니라 허다한 직업군의 하나로 분류하는 것이 옳다고 생각한다.

남쪽 지방 G읍의 시외버스터미널. B는 대합실 의자에 앉아 서울행 버스를 기다리고 있었다. 그때 60대 초반으로 보이는 남자가 손에 종이 뭉치를 들고 오더니 B의 무릎에 한 장 올려놓으면서 말했다.

"읽어 보세요오."

버릴까 하다가 주머니에 구겨 넣었다. 잠시 뒤 버스가 출발하자 갑자기 무료한 시간을 죽이기 위해 주머니 속의 그 종이를 꺼내어 읽어보았다. 몇 줄 읽다가 말고 그는 허리를 곧추 세웠다. G읍의 어느 교회에서 전도용으로 뿌리고 다니는 것이니 전체 기독교를 대변하는 것이 아니지만 그래도 터져나오는 욕설을 참기 어려웠다. 첫 페이지는 충격! 경악!이라는 문구가 크게 적혀 있고 그 아래에 작은 글씨로 교회 이름이 박혀 있었다. 그리고 그 아래쪽으로 "생생한 천국 지옥 현장체험 증언"이라는 제목이 있고 그 아래로 다시 "진짜 지옥이 있어요." "아무리 지옥이지만 어떻게 이럴 수가." "지옥에서 외치는 유명인들의 절규를 들으라! 유명연예인, 대통령, 교황, 석가모니, 목사와 사모……" 하도 엄청난 얘기들이어서 다음 페이지를 열어보았다. "예수 믿고 회개하여 지옥형

벌 피하고 영원천국 갑시다!" 여기까지는 붉은 글씨로 된 제목에 해당하고 그 아래로 본문이 이어졌다.

"여기에 실린 글은 D 교회 성도들이 몇 년을 밤마다 부르짖어 기도할 때 주님께서 지옥의 깊은 곳을 보여주시고 들려주신 것을 기록한 것이다"

어떤 이는 "지옥이 어디 있느냐?"고 말하겠지만 지옥은 진짜 있다. 믿어지지 않는 이는 어쩔 수 없지만 지옥과 천국이 있다고 믿어지면 철저히 회개하고 예수님을 믿어야 한다. 죽기 전에 진심으로 예수 믿고 회개한 자는 절대로 지옥에 가지 않는다.

지옥은 땅 밑, 지구의 중심부에 실제로 있다. 지옥에는 단순히 불과 구더기만 있는 것이 아니다. 인간이 도저히 상상할 수도 없고 한 번도 본 적이 없는 수십 만 가지의 형벌이 존재한다. 그 무시무시한 형벌을 단 1초도 쉼 없이 영원히 받게 된다. 지옥에 떨어진 영혼들은 그러한 형벌을 받으면서 영원히 죽지도 않는다. 영혼은 불멸의 존재이기 때문이다. 또한 영혼의 감각은 육체보다 더 예민하게 살아 있다. 창조주 하나님을 부인하고 회개치 않은 죄가 이렇게 무섭다.

유명연예인, 유명 다자이너, 교황, 석가모니, 교인의 순으로 지옥에서의 외침이 생중계된다. 그 중 석가의 외침 중 한 대목은 다음과 같다. "나 믿다가 괜히 지옥에 오지 말고, 제발 정신 차려, 예수 믿어. 예수 믿어요. 예수 믿어요. 제발 예수 믿어요."

여기까지 읽던 B는 종이를 접으면서 생각했다. 이들의 주장과 믿음대로 과연 천국과 지옥이 있다면, 그 지옥에서 교황, 목사와 사모 등이 울

부짖는 소리를 생생하게 들었다면, 그래도 이들은 이웃들에게 "예수 믿고 천국 갑시다." 하고 권했을까? 일반적인 행태로 보아 이들은 그 좋은 천국을 선점하기 위하여 남들이 알까봐 쉬쉬하면서 보따리를 싸 들고 천국 문 앞에 줄을 서서 기다렸을 것이다. 아파트 당첨을 위해서 줄을 선 사람들처럼. 지옥의 위치를 밝혀야 할 지경이 되자 궁한 김에 '지구의 중심부'라고 했으나 지구의 중심부에는 지옥을 만들 만한 공간이 없다는 것이 지구물리학의 결론이다. 결국 이 종이는 누가 환각 상태에서 쓴 것이거나 거짓말을 한 것이다. 전도한답시고 큰 소리로 겁박했으나 결과는 실망스럽게도 "지옥은 없다"는 마음만 들게 만들었으니 이런 전도를 왜 하나? 의심이 들었다. 지하철을 타고 서울역에 내려 광장 쪽으로 고개를 내밀라치면 계단 위에서 큰 소리로 "예수 천당, 불신 지옥!"의 외침을 뒤집어쓰게 되는데 그때도 느낌은 "이 사람들이 믿는 것이라면 절대로 믿어서 안 되겠다"는 것이었다. 이처럼 전도행위는 사람들을 교회로부터 밀어내는 역할을 충실하게 수행하고 있는 중이다. 그들이 최종적으로 노리는 것이 "그 좋은 천국 나와 우리 가족만 가게 해달라."는 것이라고 의심이 가게 하는 대목이다.

진화론과 창조론

부흥 목사 A가 청량리 중심가의 대형 교회인 B 교회에 부흥 예배를 인도하기 위해 초빙되어 갔다. 그 자리에서 목사는 말했다.

"만약 하나님이 없다면 우리 기독교인들이야말로 불쌍한 존재가 될 겁니다. 세상 사람들이 얼마나 조소하겠어요?"

이 말은 하나님의 실재를 증명하기 위해 서두에 떼놓은 역설이었다. 3층 대예배실을 가득 매운 신도들은 이제 곧 A 목사가 특유의 위트와 유머를 동원하여 하나님의 실재를 증언해 주리라 믿고 기다렸다. 그 때 터져나온 것이 '원숭이 후손론'이었다.

"내 친구 중에 E 여자대학에서 생물학을 가르치는 C 교수가 있어요. 이 친구가 국내에서 다윈의 진화론을 유포하고 에워싸는 집단을 만들어 스스로 대장 노릇하고 있거든요. 동창회에서 이 친구를 만나 내가 그랬어요. '어이 원숭이 후손님, 자네 조상들은 안녕들 하신가?' 모인 친구들이 모두 와글와글 웃었어요. 그러자 그가 정색을 하고 내게 다가와 귓속말로 이르기를 '당신 조상도 원숭이야. 침팬지란 말이야.' 나는 펄쩍 뛰었습니다. 우리 조상은 엄연히 아담과 이브거든요. 원숭이라니 당치도 않습니다. 동물원 우리에 기대서 조상님들에게 인사라도 하라는 말입니까? 그러면 그 원숭이, 아니 침팬지인지 뭔지가 그럴 겁니다. '어떤 놈은 진화하여 인간이 되고 어떤 놈은 침팬지로 남아 구경거리나 되는지 어느 놈이 그런 장난을 쳤는지 데리고 와 보라'고요, 자연도태니 자연선택이니 온갖 용어를 만들어내느라 골이 썩고 있는 그들도 어느 놈이 장난을 치고 있는지 데리고 오지는 못합니다. 절대로. 없는 놈을 어떻게 데리고 옵니까."

박수가 터졌다. 박수소리가 진정되자 A는 말을 이었다.

"자, 자. 우리 여기쯤에서 인간의 조상이 원숭이였다고 주장하는 사람들을 몽땅 동물원이나 아프리카 초원으로 보내버립시다. 북한 체제를 좋아하는 운동권 아이들을 북한으로 보내버리자고 하는 식으로 말입니다."

다시 박수가 터져나왔다. 그것 뿐이었다. 하나님의 실재를 증명해 줄 것이라는 기대는 무너졌으나 A는 의기양양했다. 이 교회의 부흥 예배 첫날은 이처럼 진화론에 결정타를 날리면서 창조론자들의 승리로 끝나는 것 같았다. 습관대로 인터넷을 드려다 보던 그는 B 교회의 청년 신도라고 자기를 소개한 사람이 보낸 메일을 보았다.

"목사님은 오늘 서두에 하나님이 실재하지 않으면 우리는 모두 조소 거리가 될 것이라 하셨습니다. 그런데 하나님이 실재한다는 것은 언제 증명해 주실 겁니까?" 하는 내용이었다. 목사는 속으로 '눈치 없이 끈질 기기 만한 놈이 여기도 있었네.' 하면서도 다음날 설교의 서두에서 이 문제를 간단하게 짚고 나가리라 마음먹었다. 그 다음날 그는 마음먹은 대로 했다. 설교 초입에서 그는 전날 받은 메일을 소개했다. 그런 다음 그는 회심의 한 방을 날렸다.

"요즘 생화학이 발달했어요. 이들 과학자들은 실험실에서 유기질을 합성하는데까지 성공을 했다는 겁니다. 즉 단순한 원자 구조를 가진 물질을 프라스크에 넣고 원시시대의 천둥 벼락에 해당하는 충격을 가했더니 놀랍게도 프라스크 속에 헤모그로빈 분자의 원형인 아미노산이 합성되어 있더라는 겁니다. 거기까집니다. 과학이라는 외투를 입은 진화론자들의 실험은 거기서 더 앞으로 나가지 못하고 있어요. 지금도 실험실에서 땀 흘리고 있을 대학원생들에게 말하고 싶어요. 뭔가 한 건 하고 싶다면 지금 그 실험은 중단하라고요. 소용없는 짓이거든요. 아미노산은 만들었지만 인간은 못 만들었잖아요. 우리는 그들이 인간을 내놓기를 바라는 것이지 아미노산을 내놓으라는 게 아니거든요. 나는 공개적으로 요구합니다. 실험실에서 생명체를 만들 수 없거든 이제 그만 백기를 들고 나오라고요. 이번 경우처럼 생명의 원인의 원인을 찾아나서 보면 마지막 지점 언덕에서 땀을 닦으며 쉬고 계신 그분을 만나게 됩니다. 이것보다 더 확실한 하나님의 실재에 대한 증빙이 어디 있습니까."

신도들은 일제히 "아멘" 하고 부르짖었다.

A 목사는 다짐하듯 못을 박았다.

"이런 논란으로 시간을 보내는 것이 아깝습니다. 누가 이런 문제를 들고 나와 도전해 오거든 여러분은 대꾸를 하지 마십시오."

과연 창조론자들은 희희낙락해도 좋을까? 이 문제에 관한 한 아직은 창조론이 우세한 것처럼 보인다. 그러나 진화론으로 무장하여 전투에 나선 과학도들은 잠시도 멈추거나 포기할 사람들이 아니라는 것을 명심할 필요가 있다. 지금까지의 양측 접전을 관측한 결과로는 진화론자들이 '심증은 있으나 물증이 없다'는 갑갑한 상태에 머물러 있는 듯하다. 그들은 기독교의 신이 "신답지 못하다"는 것을 '심증'의 논거로 든다. 그들은 여호와라는 신이 인류 전체를 감싸 안기에는 턱도 없을 정도로 보편성을 지니지 못했을 뿐 아니라 걸핏하면 질투하거나 화를 내고(노망끼 든 영감처럼) 자신이 선택한 부족의 전투 승리를 위해 앞장을 서는 등, 신이라고 하기에는 너무나 부족한 점이 많다는 점을 들고 있다. B 목사로 대변되는 기독교가 요구하는 사항의 부당성을 지적하는 사람들도 있다.

"실험실에서 창조의 증거를 보이라고 강요하는 것은 신의 능력과 실험실을 동격으로 대우해 주겠다는 선언으로 받아들이고 실험을 계속할 것이다. 시간은 과학의 편이기 때문이다."

다음은 다윈주의자를 자처하는 생물학자이자 『이기적 유전자』로 일약 세계적 저자가 된 리처드 도킨스의 『이기적 유전자』(홍영남 역, 을유문화사)에서 관련 대목을 발췌한 것이다.

"가령 부족 종교는 집단으로서의 일체감을 높이기 위한 하나의 메커니즘으로 간주되어 왔다."

"문화적 진화와 유전적 진화의 유사성 및 다른 점에 관해 논의하는 중에, …… 예컨대 '사후에 생명이 있다는 믿음'이라는 밈meme은 신경계의 하나의 구조로서 수백 만 번 전 세계 사람들 속에 육체적으로 실현되어 있지 않은가."

"그것(신에 대한 관념)이 어떻게 해서 밈 풀 속에서 발생했는지는 분명치 않다. 아마도 그것은 독립된 '돌연변이'에 의해 몇 번이고 발생했을지 모른다. 그러면 그것은 어떻게 해서 자기 복제를 하는 것일까? 위대한 음악과 위대한 예술의 도움을 받은 말과 글을 통해서이다. 그러면 그 밈은 왜 이와 같은 높은 생존가를 나타내는가?란 유전자 풀 속의 유전자로서의 값이 아닌 밈 풀 속의 밈으로서의 값이라는 것을 기억하기 바란다. 이 의문의 진정한 의미는 다음과 같다. 문화 환경 속에서 신의 관념이 안정성과 침투력을 주는 것은 도대체 그 관념이 갖는 어떤 성질 때문일까? 밈 풀 속에서 신의 밈이 나타내는 생존가는 그것이 갖는 강력한 심리적 매력의 결과이다. 실존을 둘러싼 심원하고 마음을 괴롭히는 여러 의문에 그것은 표면적으로는 그럴듯한 해답을 준다. 그것은 현세에서의 불공정이 내세에는 바로 고쳐진다고 주장한다. 우리의 불완전함에 대해서는 '영원한 신의 팔'이 구원해준다고 한다. 이러한 심리적 상태는 마치 의사가 처방하는 '위약僞藥'과 같아서 상상에 빠져드는데 효력이 있는 것이다. 이것이 사람의 뇌가 세대에서 세대로 쉽게 신의 관념을 복사해 가는 이유의 일부이다. 인간의 문화가 만들어내는 환경 속에서 신은 높은 생존가, 또는 감염력을 가진 밈이라는 형태로만 실재하는 것이다." (11장)

"하나의 특별한 예를 들어보자. 사람에게 종교 의식을 강요하기 위해 유효했던 교의의 하나는 '지옥불'이라는 협박이다. 많은 아이들, 그리고 일부 어른들까지도 종교 율법을 따르지 않으면 사후에 말할 수 없는 고통을 겪는다고 믿고 있다. 이것은 중세에서 오늘날까지 엄청난 심리적 고통을 겪게 하는 매우 간악한 설득 기술이다. 그럼에도 불구하고 이 기술은 효과적이다. 아마도 그것은 심층심리학적인 교화기술의 훈련을 받은 성직자가 의도적으로 그러한 기술을 만들어냈는지도 모르겠다. 그러나 나는 성직자들이 그렇게까지 머리가 좋았다고 생각하지 않는다. 오히려 그 자체는 의식을 갖지 않는 밈들이 성공하는 유전자가 나타내는 것과 같은 준잔인성이라는 특성을 가진 덕분에 스스로의 생존을 확보할 수 있었다는 것이 더 그럴듯하게 다가온다. 지옥불이라는 관념은 아주 단순히 그 자체가 가지는 강력한 심리적 충격 때문에 자기를 영속화하고 있는 것이다. …… 이러한 종교적 밈 복합체의 또 하나의 성분에는 믿음이라는 것이 있다. 이것은 증거가 없어도 -증거를 무시하고라도- 맹신한다는 것이다. 불신의 '도마(Thomas : 예수의 12제자 중 한 사람)' 이야기는 우리가 도마를 숭배하도록 하기 위한 이야기가 아니라 그와 비교 대조함으로써 우리가 다른 사도들을 숭배하도록 하기 위한 이야기다. 도마는 증거를 요구했다. 그런데 어떤 종류의 밈에게는 증거를 찾는 것만큼 치명적인 것은 없다. 다른 사도들은 강한 믿음을 가지고 있었으므로 증거가 필요하지 않았고 그들이야말로 우리가 본받을만한 가치가 있는 사람으로 추켜세웠다. 맹신이라는 밈은 이성적인 물음을 꺾어버리는 단순한 무의식적 수단을 행사하여 자기의 영속을 확보하는 것이다.

맹신은 어떤 것도 정당화할 수 있다. 만약 사람이 다른 신을 믿고 있거나 또는 같은 신을 믿는데 의식이 다르면 다만 그것만으로도 맹신은 그에게 사형을 선고할 수 있다. 십자가에 매단다, 화형을 시킨다, 십자군의 검으로 찌른다, 베이루트 노상에서 사살한다, 벨파스트의 술집에서 폭탄을 날린다, 무엇이든 닥치는대로 정당화할 수 있다. 맹신이라는 밈들은 각기 독특하고 잔인한 방법을 통해 스스로 번식해 가고 있다. 애국적 맹신이든 정치적 맹신이든 종교적 맹신이든 똑 같다."

한국 기독교의 현주소를 밝혀주는 대목이다. '맹신'이 기독교가 서 있는 바탕 자리다. '맹신'의 허울을 벗겨버린 후에 무엇이 남을까, 아무 것도 남지 않으므로 이 종교는 종교가 아니라고 말하는 것이다.

제3부
이중나선으로 꼬인 불교

부처님 오신 날

한반도의 남쪽 지방에는 과거 불교국가였던 통일신라의 영향으로 통도사通道寺, 해인사海印寺, 송광사松廣寺 등 거찰巨刹들이 많다. 삼보 사찰三寶寺刹로 불리는 이들 큰 절들 중 한 곳의 '부처님 오신 날'(4월 초파일) 풍경이다.

이날 종무소는 연중 가장 큰 대목답게 온종일 바빴다. 종무소 돌계단 앞에는 세 가지 불사佛事를 알리는 공고문이 붙어 있었다. 하나는 5월로 예정된 예수재豫修齋, 그리고 하나는 지금 진행 중인 연등불사燃燈佛事와 대웅전 기와불사를 알리는 공고문이었다. 세 가지 행사 모두 참여할 신도들의 접수를 받고 있다는 친절한 안내도 곁들이고 있었다. 먼저 예수재에 대해서는 구체적인 내용이나 가격에 대한 공고가 없었다. 해마다 이맘때면 으레 하는 일이니 신도들이 알아서 참여하라는 것 같았다. 지옥갈 혼백들이 죽기 전 사전에 어떤 공덕으로 미리 구제 받는 일이므로 가장 큰 행사일 수 있었다. 따라서 참가비가 얼마라는 것은 그다지 의미가 없는 것이므로 행사에 참여하여 내놓는 공덕에 따라 지옥갈 영혼이 천당(극락)을 예약 받는 행사이기도 했다. 종교개혁을 부른 로마교황청의 '면죄부 판매행사'를 방불케 하는 행사였다. 이런 행사를 주관하는 큰 절 종무소 직원들이나 관리하는 스님들, 그리고 신도들 누구도 이 끔찍한 행사가 지니고 있는 의미를 제대로 알거나 반추해 보는 사람은 없었다. 그들은 사십구재에 참석한 무리들처럼 아무 감각도 없이 이 행사 공고를 무심하게 보면서 스쳐갈 뿐이었다. 두 번째 오늘 당장 마당을 자욱하게 뒤덮고 있는 연등의 행렬에 제 이름과 망자(亡者, 부모 또는 형제)의 이름을 붙이지 못한 신도들은 지금이라도 늦지 않았으니 서둘러 접수하라는 내용이었다. 등燈은 오만 원짜리와 십만 원짜리로 두 가지가 있었다. 아마 등불들 중에 제법 큰 것은 십만 원짜리일 것이고 작은 것은 오만 원짜리일 것이라는 짐작이 가게 했다. 절간 마당을 자욱하게 뒤덮을 정도로 매달린 등불들은 대부분 큰 것, 즉 십만 원짜리들이었다. 저 속에 오만 원짜리를 달겠다고 나서려면 큰 용기가 필요할 것이라는 느낌을 주었다. 마지막으로 기와불사는 전국 어느 절이거나 암자에서도 흔하게 만나는 행사인데 이 절의 대웅전 기와도 갈아야할 정도로 낡아 물이 새는 모양이었다. 기와 한 장의 값은 일만 원으로 앞선 두 가지 행사에 비해 가장 저렴했다. 기왓장에도 시주施主의 이름과 축원문祝願文을 써 주는데 그 내용이 시주하는 기왓장의 수효에 비례할 것이라는 짐작이 갔다.

"몇 개야?"

종무소 과장 직함의 처사가 접수받느라 바쁜 여직원의 어깨를 뒤에서 끌어안고 내려다보면서 물었다.

"일천 팔백 개를 넘었어요. 사시(巳時, 오전 9~11시)까지는 목표를 채우고 접수 완료할 수 있을 것 같습니다."

"좋아."

과장 직함의 처사는 흡족한 웃음을 흘렸다. 그는 머릿속으로 재빨리 계산기를 두들겼다. 천 팔백 개면 하나에 평균 십만 원 잡고 일억 팔천만 원이다. 오늘 행사 비용(떡과 점심 식사비용 포함)으로 지출한 돈이 약 이천 만 원이니 줄잡아 최소 일억 오천 만 원 이상을 남기는 장사를 한 셈이다. 목표인 이천 개를 넘길 경우 수지는 더 좋아질 것이다. 과장은 궁금해 하는 주지 등 스님들에게 이 사실을 알리기 위해 서둘러 자리를 떴다.

접수 때문에 부산한 종무소를 떠나 대웅전을 끼고 돌면 후원이 나타나고 요사寮舍 몇 채가 겹치더니 이윽고 나무로 얼기설기 만든 쪽문이 나타나고 문에 걸린 다음 글이 나그네의 발길을 잡는다.

이곳은 스님들이 참선 수행하는 도량이니 함부로 들어오지 마시오.

속세를 멀리 떠난 곳이니 속인들이 범접하지 말라는 것이기도 해서 우선 기분이 나쁜데 안에 들어가 보니 더욱 가관이었다. 댓돌에 가지런히 놓인 하얀 고무신이 줄잡아 삼십 켤레, 안거安居 중인 수행 납자들의 수가 줄잡아 삼십 명이라는 얘기다. 방문을 열어놓아 굳이 들여다보지 않아도 방 안에는 수행자들이 좌선 삼매에 들어 있고, 죽비竹扉 소리가 음악처럼 아득하다. 이윽고 시간이 되자 잠시 다리를 풀기 위해 放禪 휴식이 주어진다. 삼매에 들었다가 밖으로 나온 스님들은 좌선하던 분위기를 이어가기 위해 선원 주변을 돌며 행선行禪에 들어간 사람들도 있고 더러는 마당가의 바위에 걸터앉아 명상에 잠긴 사람도 있었다. 그들 중 몇 사람은 마당가의 백일홍 나무 밑에 모여 무슨 이야기에 열중해 있었다. 그들 중 한 스님이 본사 종무소에서 흘러나오는 스피커 소리를 벌레처럼 털어내며 말했다.

"반야심경을 무척 좋아하지만, 저렇게 동네 시끄럽게 틀어놓으니 천박하게 들려 만정이 떨어지는 거라. 앞으로는 저놈의 경전을 멀리하고 싶어집니다."

"저건 부모은중경이고, 그 전에는 천수경을 틀던데,"

"아따 스님, 안 듣는 체 하면서 다 듣고 계셨구만요. 지금 것은 부모은중경 맞고, 그 전에는 천수경 맞습니다. 그 전에는 또 반야심경을 틀어놓았고요."

"육성으로 해도 듣기 싫을 텐데 녹음테이프를 사다가 틀어놓다니 기가 막힙니다."

"그건 그렇지 않아요."

나이 지긋한 스님이 나섰다.

"테이프에 녹음된 저 독경 소리에 크게 감동 받아 위안을 얻는 사람들이 있습니다. 주로 나이 먹은 보살님들인데 그분들에게는 저 소리야

말로 백 마디 설법보다 수승殊勝한 법음입니다. 무엇보다 보살님들의 주머니를 열기 위해서는 저보다 나은 방법이 없거든요."

"불교는 문제가 좀 있습니다."

깐깐하게 생긴 젊은 비구가 나섰다.

"이곳 선원에는 불조佛祖의 상像을 모시지 않습니다. 인간들이 이미 누구나 지니고 있는 불성佛性을 깨닫기만 하면 부처이기 때문이지요. 그러나 한 발 앞에 있는 저 대웅전에는 구리로 높고 큰 불상을 만들어 앉혀놓고 신심 깊은 사람들이 엎드려 절하게 하고 있습니다. 이게 진리라면 저것은 가짜입니다. 저것이 진리라면 이것은 가짜입니다. 나도 작은 사암을 운영하면서 늘 이 점이 궁금하고 또 괴로웠습니다."

"둘 다 진리입니다."

나이 지긋한 스님이 타이르듯 말했다.

"진리는 하나여야 한다고 누가 말했습니까?"

"방편方便이라고 말하지 마십시오."

젊은 스님이 되받았다.

"이건 방편으로 얼버무릴 일이 아니라 명백한 거짓입니다. 저 사람들은 속고 있는 겁니다. 중들을 먹여 살리기 위해 불전함을 채워 넣는 것은 저들인데도 말입니다. 이 선원에서 참선하는 우리들도 저들의 시주로 먹고 삽니다. 그러므로 저분들도 진실을 알아야 할 권리가 있지 않겠습니까?"

"당신은 진실을 알고 있습니까?"

다른 스님이 끼어들었다. 중이라고 하기에는 너무 뚱뚱한 사람이었다.

"듣다 보니 당신은 진실을 알고 있으나 대웅전에서 참배하는 저분들은 뭘 모르고 있다, 그렇게 생각하시는 듯한데 과연 그럴까요? 그 반대라면 어떻게 하시겠습니까?"

"설마요."

젊은 스님이 한 발 물러서며 머리를 저었다.

"요즘 유전자를 설명하는 그림에서 이중나사가 등장하지요? 그 그림을 볼 때마다 저는 불교가 이중나사로 꼬여 있다고 생각합니다. 석가는 매우 치밀하게 사유한 분이지만 사후 이천 수백 년에 이런 고뇌가 생길지는 미처 내다보지 못했던 것 같습니다."

"자, 자. 각자 알아서 해결할 문제입니다. 아까운 휴식시간을 이런 쓸데없는 논쟁으로 다 보낼 작정입니까? 아니면 좀 편하게 생각합시다. 이것도 저것도 다 진리라고. 그게 불교 가르침이 가진 가장 수승한 힘이라고."

모였던 사람들은 흩어졌다. 얼마 남지 않은 휴식시간을 체조라도 하거나 행선으로 보내는 것이 유익하다고 판단한 탓이었다.

간화선의 한계

한국 불교 대표 종단인 조계종曹溪宗은 간화선看話禪을 수행방법으로 삼는 선불교임을 내세운다. 조계종이라는 명칭조차 선불교의 비조

鼻祖인 6조 혜능이 주석하던 중국 소주의 조계산(曹溪山, 松廣寺가 있는 전남 순천의 조계산도 보조普照 지눌知訥 선사와 관련 있는 지명이다)에서 따온 이름이다. 간화선은 양梁나라 때 인도승 달마가 처음 전한 이래로 5조(초조 달마達磨, 2조 혜가慧可, 3조 승찬僧璨, 4조 도신道信, 5조 홍인弘忍, 6조 혜능慧能) 홍인을 거쳐 문하의 양대 선맥禪脈이던 신수神秀와 혜능慧能 두 수행자를 나름의 엄밀한 테스트 끝에 혜능에게 금란가사金襴袈裟 등 의발衣鉢을 전수함으로써 선종은 신수의 북종선北宗禪과 혜능의 남종선南宗禪으로 크게 나뉘게 되었다. 이후 남종선은 혜능의 후대 당송唐宋시대를 거치면서 5가五家 7종七宗으로 벌어져 선불교의 전성기를 이루었다. 당대의 한반도는 통일신라시대였다. 신라의 승려들이 다투어 선진 문화를 받아들이기 위하여 당으로 유학을 떠나던 시기였다. 도의道義선사가 중국에서 마조馬祖의 제자 서당지장西堂知藏의 선법을 배우고 귀국하여 장흥長興 가지산加智山에 보림사普林寺를 창건하여 가지산문을 개창한 것을 효시로, 홍척洪陟은 마조의 제자인 석두희천石頭希遷의 선법을 받아와 실상사를 세우고 실상산문을 열었고, 도헌道憲이 석두희천의 선법을 배우고 돌아와 희양산曦陽山에 봉암사鳳巖寺를 창건하고 희양산문을 열었으며, 이어 현성玄昱이 마조 계통의 장경회휘章敬懷暉로부터 선법을 전수받고 돌아와 보림사를 창건, 봉림산문을 열고, 무염無染이 마조의 제자 마곡보철麻谷寶徹의 선법을 배우고 귀국하여 성주산문을 열었으며, 범일梵日이 마조의 제자 염관제안鹽官齊安의 선법을 이어받고 돌아와 강릉 사굴산에 굴산사를 열고 사굴산문을 개창했다. 그리고 도윤道允도 마조의 제자 남전보원南泉普願의 법을 받고 와서 영월 사자산에 영흥사(興寧寺, 법흥사法興寺)를 열고 사자산문의 개창자가 되었으며 이엄利嚴은 동산양개洞山良价의 제자 운거도응雲居道膺의 법을 받아 수미산에 광조사廣照寺를 짓고 동리산문을 열었다. 이로써 한국의 선불교는 도입 시기부터 구산선문九山禪門으로 벌어져 난맥상을 보인 듯하지만 그 내용을 들여다보면 임제臨濟의 스승인 마조馬祖와 석두石頭 같은 조사스님의 선풍을 배우고 돌아와 이를 널리 펴고 있었음을 알 수 있다. 즉 신라의 구법승들은 중국으로 배움의 길을 떠나 가깝게는 임제臨濟, 그 연원을 거슬러 올라가면 마조의 선풍을 수입한 셈이었다. 신라 말, 고려 초의 일이었다. 대개 사회적으로 혼란기, 민초들의 삶이 어려웠던 시기에 선종이 개화한다는 역사적 교훈이 있는데 이 경우도 들어맞는다.

"곧 조사선이 임제에 이르러 확립되고 또 임제가 주장한 활발발活潑潑하고 적나라한 자유인으로서의 인간상은, 깨달음이라는 굴레마저도 벗어버렸다. 일체의 명상名相과 사물에 구애받지 않은 고명역력孤明歷歷한 무의도인無依道人은 아무 일 없는 산 조사이면서 지금 그대로의 일상인日常人이다. 이것은 가장 평범한 일상선日常禪이면서 동시에 고준高峻하고 직절근원直截根源한 선종의 돈법사상頓法思想이다. 이와 같은 선종 견해가 바탕이 되어서 뒷날 가장 간명하고도 직절한 언구로써 참구하게 된 조사선 문중의 활구참선活句參禪이 발달하게 된 동기라 하겠다."(원융, 『간화선』에서)

방편이라는 편리한 구실

"똑 같은 책을 보고도 눈이 열리는 사람도 있고, 안 열리는 사람도 있고, 도리어 방해가 되는 사람도 있어요. 그러니까 중생에 따라 자꾸 길을 만들어내잖아요. 그래서 천경만론千經萬論이 생겼잖아요. 바다의 고기를 낚는데도 그물코 하나 가지고 됩니까? 수천 개의 그물코를 엮어 그물을 던져야 고기 한 마리가 걸려드는 것처럼 부처님 법도 다 그렇습니다.(서암,『꿈을 깨면 네가 부처』에서)

이 세상의 사람(중생) 수만큼의 방편설이 존재할 수 있다는 가설이다.

서암 스님은 또 출가를 염두에 두고 찾아와 길을 묻는 재가 신도에게 다음과 같이 자상한 안내를 하고 있다.

"한 시간 덜 자고 참선을 하든지 독경을 하든지 주력을 하든지 뭔가 한 가지를 택해서 노력하면 자꾸 할수록 힘이 생겨요. 내가 하는 것이지 누가 해주는 것이 아닙니다. 다른 종교는 신을 믿고 신한테 해달라고 하지만 불교는 자기가 하는 거예요. 부처님한테 매달린다는 것도 부처님의 가르침에 매달리는 것이지 부처님이 나를 어떻게 해주는 것이 아니에요. 부처님께서 가르치신 방법을 내가 배워서 하는 것이지요. 그냥은 못할 것도 서원을 세워 자꾸 하면 쉽게 되는 법이 있어요. …… 근처에 절이 있으면 가고, 가끔 지도자에게 배우고 그렇게 하세요. 배우는 것이 힘이 되지요. 자동차 운전도 잘하는 사람한테 배우면 자기 혼자 하는 것보다 아무래도 쉬울 거 아니겠어요?"

그런데 대웅전의 우람한 불상에 절을 하는 여인들 중에는 실제로 불

보살의 가피력加被力을 믿고 매달리는 사람들이 많다. '불교는 자기가 하는 것'이라는 서암 스님의 말은 선승들이 하는 말일뿐 중생들의 믿음 세계와는 다르다. 결국 불교는 믿음의 대상도 다르고 수행 방법도 서로 다른 두 개의 종교가 한 울타리에 공존하는 셈이다. 하늘에 태양이 하나이듯 진리는 하나이다. A라는 보살의 믿음 세계가 진실이라면 선방에 앉아 스스로 부처가 되겠다고 서원하고 정진 중인 B 비구가 하는 짓은 진실이 아니다. 즉 헛다리짚고 있는 셈이다.

필자가 옅은 소견으로 판단하건대 부처님의 가르침을 비교적 잘 따르고 있는 사람은 선방의 B 수좌이지 A 보살은 아니다. 서암 스님의 자상한 안내는 계속된다.

"나이가 마흔 가깝게 된 듯한데, 젊을 때 만사를 익혀야 하는데 벌써 시간이 늦었어요. 늦게 시작하니까 노력을 더 해야지요. 하루하루 배우면 하루하루 힘이 생기고 나아져요. 대번에 무슨 요행수로 되는 게 아니에요."

불법을 배우려고 찾아온 사람이나(사십대의 남자) 그에게 길 안내를 해 주는 서암 스님이나 무슨 종교를 염두에 두고 있는 사람들 같지 않다. 그들은 도道를 묻고 대답하는 도인의 세계에 젖어 있는 것 같다. 불교는 이처럼 종교가 아니다. 젊을 때 일본에 유학하여 일본대학 종교학과를 다녔던 서암 스님은 종교Religion라는 말 자체가 불교를 지칭하는 말이었다고 주장해왔다. 즉 위대한 스승의 가르침 중에서 단연 으뜸은 불교라는 뜻이었다. 스님의 이 말은 은연 중 기독교를 의식하고 하는 말일 뿐 불교 자체가 종교냐 아니냐 하는 문제 제기 차원의 말은 아니었다. 불교가 종교가 되었다면 그 창시자인 석가모니 자신이 교리를 만들고 교단을 조직했느냐 아니면 후대에 와서 제자들 중의 일부가 그 어떤 필요에서 만든 것인가 하는 문제가 남는다. 필자의 생각으로는 후대의 제자들 중 일부가 스승의 가르침을 기억하여 문서화하고 교단 조직을 만들었다고 생각한다. 석가는 자신의 깨달음을 전파하는 정도의 무리를 거느리고 다니기는 했으나 종교라 할 만한 조직을 만든 사람도 아니었고, 그럴 필요를 느낀 사람도 아니었다. 결국 불교라는 종교는 지옥의 존재를 들먹여 늙고 힘없는 사람들을 겁박하여 돈을 뜯어내고 그 것으로 먹고 살려는 집단이 만들어낸 신기루에 지나지 않는 것이다.

석가라는 사람은 인류 역사의 물줄기를 신 중심에서 인간 중심으로 옮겨다놓은 위대한 인물이었다. 그가 인도에서 태어나지 않고 그리스나 로마에 태어났더라면 인간의 역사와 문화는 크게 달라졌을 것이다. 그의 가르침을 한문투로 만들어 독점하면서 불쌍한 노인들을 겁주며 먹고 사는 그런 종교는 석가의 본래 뜻으로 된 것은 아니었다.

천도遷度가 가능할까?

오늘날 한국 불교의 절집 수입의 대종大宗을 이루고 있는 것은 '사십구재四十九齋' 즉 천도재遷度齋이다. 간혹 예수재니 방생법회니 수륙대제니하는 행사가 없는 것은 아니지만 그런 것들은 종단 차원이나 본사급의 큰 절에서나 주최할 일이지 산 속에 있는 작은 사암寺庵으로서는 엄두 내기 어려운 규모의 행사이다.(작은 사찰들이 연합하여 벌이는 경우도 있다) '사십구재'의 근거가 되는 경전은 『구사론俱舍論』『유가사지론喻迦師地論』 등인데 『구사론』은 유명한 세친世親보살의 저작이다. 원래 석가의 가르침에서는 '제법무아諸法無我'이므로 인간이 죽은 뒤의 영속하는 자아를 설정하지 않았다. 그러나 불교가 중국으로 건너와 유교의 효孝사상과 결합하면서 죽은 자의 영혼을 극락으로 보내고자 하는 것이 남아 있는 자손들의 책무가 되고 말았다. 즉 천도재 또는 사십구재는 불교가 중국화하면서 변질된 상징적 사건이었다. 이것이 조사선과 함께 한국으로 들어와 본바닥인 중국보다 더 착실하게 정착하기에 이른 것이다. 사십구재는 모든 생명은 전생前生과 금생今生, 그리고 내생來生의 삼생三生이 있다는 논거에서 출발한다. 사람의 생은 생유生有, 본유本有, 사유死有, 중유中有의 사유四有의 형태로 존재하는데 죽은 뒤부터 내생의 인연을 만나 생유하기까지를 중유 또는 중음中陰이라 하고 이때 일가친척 또는 자손들이 적극 나서서 죽은 영혼을 천도遷度하면 삼악도三惡道에 떨어지지 않고 환생하거나 극락으로 간다고 믿는 행사이다. 그 대표적인 것으로 티벳 불교에서 만들어낸 『사자死者의 서書』가 있다. 티벳 『사자의 서』는 미국의 호스피스 병원에서 말기암 환자들이 성경 다음으로 선호하는 책으로 알려져 있는데 그 내용은 한 마디로 죽어서 중유의 세계 떠돌고 있는 망자亡者의 혼에게 길 안내를 하여 육도六道 중에서 삼악도三惡道에 떨어지지 아니하고 인간으로 환생하거나 극락으로 보내기 위한 일종의 길 안내서이자 지침서이다. 그리고 그 근거가 되는 논서로 『구사론』 『유가사지론』 『비바사론』 그리고 『지장경』이 있다. 물론 티벳의 『사자의 서』도 죽어본 사람이 쓴 글은 아니다. 죽어서 저승 구경을 하고 온 사람이 쓰지 않았기 때문에 중유中有에 있는 기간을 사십구일(7×7일)로 산정한 것을 두고도 이견異見이 더러 있었으나 후세 사람들은 세친의 권위에 대들기보다는 그의 설을 따르는 쪽을 선택하였다. 세친의 설에 따르면 사람이 죽으면 그 혼백은 매 칠일마다 과보에 따라 내생의 인연을 만나거나 죽은 혼백이 다시 죽는 과정을 되풀이한다. 그러나 마지막 칠일(사십구일째)에는 대부분의 혼들이 내생의 인연을 만나게 된다는 것이다. 이 천도재에 바쳐지는 돈은 공익적 목적으로 사용되는 것이 원래의 용도였으나 지금은 대부분 사찰 재정의 중심에 놓이게 되었다. 천도재 때 독경 소리가 유창하여 망자 가족에게 감동을 줄 경우 수입도 늘어나고 유능한 스님으로 널리 이름이 알려졌던 것이다. 그런 절에 가면 기름이 자르르 흐르는 듯하지만 그 반대일 경우 고색창연古色蒼然하고 퇴락한 모습일 경우가 많다. 대개의 종교적 행사들이 그 내용을 들여다보면 황당하지만 그 중에서도 사십구재라는 이름의 천도재는 단연 뛰어난 편이다. 우선 생전에 낫 놓고 기역 자도 모르던 판무식한 사람이 죽어도 그 혼백은 갑자기 유식해져서 어려운 금강경 따위의 경전 문구들을 듣고 이해한다는 전제 아래 출발한다. 죽은 뒤의 혼백은 예민하기 때문에 웬만한 문자 속은 다 알아듣는다는 얘기다. 그리고 독경에 따라 혼백은 큰 깨달음을 얻고 극락왕생한다는 기대를 가족들에게 던져준다. 이쯤 되면 한 편의 사기극에 해당하지만 망자의 가족들은 한 줄기 풀잎이라도 잡고 싶은 마음에 마음속의 의혹을 누르고 거금을 들여 그 황당한 의식을 끝까지 치르게 되어 있다. 아니면 망자에게 불이익이 돌아갈까 염려되어 더욱 조심스러운 것이다. 영가靈駕 천도를 목적으로 하는 사십구재의 비용은 일정치 않으나 대부분의 사암에서는 천도재 한 번 치르고 나면 그 동안 미루어 왔던 공과금도 내고 몇 달 먹을 양식장만도 하는 것으로 되어 있다. 그에 비하면 법당에 놓인 불전함에 들어오는 시줏돈은 그야말로 코 묻은 돈에 지나지 않는다. 그러나 이들 신도 중에서 천도재 지낼 사람이 있으므로 그들을 함부로 대해서는 안 되는 것이다.

이상과 같이 불교는 자신이 곧 부처라는 생각으로 수행하는 무리[自力宗]가 있는가 하면 구리로 만든 불상에 절하고 비는 타력종他力宗도 존재하여 뭐가 뭔지 모를 정도로 혼란스럽다. 그것으로 끝인가 하면 그렇지도 않다.

C 스님, 이름난 고찰인 D사가 6·25 때의 아군의 폭격으로 전소된 절을 중수하여 큰절로 만들어 스스로 회주가 된 인물이다. 선방 경력이 많고(조계종에서는 이것이 품계를 정할 때 결정적인 역할을 한다.) 학식도 풍부하여 선교 양종을 통섭한 스님으로 알려져 있었으나 그가 세속말로 좀 살기 편해질 만하니 덜컥 몹쓸병이 찾아오고 말았다. 위암이었다. 여러 장기 중에서 위장은 신경이 살아 있어 작은 궤양에도 배를 움켜쥘 정도로 고통이 오는 내장이다. 그러나 스님은 큰스님답게 그 지독한 고통을 애써 참아내고 있었다. 몇 해 전이었다. 그러던 그의 방문과 벽면 가득히 무슨 글귀가 붙어 있었다. 화두인가? 화두를 프린트한 글씨로 벽에 붙여놓는 경우는 없었다.

"저건 뭡니까?"

스님이 웃으면서 말했다.

"다라니경입니다. 저걸 하루에 2만 번만 외면 병이 낫는다 하기에,"

하긴, 얼마나 아팠으면 큰스님이 주술신앙으로 길을 잡았을까, 얼마나 살고 싶었으면…… 여기까지 생각이 미친 필자는 입을 다물었다. 무명無明이 모든 연기緣起의 바탕이라 했는데 불교 경전과 조사 어록들을 좔좔 외는 C 스님은 그의 지혜를 죽음과 마주 서서 어떻게 저어갈까, 그것이 궁금하여 찾아간 것인데 뜻밖에도 스님은 주술에 의지하여 그 파도를 이겨내려고 하\고 있었다. 스님의 다비식에 참석한 필자는 속으로 말했다.

"스님, 헛살았습니다."

일생 계속했던 그의 공부는 다 무슨 소용인가? 죽음이라는 거대한 벽 앞에서 와르르 무너지고 만 그 공부와 그로 인해 얻었던 지혜는 다 무엇인가? 다라니경 2만 번을 외면 병이 낫는다고 누가 말했나? 20만 번을 외어도 병은 낫지 않는데…… 그리고 C 스님은 다라니의 주술력과 남 다른 선방경력, 그리고 해박한 교판 지식에도 불구하고 먼 길을 떠났다. 떠난 이후 그분은 다시 돌아오지 못했다. 앞서 예를 든 서암 스님은 생전에 입버릇처럼 "꿈에서 깨어나라."고 경책警策했다. 삶이 곧 꿈일 뿐이니 그것을 바로 알면 지금 이 자리가 곧 열반이자 불국토佛國土라고도 했다.

여기서 바로 말해두어야 할 것이 있다. 삶은 한바탕 꿈이 아니며 이 세계(또는 우주) 또한 환각이 아니다. 환각이 아닌 실제를 환각이라 하고 꿈이 아닌 현실을 꿈이라 하니 말이 꼬이고 선문답은 어렵기만 한 것이다. 석가는 존재의 비밀을 꿰뚫었으나 힌두이즘의 세계관을 무심코 차용하는 바람에 그 촌철살인寸鐵殺人의 이론을 미궁 속으로 밀어넣고 말았다. 석가도 잘못 생각하는구나, 그런 것이 있으면 당장 고쳐야 하는 법이다. '부처님 말씀은 무류無謬'라고 단정해 버리면 인류의 역사는 앞으로 나아가지 못한다.

'마음'은 만능의 열쇠인가?

'일체유심조一切唯心造'는 불교의 정신세계로 들어가는 키워드이다. 이미 알고 있겠지만 이 명제는 모순 덩어리다. '내 마음'이 세계를 만든다는 것은 어불성설語不成說이다. 우리들 마음가짐에 따라 세계는 왜곡되기도 하고 터무니없이 넓거나 좁게 보이기도 한다. 그러나 그런 변형變形은 흔히 있을 수 있으나 마음이 존재라는 것은 수긍하기 어렵다. 이 명제를 증명하기 위하여 우리는 수많은 선문답과 난해한 논리를 읽어왔다. 그 어떤 기발한 논리와 선문답을 가지고도 여전히 입증되지 않는 명제가 바로 이것이었다. 불교의 마지막 남은 자존심이기도 하다.

'지구는 돈다.' 태양 둘레를 돌고公轉 스스로 돈다自轉. 이 사실을 증명하기 위하여 인간의 주관적인 '마음'이 나서지 않아도 된다. 마음이 있거나 말거나 지구는 돌고 있는 것이다. 『화엄경華嚴經』「보살설게품菩薩說偈品」에 나오는 다음 구절이 문제였다.

若人欲了知
三世一切佛
應觀法界性
一切唯心造

누군가 삼세의 모든 부처를 알고자 한다면
마땅히 법계의 성품을 보라.
모든 것은 마음이 만들어내는 것이다.

원효가 의상과 함께 당나라 유학길에 올랐다가 당항성(唐項城, 지금의
남양南陽)에서 밤을 맞아 무덤가에서 노숙타가 밤중에 심한 갈증이 나
서 더듬으니 표주박에 담긴 물이 있는지라 시원하게 마시고 다음날 날
이 밝아 다시 보니 표주박은 해골이었고, 시원했던 물은 시체 썩은 물
이었다. 토하고 나서 원효는 깨닫는다. 사물은 그 자체로서는 정淨하지
도 부정不淨하지도 않으나 다만 우리 마음에 따라 다르게 비칠 뿐이라
는 것을. 맞는 말이다. "일각一刻이 여삼추如三秋"라는 우리 속담이 있
다. 칠순이 넘은 노인들이 공통적으로 하는 말 가운데 "세월이 총알처
럼 지나간다."는 넋두리가 있다. 물방아 뒷곁에서 연인을 기다리는 마음
은 일각이 여삼추일 것이고 팔순의 노인에게는 하루하루 세월 지나가
는 것이 총알처럼 빠르게 느껴지기도 할 것이다. 시간은 물리적 현상이
아니라 주관적인 마음의 작용에 지나지 않는 경향이 있는 것은 사실이
다. 그러나 그렇다고 해서 표준이 되는 시간은 늘 일정한 속도로 흐르

고 있음을 부정할 근거는 없다. 원효가 해골바가지에 담긴 물을 마시고 무엇을 깨달았든 관계없이 해골은 해골이고, 시체 썩은 물은 시체 썩은 물일 뿐이다. 이 사실은 변하지 않는다. 변하지 않는 것을 밀쳐두고 변하는 것만 쳐들어 "이것이 진실이다" 하고 외치면 목만 아플 뿐이다. 그러므로 불교 세계관의 키워드인 '일체유심조'는 진실이 아니다.

여기서 우리는 '마음'이라는 괴물을 만나게 된다. '마음'은 순 우리말이다. 한자어로는 심心으로 번역하고 영어로는 feeling, mind, heart 등으로 표현하고 있다. 일본에서도 고코로와 한자어인 정신精神과 함께 기氣도 마음의 영역에 넣어 사용하기도 한다. 불가佛家에서는 산스크리트어인 치타(citta)의 한역漢譯인 심心을 마음으로 읽고 있으나 그 범위나 작용에 대한 명확한 개념 규정 없이 다소 혼란스럽게 사용해 오고 있다. 즉 '마음'은 심리학적으로 개념이 규정된 사물의 이름(개념)이 아니라 모든 존재萬有를 색色과 심心으로 이분하여 물질세계인 색에 대칭되는 작용을 통틀어 심心으로 보는 경향이다. 송대宋代 주자학(성리학)에서는 '심즉리心卽理'라 하여 우주의 본질인 리理와 인간의 마음자리가 별도로 존재하지 않는다는 경지에 이르렀다. 우주의 본질은 플라톤의 이데아 이후 관념철학의 중심과제가 되어 왔고, 그 결과 유심론唯心論을 낳게 되었다. 불가佛家에서 일체유심조一切唯心造라 할 때의 심은 영어의 feeling이나 heart와는 거리가 먼 한자어 정신精神에 가깝다. 불교 경전의 저자들도 그렇고 일반 스님들까지도 법어나 문장에서 '마음'을 빼놓으면 얘기가 안 될 정도로 '마음'을 애용하는 탓에 불교를 '마음의 종교'로 알고 있는 사람들도 있는 형편이다. 마음의 근본 자리를 제대로 보면(알고 나면) 곧 성불한다(직지인심直指人心 견성성불見性成佛)고 하니 마음 닦는 것이야말로 이 가르침의 최종 목적이라 할만하다. 그래서 너도 나도 '마음', '마음'하는데 도무지 어떤 마음을 가리키는지 본인도 잘 모르고 써먹는 경우가 많다. 마음이 지칭하는 대상이 워낙 광범하여 제육식第六識인 심식心識, 意識을 가리키기도 하고 나아가 육상산(陸象山, 구연九淵 1139~1192)이 말한 심즉리心卽理의 이理나 본성本性의 개념으로 쓰기도 한다. 영어로 말하자면 feeling과 heart를 mind와 섞어서 혼용하고 있는 형국이다. 이처럼 마음을 애용하면서도 정작 마음에 대한 철저한 학문적 연구가 없었다는 것은 뜻밖이다. 유식학唯識學의 번잡한 이론적 천착과 성과에도 불구하고 불가에서는 여전히 '마음'의 오용이 그치지 않고 있다. 출가 스님들이 '마음공부' 하기에도 너무나 조급했던 나머지 이런 학문적인 번쇄煩瑣한 일에는 눈 돌릴 여유가 없었을 것으로 미루어 짐작한다.

"연기법에 대해 알고 싶다"는 한 처사의 질문에 답하는 가운데 서암 스님은 이런 이야기를 했다.

"가령 허공에 비행기가 날고 새도 날고 구름도 뜨고 번개가 쳐도 그 허공이 조금이라도 상처를 입습니까? 이처럼 본시 상처받을 수 없는 자리가 우리의 본체 마음자리인 것을 모르고 제 스스로 착각을 일으켜 상처를 만들고 있는 것입니다. 한 생각 무명만 거두어버리면 우리 마음은 형단이 없으니 상처 받을 곳이 없어요. 형단形單이 없는 이 마음을 누가 구속하고 괴롭힐 수 있겠습니까?

옛날 어느 도인이 감을 먹고 체하자 제자가 물었습니다.

"스님, 삼천대천세계를 다 들이마셔도 아무 상관이 없다고 늘 법문하셨으면서 어찌 작은 감에 체해서 고생하십니까?"

그러자 스승이 대답했습니다.

"감이 더 크냐, 삼천대천세계가 더 크냐. 어디 한 번 일러보아라."

참으로 스승의 지혜가 놀랍지요. 그래서 불교에서는 일념즉시무량겁 一念卽是無量劫, 한생각이 한없는 시간이고, 무량원겁즉일념無量遠劫卽一念 한없는 시간이 한생각이다. 일미진중함시방一微塵中含十方 한 티끌 속에 시방 세계가 다 들어 있다고 했습니다."

스승의 지혜가 놀라울 것도 없다. 이런 진실이 뒤집어지는 것은 선문답이라는 독특한 형식에서나 가능한 일이다. 이런 식의 어법을 두고 지혜롭다고 말할 수는 없는 일이 아니겠는가. 감 속에 삼천대천세계가 들어 있는 것은 사실이나 감은 세계의 한 부분이므로 당연히 삼천대천세계가 더 크다.

직업으로서의 중질

불교는 종교가 아니다. 카피라성의 왕자였던 고타마 싯타르타가 발심, 출가하여 6년여 동안 고행 끝에 맞은 네란자리 강변의 그 아름다웠던 새벽, 그는 마침내 존재의 비밀緣起法을 발견하고 환희에 젖었다. 이때의 발견을 사람들에게 알려줄 것인가 말 것인가 한동안 고심 끝에 마침내 널리 알려 사람들로 하여금 미혹에서 벗어나도록 해주기 위해

떨치고 일어선다. 이후 45년의 긴 세월에 걸쳐 그는 많은 말과 행적으로 자신의 대발견(깨달음)을 전파하고 열반에 들기 전 "나는 지금까지 한 마디도 하지 않았다"고 선언하고 눈을 감았다. 그 이후 사람들은 "나는 이렇게 들었다如是我聞."는 말로 시작하는 경전을 만들었으나 정작 싯타르타의 깨달음을 보완하기 위한 고행은 계속하지 않았다. 즉 그의 대발견에서 잘못된 부분이 없나 살피고 보완했어야 했다. 그랬으면 불가의 주장들이 오늘날보다 훨씬 완벽해졌을 것이다. 그런 작업은 하지 않고 오로지 부처님을 닮자는 구호만 내걸고 종교단체로 만든 결과 그들의 주장들은 상호 부딪쳐 모순을 드러내고 개념조차 모호한 말들이 길거리에 넘쳐나고 있는 것이다. 적어도 사십오 년이라는 긴 시간에 걸쳐 많은 대중들 앞에서 설법을 해놓고 "한 마디도 하지 않았다"고 하는 시적 표현이 어떤 파장을 몰고 올 것인지 그는 짐작도 못했던 것 같다. 특히 아리송하고 모순투성이인 언어구조가 도통한 것으로 보이는 폐단을 석가 자신이 심어준 것이었다. 그 덕분에 오늘날 한국 불교의 큰 종단에서 가장 높은 어른의 지위에 올라 있는 스님이 걸핏하면 뜻도 통하지 않는 황당한 말들을 뱉어놓고 대단한 선어禪語인 것처럼 우쭐거리기도 하니 심히 역겨운 광경이다.

한편으로 불교는 종교가 아니면서도 종교의 모습을 갖추기 위해 눈물이 나는 노력을 다하고 있기는 하다. 지옥과 극락의 그림을 그려 보여주면서 공포심을 조장한 뒤 어리석은 사람들로부터 돈을 거두어간다.(그런 방식으로 많은 돈을 모은 스님이나 사찰 이야기는 흔하다.) 어려울 때는 마음을 앞세우고 등 뒤에 숨기를 계속하지만 '마음'은 그다지 견고

한 방벽은 아니다.

이들의 집단에서는 솔직하고 정직한 사람도 보이지 않는다. 스님들은 그들의 단체가 "먹고 살기 위해 만든 단체 아니냐?" 하면 몹시 성을 내고 온갖 반론을 꺼내지만 정직하게 '직업으로서의 중질'을 고백하는 사람은 나오지 않고 있다. C 보살(75)은 남편과 함께 함경도 북청에서 피난 내려와 정착했다. 휴전 무렵 동대문시장에 터 잡아 피륙장사를 하여 부잣소리를 들을 정도로 저축한 재산이 있었다. 그런데 팔년 전 남편이 간암으로 죽자 그 허한 마음을 이기지 못하고 절을 하나 사서 운영해 볼까 하는 마음이 일었다. 그녀는 인사동에서 불구점佛具店을 경영하는 지인에게 부탁하여 팔려고 내놓은 절이 있으면 소개해 달라고 했다. 사흘 후 지인은 큰 종이에 가득 이름이 적힌 것을 들고 왔다. 매물로 내놓은 서울근교의 사찰 명단이었다.

"이렇게 많아요?"

"많아요. 그런데 쓸 만한 곳은 한 군데도 없어요."

"왜 그렇지요?"

지인은 서글프다는 듯이 말했다.

"맨 위에 있는 이 절은 북한산에 있는 암자인데 교통도 편리하고 당우堂宇도 번듯하여 참 좋습니다. 그런데, 신도회장이 주지를 고발했어요, 사기죄로."

"스님이 무슨 사기를 칩니까?"

"신도회장이 청계천에서 공구상을 하는 사람인데 주지에게 몇 억 원 돈을 빌려줬는데 안 갚았나 봅니다. 물론 사찰을 담보로 잡혔으니 양도 소송을 냈겠지요?"

"그 다음 절은 무슨 문제가 있어요?"

"이건 도봉산에 있는 건데 등산길에 몇 번 들러 물을 얻어 마신 적이 있습니다. 좋은 절입니다. 그런데……"

"뭐에요?"

"전 주지하고 현 주지 사이에 소송이 진행 중입니다."

"왜요?"

"당연히 돈 문제겠지요. 자세한 내막은 모릅니다."

"세 번째 이건 옥수동이라, 한강변에 있는 여염집 같은데요?"

"맞습니다. 평범한 가정집을 사찰로 개조한 겁니다. 조계종은 아닙니다."

"아니면 어때요. 문제가 있습니까?"

"그 문제라면 문제랄 것도 없지만 이 집을 살 때 은행에 빌린 융자금을 갚지 못하여 가압류 상태입니다."

"도대체,"

그녀는 화가 났다.

"이 많은 절들이 모두 민형사상 문제가 있다, 그 말씀입니까?"

지인은 웃었다.

"그렇습니다. 미안하군요."

"당신 잘못도 아닌데 미안하긴요"

"나도 이 정도일 줄은 몰랐습니다. 그래서 미안합니다."

불자의 한 사람으로 책임이 없지 않다는 뜻이었다.

"가장 많은 문제는 뭡니까?"

"부전승의 문젭니다."

"부전승?"

"월급을 받고 고용된 승려를 부전승이라고 합니다. 이 스님들이 대부분이 문제를 일으킵니다. 자기 소유의 절이 아니기 때문에 애착이 없어서 그런지도 모르지만 좀 반반하게 생긴 스님은 여자 신도와 붙어먹습니다. 그래서 내쫓는 순간 몇 사람을 제외한 신도들 전부가 부전승을 따라 나섭니다. 원래의 절에서 머지않은 자리에 새로 집을 사서 개업하는데 이쪽 신도 전부를 데리고 가기 때문에 이쪽 절은 껍데기만 남는 셈이지요."

"그래도 스님들인데, 설마, 그럴 리가."

"나도 그렇게 생각했습니다. 좀 과장된 이야기 같다고요. 하지만 사실이었습니다."

"신문에 났던데, 강남의 어느 교회를 신도 몇 명 끼워서 팔아먹었다고요. 그 지경 아닌 것만 다행이군요."

"그보다 더 나쁩니다. 신도들 데리고 나가 이웃에서 절을 만들어 영업을 하니 미칠 노릇이지요."

"잠깐, 영업이라는 말은 듣기가 거북하군요."

"그럼 뭐라고 하지요? 이들은 분명 영업을 합니다. 투자에 비해 이익이 얼만지 머리 터지게 따지기도 하고요."

"내가 아는 스님들 중에는 그런 사람이 한 사람도 없어요. 이건 나쁜 스님들만 모아놓은 것 같군요."

"매물로 내놓은 절들이 오죽이나 답답해서 그러겠습니까."

"절을 사겠다는 생각은 잘못된 것이군요. 취소하겠습니다. 일반 주택을 사서 사찰로 개조하겠습니다."

"집은 그렇다치고 스님은 어떻게 하겠습니까?"

"부전승을 고용하지요. 문제없을 겁니다."

그러나 그건 그녀의 생각일 뿐이었다. 그로부터 일년 반이 지난 어느 날 그녀는 다시 불구점을 하는 지인을 찾아왔다.

"사장님 말씀이 옳았습니다. 믿었던 스님에게 당하고 보니 가슴이 더 아픕니다. 앞으로는 사찰 운영을 못할 것 같습니다."

"하지 마세요. 아는 절에 가서 시주나 하면서 살면 되지 않습니까."

"그것도 전 같지 않겠지요. 스님들 하는 짓이 눈에 보일 테니까요. 아무튼 절집은 그만둡니다. 부전승이 모두 들어먹고 야반도주해 버렸거든요. 이 자를 잡아야 할 텐데."

"쉽지 않을 겁니다."

지인이 말했다.

"의도적으로 접근한 걸 봐서 신분도 철저하게 숨길 거거든요."

C 보살은 한숨을 길게 내쉬었다. 먼저 간 영감에게 이렇게 미안해 본 일은 처음이었다.

'불교라니.'

돌아오는 버스 속에서 그녀는 생각했다. 교회에 나갈까? 그 쪽도 문제가 많을 듯했다. 다 귀찮았다. 그냥 좀 쉬고 싶었다.

뭘 깨달으라는 말인가?

기독교가 믿음의 종교라면 불교는 깨달음의 종교이다. 깨달음이란 무엇인가? 뭘 깨달아야 그 경지에 들어가는 것일까? 깨달으면 그 자리가 단박에 부처이고成佛 반대로 깨닫지 못하면 迷惑 그 자리가 중생衆生이니 깨달음이야말로 불교 가르침이 지향하는 마지막 목표를 향한 도정인 셈이다. 그런데 무엇을 어떻게 깨닫는 것인가? 이 문제에 제대로 된 대답을 내놓으려면 불교 입문서가 된다. 서산西山의 『선가귀감禪家龜鑑』이나 경허鏡虛의 『선문촬요禪門撮要』가 다 그 이야기이다. 그런데 대체 무엇을 어떻게 깨달으란 말인가? 이 글이 불교 또는 선의 입문서가 되지 않으려면 석가가 무엇을 깨달았는지에 초점을 맞추어 알아보는 것이 첩경이다.

익히 아는 바와 같이 석가는 카필라성 왕자의 신분을 버리고 스물아홉 살에 출가하여 육년간 고행한 끝에 서른다섯 살에 대각을 이루고 부처가 되었다. 이후 사십오 년간 설법으로 자신이 깨달은 진리를 설파하고 고요하게 입적했다(죽었다). 석가와 예수는 평지돌출의 비인간이 아니었다. 인도와 유태의 문화가 낳은 산물이라는 뜻이다. 춘추전국시대 백가쟁명百家爭鳴하던 중국처럼 석가가 살던 무렵의 인도 역시 육사외도六師外道가 설치던 철학과 종교의 백화제방, 개화기였다. 당시 유행하던 최고의 스승을 찾아가 가르침을 받고 그 교단에서 단숨에 큰 지위에 오를 정도로 그의 수행력은 뛰어났으나 정작 본인은 그에 만족하지 못하고 "무소의 뿔처럼 혼자서 가는" 길을 택하였다. 당시의 수행가풍이 육신을 학대하여 순일純一한 정신(아트만)을 범아(梵我 : 브라만)에 일체화하는 것이었기 때문에 석가도 초기에는 주로 그런 수행방법을 따랐다. 그리하여 단숨에 스승과 같은 경지에 올랐으나 그의 마음은 더욱 갈급할 뿐이었다. 이 무렵 석가의 몰골은 '뱃가죽을 만지면 등짝이 만져질 정도'로 피골이 상접하여 인간의 형상이 아니었다. 이런 식으로 고행을 거듭하던 그는 마침내 네란쟈리강변의 우르벨라 마을에 이르렀다. 마을 앞으로는 강물이 흐르고 그 뒤로 농지가 펼쳐진 전형적인 북인도의 농촌이었다. 이 아름다운 농촌에 마음이 빼앗긴 석가는 마을 앞 강가의 보리수나무 밑 푹신한 흙에 앉아 명상을 이어갔다. 지나가던 양치기 소녀가 양젖을 짜서 이 고행자에게 내밀었다. 석가는 고맙다는 인사로 양젖을 받아 마셨다. 죽어가던 그의 몸에서 세포들이 깨어나는 소리가 들리는 듯하였다. 멀리서 석가를 따르던 다섯 명의 도반들이 소녀로부터 양젖을 받아 마시는 석가를 보고 "저 사람은 이제 틀렸다"고 단정하고 발길을 돌렸다. 그러거나 말거나 개의치 않고 석가는 명상을 계속했다. 별이 찬란하게 빛나던 그 새벽에 석가는 마침내 큰 깨달음을 얻었다. 존재의 실상이 눈앞에 펼쳐졌고 삶과 죽음의 원인이 밝혀진 것이었다. 너무나 기쁜 나머지 "왁" 소리를 지를 뻔했으나 그는 목젖을 누르며 참았다. 그리고 이 깨달음을 소가 먹이를 반추하듯 천천히 반추하며 정리해 보았다.

깨달음은 한 마디로 존재의 양식이었다. "이것이 없으면 저것이 없다"로 정의되는 대진리 그것이었다. 후세인들은 그 진리에 '연기법緣起法이라는 그럴듯한 이름을 붙여줬다.

참으로 열심히 수행한 끝에
선정을 닦은 사람에게 진리의 문이 열렸네.
일체 사물이 원인이 있어 존재한다는 것을 알아
모든 의혹이 사라지네.

석가 부처님의 오도송悟道頌이다. 일체 사물은 원인이 있어 존재한다? 이처럼 간단한 진리를 깨닫기까지 무려 육년의 고행이 필요했던 것이다. '일체 사물'이라고 했으나 무당벌레나 굼벵이의 애벌레 따위에는 관심이 없었다. 석가의 관심은 처음부터 인간에 있었다. 일체개고一切皆苦는 제법무아諸法無我, 제행무상諸行無常과 더불어 불교의 삼법인三法印 즉 이 가르침의 중요 요체 중의 하나인데 존재하는 것 자체가 곧 고苦라는 인식이다. 고는 어디서 오는가? 그것은 늙고 병들고 죽기 때문이다. 인간이 늙고 병들고 죽는 한 그의 삶은 고통일 뿐이다. 이 고의 최초 원인을 거슬러 올라가 보니 무명無明 때문이라는 것이 석가의 분석이었다. 무명을 조건으로 행(行 : 형성)이 있고, 행을 조건으로 의식이 생겨난다. 의식을 바탕으로 명색名色이 있고 명색을 조건으로 여섯 감역[六根]이 있으며 여섯 감역 때문에 접촉이 생기며 접촉을 조건으로 느낌이 발생한다. 느낌이 있기 때문에 갈애渴愛가 생기고 갈애가 있기 때문에 집착이 생기고, 집착으로 인하여 생生이 있으며 생이 있기 때문에 태어나고 태어나기 때문에 병들고 늙고 죽는다. 이것이 순관順觀이다.

순관을 뒤집어 조건을 제거해 나가는 것을 역관逆觀이라 한다. 즉 무명이 소멸하면 행이 소멸하고 행이 소멸하면 식識이 소멸하고 식이 소멸하면 명색이 없어지고 명색이 없으면 육근이 소멸하며 육근이 소멸하면 촉觸이 소멸하고 촉이 소멸하면 느낌이 생겨나지 않는다. 이와 같이 하여 최종적으로 태어나지 않으면 죽음도 없다는 결론에 닿는다. 죽음이 없으면 고苦의 다발도 절로 소멸하게 돼 있다. 이 연기법을 두고 '언어유희다' 혹은 '말장난'으로 비하하는 사람도 있다. 석가는 죽은 이후에 생전에 착한 일을 많이 하고 공덕이 많은 사람은 지옥간다는 언질을 주지는 않았다. 사후 세계에 대해서도 말하지 않았다. 다만 그는 자신의 전생前生에 대해 여러 번 언급한 일이 있는데 이는 윤회전생輪廻轉生을 믿는 인도의 전통 사상을 답습한 결과로 보여진다. 그리고 네란쟈리 강가 보리수나무 아래에서의 대각大覺의 중심 내용인 '연기법'에 대해서도 '무명을 조건으로 행이 일어난다'고 할 때 무명과 행의 관계, 즉 선행하는 조건이 뒤에 오는 관념을 충분하게 포용하느냐에 대한 시비가 계속 있어 왔다. 한자어 행行을 '형성形成'으로 번역하는 분도 있으나 이것 역시 충분하지 않다. 문제는 번역의 문제가 아니라 조건 개념의 충족 여부에 대한 회의가 있기 때문이다. 조건 개념을 십이 단계로 구분한 것도 '작의적'이라고 의심하는 사람들도 있다. 이런 의혹의 대부분은 산스크리트어로 된 원문이 중국으로 와서 현장玄奘 등에 의하여 번역 과정을 거칠 때 두 언어가 가진 대상의 상이점 때문에 일어난 혼란일 수도 있었고, 이를 다시 우리나라로 가져와서 한글이나 한국적 표현으로 치환하는 과정에서 발생한 의미의 혼란 때문이기도 했다. 이런 언어의 문제를 감안하고서도 그 석가의 큰 깨달음인 '연기법'은 '명료하지 못하다'는 비판의 도마 위에 올라 있는 것은 사실이다. 석가 스스로 "세상 아무도 몰랐던 진리를 깨친" 것이 사실이라면 그 진리는 명료하고 쉬워야 한다는 요구가 있는 것이다. 스님들이 법문을 할 때도 '연기법'은 매력 있는 강론의 소재가 되지 못하고 있고, 대개는 우물우물 넘기고 있는 실정이다. 이는 '연기법'이 석가의 깨달음의 중심 내용이자 불교 가르침의 핵심이라는 위상에 견주어 부당한 일이 아닐 수 없다. '연기법'이 종교적 우주관의 설계도에서 줄기를 이룰 정도로 명료하지도 않고 무식한 할머니도 알아들을 정도로 쉽지도 않다면 문제는 할머니 쪽에 있는 것이 아니라 연기법 쪽에 있는 것이며 불교가 종교적 체계적인 우주관, 혹은 세계관, 좀 더 좁혀서 사생관을 갖추지 못했다는 증좌(證左 : 증거)가 될 것이다. 석가는 대각 이후 일 주일 정도 그 자리에 앉아 반추하고 체계화하는 시간을 가졌다고 알려져 있으나 필자가 생각하기로는 불교라는 거대한 사상의 체계화를 위해서는 몇 달 혹은 몇 년의 시간이 석가에게 주어졌다면 좀 더 철저하게 다듬어지지 않았을까, 아쉬워지는 것이다. 일설에 의하면(흔히 스님들은 법문에서 말하기를) 석가 부처님은 대각 이후 초전법륜에 앞서 이미 평생을 설할 계획을 세워두었다고 한다. 부처님이 부처님인 이상 이는 당연할 것이다. 즉 처음 한동안은 아함경을 설하고 중기에 가서는 법화경과 반야경을 설했으며 말기에 가서는 열반경을 설했다는 것이 그 내용이다. 그러나 안타깝게도 부처님은 부처님이기 전에 사람이었다. '사람'은 결코 평생에 걸쳐 행할 일을 미리 계획 세워두었다가 하나씩 실천에 옮기는 식으로 일을 할 수는 없다. 오히려 제자들을 가르치고 그들의 질문에 답하다 보니 자신도 '깨달음'을 바탕으로 사상을 체계화하고 구체적인 내용을 보완하는 과정을 거치지 않았을까, 그 과정에서 나온 가르침이 반야경도 되고 법화와 화엄의 장관을 이루기도 했으며 열반경에 이르지 않았을까, 추측되는 것이다.

"이것들이 석가의 깨달음의 순간에 찾아온 내용이었는지 아닌지 증명할 방법은 없다. 다만 이들 다섯 수행자들을 상대로 가르친 최초의 설법 즉 초전법륜初轉法輪의 내용이 이것이었던 것만은 확실한 것으로 보인다. 첫 설법을 할 때 석가는 자신의 깨달은 바를 전력을 다해 설명하려고 했을 것이다. 보리수 아래에서 큰 깨달음을 얻었을 때 연기법의 모든 과정이 일목요연하게 순관과 역관의 순으로 떠올랐던 것은 아니었다. 대각 이후 최소한 보름 동안이나 자리를 옮겨가며 앉아 그 내용을 살펴보고 체계화하였으며, 이를 대중에게 가르치기로 작정하였을 때는 무엇부터 어떻게 펼쳐보여야 몽매한 대중들이 보다 쉽게 자신의 가르침을 이해할 수 있을 것인가 따져보았을 것이다. 마치 선생님들이 내일의 수업을 위하여 밤새워 교안敎案을 작성하고 스님이나 목사가 법문 또는 설교를 하기 위해 그 내용을 미리 생각해 두는 것처럼. 그리하여 석가는 어떤 사람에게는 중도를 먼저 얘기하고 어떤 사람에게는 연기법을, 또 어떤 사람에게는 사제, 팔정도를 가르쳤던 것이다. 상대가 자신의 가르침을 알아듣고 마음의 평안을 얻었을 때는 가르치던 석가 자신도 뛸 듯이 기뻤을 것이고 제대로 알아듣지 못하거나 계속하여 의혹을 버리지 못할 때는 실망도 했을 것이다(이청 지음, 『석가는 이렇게 말하였다』, 뿌리출판사).

　인도 북부의 갠지스 강변 도시인 바라나시 북쪽 사르나트에는 지금
도 녹야원(鹿野苑 : migadaya, 仙人住處)의 터가 거의 옛 모습 그대로 남
아 있다. 진흙으로 지은 요사療舍는 무너졌으나 방이 있었던 자리, 부엌
이 있었던 자리 등으로 구분할 수 있을 정도로 터는 남아 옛 모습으로
복원하기는 쉽게 되어 있었다. 필자가 대충 세어본 바로는 줄잡아 일천
명 정도의 수행자를 한꺼번에 수용할 수 있는 대가람 터였다. 인도는
사철 기온이 높아 한낮에는 태양 광선을 피하여 보리수나무 그늘에서
법문을 하고 듣기도 하며 토론하기에 손색이 없다. 인도의 보리수는 거
수巨樹여서 나무 그늘이 넓고도 깊어 보통 한 그루의 보리수 아래에 오
백 명 정도는 앉아 법담을 나눌 수도 있는 나무였다. 그러나 우기雨期
에 비를 피하려면 집의 형태가 있어야 한다. 녹야원을 만들어 석가에게
시주한 것은 이런 사정 때문이었다. 당시 석가 부처님을 따르던 대중의
무리가 정확하게 몇 명이었는지 추산하기는 어렵다. 그 무렵 북부 인도
에는 수많은 종교단체들이 스승을 중심으로 떼를 지어 다니며[遊行] 진
리를 설파하고 있었다. 작게는 수십 명 크게는 수백 수천에 이르는 큰
단체들도 있었다. 이들은 중국의 강호 무사들처럼, 또는 일본의 사무라
이들처럼 두목(도사)이 서로 법을 겨루어 보고 승리한 도인 밑으로 패
배한 쪽이 흡수되는 것이 일종의 관례였다. '천상천하유아독존天上天下
唯我獨尊'인 부처님의 승단僧團도 나날이 몸집이 불어났다. 대각을 이룬
석가가 왜 하필이면 자신을 감시하기 위해 따라붙었던 다섯 비구를 생
각해냈는지 이유는 모른다. 다만 이들을 상대로 자신의 깨달음을 전하

고 육체를 학대하는 것만이 최선의 길이 아니며 중도를 걸어야 한다고 역설했다. 다섯 비구 중 꼰단냐가 먼저 깨닫고 아라한이 되었고 나머지도 차례로 깨달아 아라한과를 얻었다. 석가는 좋은 선생이었던 것이 분명하다. 모든 시작이 그렇지만 이들도 석가와 다섯 비구를 합하여 여섯 명의 승단(僧團)?으로 출발하였다. 이후 상업도시 바라나시의 큰 부잣집 아들 야사가 귀의하자 그를 따라 청년, 노예 등 오십여 명이 귀의했고, 바라나시에서 우기를 보내고 우루웰라로 가는 도중 유흥을 나왔던 양갓집 자제들 삼십여 명이 귀의했다. 그리고 우루웰라에서는 배화교도인 깟사빠 삼 형제가 귀의하자 그들을 따르던 일천 명의 대중이 한꺼번에 귀의했다. 이로써 석가의 승단은 갑자기 제법 큰 교단이 되었다. 여기에 마가다국의 왕 빔비사라가 찾아와 문답을 해 본 끝에 귀의하고 자신의 소유인 대나무숲을 교단을 위해 기증하였다. 불교 교단 최초의 사찰인 죽림정사竹林精舍가 태어난 인연이다.

1차 결집과 마하가섭

불교 4대 성지 중의 하나인 녹야원에는 B.C. 252년 아소카왕이 석주를 세웠고, 7세기에는 중국 승려 현장이 방문하고 8세기에는 신라승 혜초가 이곳을 방문하여 『왕오천축국전往五天竺國傳』에 기록을 남겼다. 현장 스님은 『대당서역기大唐西域記』에서 자신이 방문했을 때 녹야원에서 수행 중인 대중의 수를 약 천 오백 명이라고 기록하고 있는데 이 숫자는 석가 부처님 당시 그를 추종하던 무리의 숫자와 크게 다르지 않을 것으로 보인다. 석가가 마가다국 수도 라자가하에 머물고 있을 때 마침 라자가하에 와 있던 육사외도 중의 한 사람 산자야가 함께 머물고 있었고, 산자야를 수행하던 두 사람의 걸출한 수행자인 사리풋다舍利佛과 목갈라나(目犍連 : 십대 제자 중 한 사람, 神通第一) 두 사람이 부처님께 귀의하였다. 그러자 산자야 문하의 이백 오십 명 문도들도 그들 두 사람을 따라 석가 부처님에게 귀의해버렸다. 이렇게 계속 몸집이 불어나 인도 북부지방의 신흥 수행단체들 중 가장 강력한 단체들 중 하나가 된 석가의 문중은 이천 명에 가까운 대가족이 함께 살아야 하는 공동체의 운영을 위해 각종 규칙이 정해지고 제자들 중에도 각자의 특기에 따라 위계가 정해졌다. 여기에 석가 부처님의 속가 부인인 아쇼다라와 아들 라홀라가 출가했고, 사촌 동생인 아난다(阿難陀 : 십대 제자 중 한 사람, 多聞第一)도 출가하여 대중의 천거로 석가세존을 시봉했으며 아난다의 간청으로 이모 고타미(Gotami)도 출가하여 비구니가 되었다. 이로써 부모를 제외한 대부분의 가족이 줄줄이 출가하여 교단에 합류함으로써 한층 엄격한 규율의 적용이 필요해졌다. 석가는 자신을 추종하여 공동체를 이룬 무리들을 사부 대중으로 구획했다. 인도 사회의 병폐 중 하나인 카스트를 부정하고 무시했던 석가는 대중을 비구比丘, 비구니比丘尼, 우바새優婆塞, 우바이優婆夷의 넷으로 분류하였다. 이 분류는 오늘날까지도 불교 신행단체의 대중을 가르는 준거로 활용되고 있다. 그러나 세상에는 비구, 비구니, 우바새, 우바이가 아닌 보통 사람들이 더 많다. 이들을 제외한 교단 차원의 사부대중 분류가 현재까지 살아 있는 사실이 불교의 무신경, 현세에 대한 적응력 부재를 여실하게 보여주는 사례라 하겠다.

이렇게 큰 무리를 이끌면서도 석가는 자신을 따르는 무리들의 지도자로서 권력에 탐닉하지는 않았다. 제자들 중에도 그런 자는 별로 없었다. '별로 없었다'는 것은 아주 없지는 않았다는 뜻이다. 특히 사촌동생인 아난은 기억력이 비상하고 석가를 지근에서 모시는 영광을 입어 석가 사후 제자들이 결집하여 경전을 편찬할 때 일등공신이 되었으나(대부분의 경전을 如是我聞, 즉 나는 이렇게 들었다의 '나'는 아난다이다.), 평상시에는 부처님의 사촌 동생이라는 관계를 앞세워 게으름을 피우거나 말을 함부로 하여 동료들로부터 미움을 사기도 했다. 용모가 수려하여 여자들이 유혹의 손길을 뻗치는 경우도 많았다. 이천 명이라는 작지 않은 무리를 이끌기 위해 세운 규칙들은 뒷날 계율로 정착되어 계戒·정定·혜慧의 삼학三學 중 으뜸이 되었다. 대중은 그를 석가족의 성인이라는 뜻을 가진 석가모니로 불렀고 깨달은 자라는 뜻을 지닌 불佛, 여래如來, 또는 세상에서 가장 존귀한 분이라는 뜻으로 세존世尊, 석존釋尊, 부처님으로 불렀으며, 석가 종족의 성姓인 gautama의 음사音寫로서 구담瞿曇으로 부르기도 했다. 그 호칭이 무엇이든 상관없이 석가 자신은 교단의 우두머리라는 지위를 향수享受하지 않았다. 추종하는 무리가 이천 명 안팎이면 제법 큰 승단으로 그 자체가 권력이 될 수도 있었으나 석가는 이 단체를 종교단체로 성장시킬 마음이 아니었다. 최소한의 규율을 만들어 지키게 했으나 그 자신이 모범을 보여 따르게 하는 것만으로도 별다른 문제가 발생하지는 않았다. 문제가 생긴 것은 석가의 사후였다. 흔히 불교에서 스님들이 입멸했을 때 즉 사망했을 때 '열반했다'거나 '열반에 들었다'고 하는데 열반과 입멸은 동의어가 아니기 때문에 이는 잘못이다. 죽음에 대한 표현은 종교마다 다르다. 유가에서는 '돌아가셨다'고 하여 죽음이 본래 그 자리로 회귀한다는 뜻을 말해주고 불가에서는 열반涅槃, 입멸入滅, 적정寂靜 등 여러 의미로 표현하고 있다. 증산도에서는 선화仙化라 하고 기독교에서는 선종善終이라 한다. 석가는 자신의 마지막이 오는 것을 알고 고향(카필라 밧투) 방문길에 나섰다가 고향 땅에 이르지 못하고 쿠시나가라 부근 피바 마을에서 대장장이 쭌다의 공양을 받고 심한 식중독에 걸려 그 길로 불귀의 객이 되고 만다. 위대한 스승 석가가 '모든 것을 놓아버리고 마음을 머물게 했을 때' 즉 '완전한 열반'에 들었을 때 그의 수제자이자上首 승단의 어른이었던 마하가섭은 멀리서 발걸음을 재촉하여 오고 있던 중이었다. 그러나 가섭이 도착하기도 전에 석가는 바쁜 일이라도 있는 것처럼 제 갈 길을 떠나버린 뒤였다. 가섭은 뒤늦게 도착하여 이미 망자가 돼버린 스승의 시신을 오른쪽으로 세 번 돌았다. 출타했다가 돌아올 때마다 생전에 하던 인사 예법이었다. 그러자 누워 있던 스승의 두 발이 삐죽이 나와 늦게 찾아온 제자를 반기는 듯하였다. 이른바 삼처전심三處傳心의 하나인 사라쌍수 곽시쌍부沙羅雙樹 槨示雙趺가 그것이다(삼처전심의 나머지 두 가지는 多子塔前半分坐, 靈山會上擧拈華 등이다).

마하가섭(까샷빠)이 스승이 있는 쿠시나가라로 향해 오백 아라한을 포함한 사부대중을 거느리고 바쁘게 가고 있을 때 길에서 만난 한 수행자가 석가의 입멸 소식을 전해 주었다.

"수행자들이여. 당신들의 스승은 이제 세상에 없습니다. 당신들은 그분을 만나기 위해 바쁘게 갈 필요가 없습니다." 이미 아라한과를 증득한 제자들은 스승의 입멸 소식을 듣고도 별다른 동요를 일으키지 않았다. 그러나 아라한과를 증득하지 못한 대중들은 대성통곡으로 스승의 입적과 그로 인한 스승의 부재를 서러워했다. 그 때 수바드라(subhadra)라고 하는 비구가 앞에 나섰다. 그는 나이도 일행 중에서 많은 편에 속했고, 속세에서 오랜 기간 관리로 지내다가 뒤늦은 나이에 발심 출가한 남자인데 평소 불만이 많았고, 석가의 가르침을 액면 그대로 받아들이기를 거부하는 바람에 도반들이 가까이 하기를 꺼려하는 사람이었다. 수바드라가 큰소리로 말했다.

"형제들이여. 왜 그리 자신이 없습니까. 일찍이 세존께서는 무소의 뿔처럼 혼자서 가라고 하셨습니다. 이제 그 때가 온 것인데 뭘 그리 두려워하십니까. 우리는 모두 스승의 가르침이라는 감옥으로부터 해방된 것입니다. 이렇게 하라, 저렇게 하면 안 된다, 잔소리꾼이 우리 옆에서 사라진 것입니다. 우리는 각자가 법이며 부처입니다."

마하 까샷빠는 이 소리를 듣고 크게 놀랐다. 그는 석가의 제자들 중 두타제일頭陀第一로 불릴 정도로 수행에서 누구에게도 뒤지지 않았고 석가도 그 사실을 인정하였다. 그는 품성이 엄격하여서 대중들이 가까이 하기 어려워했다. 그러나 어쨌든 스승이 없는 지금 그는 명실상부한 무리의 좌장이었다. 모두들 그의 입을 바라보았다.

"수바드라의 말에도 일리가 있습니다."

뜻밖의 선언이었다. 대중들 가운데서 술렁거림이 일었다. 가섭이 좌중을 한 바퀴 돌아보자 방금 술렁거리던 분위기가 얼어붙은 듯 잦아들었다. 가섭은 말을 이었다.

"그러므로 형제들이여, 그대들을 구속하는 것은 없습니다. 수바드라의 주장을 따라 떠나가려 하는 사람들은 지금 떠나세요. 아무도 여러분을 붙잡지 않을 것입니다."

무리 가운데서 한 사람이 앞으로 나왔다.

"우리는 당신을 알고 있습니다. 세존의 가르침을 가장 잘 전승 발전시킬 그릇이라는 것도 알고 있습니다. 대가섭 존자여. 우리는 당신을 따르겠습니다."

모두들 그 말에 찬동한다는 뜻으로 땅바닥에 무릎을 꿇고 머리를 숙였다. 가섭의 입가에 희미한 미소가 피었다.

"세존께서는 얼마 전 아난다에게 자신을 등불로 삼고自燈明 법을 등불로 삼아法燈明 정진하라고 당부하셨습니다. 세존께서 설하신 법은 위없는 최상승의 법입니다. 그런 스승을 모시고 사는 기회를 구속당했다고 느꼈으면 지금이라도 떠나면 됩니다. 그러나 여러분이 여기 남겠다고 생각한다면 나는 지금부터 세존께서 가르치신 법을 사람들이 잊지 않도록 재생하는 작업을 할 것이며 지켜야 할 계율을 정하여 우리 무리가 중구난방의 오합지졸이 아니라 최상승법의 가르침대로 여법하게 살아가도록 정비할 것입니다."

"좋습니다."

무리 중에서 한 수행자가 앞으로 나서며 말했다.

"세존께서 설하신 법은 이 세상이 끝나도 없어지지 않는 법입니다.

황금보다 귀중한 그 법을 후세에 전달하는 책임은 우리의 것입니다. 우선 그 법을 다시 살려내는 것이 긴요한데 계율에 대해서는 깟사빠 존자께서 누구보다 잘 알고 계실 터이고 지계제일持戒第一로 알려진 우바리가 서로 문답하고 구송하여 주시면 우리들이 확인하는 것으로 정하면 될 터이고 법의 말씀에 대해서는 세존의 사촌 형제인 아난다 도반이 무려 이십오 년 동안 세존을 지근에서 모시며 온갖 말씀을 귀담아들었을 것이니 그가 구송하면 여기 모인 사람들이 확인하여 정하면 될 터이고, 마지막으로 논장인데 우리 중에서 논의하고 세존께서 정리해 주신 논의를 논의제일인 가전연께서 구송으로 상기해 주시면 여러 대중이 확인하여 정하게 될 것입니다. 이렇게 하여 확정된 삼장三藏의 법은 후일 또 결집하여 구송해 나가면 천대 만대까지 변하지 않고 이어질 것입니다."

"좋소." 가섭이 승인했다.

상수上首인 가섭은 결집 모임을 정식으로 선포하고 결집에 모일 대중의 자격을 제한하여 아라한과를 증득한 수행자로 제한하였다. 헤아려 보니 그 수가 사백구십구 명이었다. 라자그리하성(왕사성)을 수도로 하는 왕국의 임금 아자따샷뚜는 결집에 필요한 장소와 비용을 댔다. 그도 부처님의 제자였기 때문이었다. 아자따샷뚜왕이 제공한 장소는 라자그리하성 남쪽에 있는 싸따빤니七葉堀였다. 우기雨期를 대비하여 많은 수의 대중이 모이기에 최적의 장소였다. 굴의 중앙 광장에 오백 개의 좌석이 마련되고 구송할 아라한이 올라 구송하고 질의에 답할 연단이 마련됐다. 부처님 입멸 후 백일도 안 된 시기였다.

문제는 아난다였다. 아난다는 이십오 년간이나 세존을 시봉하며 들었던 말씀들을 일일이 기억할 정도로 비상한 기억력을 자랑하는 인물이었으나 안타깝게도 아직 아라한과를 증득證得하지 못한 신분이었다. 따라서 결집의 참가자격이 미달이었다. 결집의 가장 중요한 대목인 경(經 : 부처님의 가르침)을 아난다의 기억력에 의존하려던 가섭의 계획이 어그러질 가능성이 보였다. 가섭은 아난다를 몰래 불렀다.

"아난다여. 너는 불후의 스승님을 모시고 이십 수년이나 살았다. 또 너는 기억하는 능력이 남보다 몇 배나 뛰어나다. 이번 결집은 아난다여, 너를 믿고 시작한 것이다. 그러나 너는 아라한과를 증득하지 못하여 결집 모임에 참가할 자격이 되지 못한다. 내 슬픔을 위로하려 하지 마라. 열반에 드신 세존께서 오로지 법을 등불로 삼으라고 하셨으나 우리는 등불이 어디 있는지 알지 못한다."

"앞으로 이레가 남았지요?"

"그렇다. 앞으로 이레 뒤에는 오백이나 되는 아라한들이 여기 광장을 가득 메울 것이다."

"해보겠습니다."

과연 그날부터 아난다는 밤잠을 자지 않고 용맹정진에 들어갔다. 자신 때문에 세존의 가르침을 되살려내지 못하는 일은 있을 수 없다고 그는 믿었다. 마지막 날 밤이 되어서야 겨우 아난다는 아라한과를 증득하는 기쁨을 맛보았다. 그 소식을 먼저 가섭에게 전했다.

"존자여, 저는 아라한과를 증득했습니다."

가섭은 그 자리에서 몇 가지 시험을 해 보고 아난다의 아라한과 증득을 인가했다. 이어서 아난다는 칠엽굴로 달렸다. 칠엽굴의 입구는 무거운 문으로 닫혀 있었다. 안에는 사백 구십 구 명의 나한들이 오늘의 대사를 위하여 마음을 다지며 앉아 있었다. 아난다는 문을 두드리며 외쳤다.

"문을 열어주시오. 나도 여러분과 마찬가지로 아라한과를 증득했소이다."

안에서 잠시 웅성거리더니 이윽고 소리가 있었다.

"자네가 아라한과를 증득했다면 그 증거를 보이게."

"어떻게 해야 여러분들이 믿겠습니까?"

"그 좁은 문틈으로 들어와 이곳에 오면 믿어주지."

칠엽굴을 막고 있는 문의 틈서리는 사람이 드나들 수 있기에는 너무나 좁았다. 그러나 아난다는 몸을 바꾸어 틈새로 들어갔다. 그제야 사백구십구 명의 나한들은 아난다를 동격의 동료로 맞아주었다. 가섭이 착석하자 곧 결집이 시작됐다. 먼저 율장을 구송하여 계율의 뼈대를 구축하기로 했다. 아난다가 말했다.

"부처님께서는 생전에 이렇게 말씀하셨습니다. '아난다여, 내가 없어지면 사소한 학습계목은 폐지해도 좋다'고요."

그러자 군중 속에서 큰 소리로 묻는 사람이 있었다.

"그 사소한 학습계목이 대체 무엇이오?"

"거기까지는 말씀하시지 않았습니다. 다만 사소한 학습계목이라고……."

"자세하게 여쭈어 보았어야지."

가섭이 나서서 정리했다.

"세존께서는 우리들의 공부하는 태도나 내용까지 일일이 정하여 떠먹여주는 계목을 폐지해도 좋다고 말씀하셨으나 내 생각으로는 부처님의 가르침 어느 한 대목도 버리거나 잊어서는 안 된다고 생각합니다. 세존의 가르침을 온전하게 실현하자면 계목은 아무리 자세해도 오히려 부족하기 때문입니다."

"찬성입니다."

무리 속에서 질문했던 그 목소리가 찬동했다. 나머지 아라한들도 모두 찬성한다는 뜻으로 바른 손을 들었다. 무리 중에서 '지계제일持戒第一'로 칭송 받던 우바리가 단상에 오르고 가섭이 미리 구성해 두었던 구분에 따라 질문하면 우바리가 대답하여 대중이 승인하고 이어 승단의 계율이 되었음을 선포하는 뜻으로 모두 소리를 모아 암송하였다. 가섭이 미리 구상한 구분법은 죄의 경중을 기준으로 1. 바라이(波羅夷 : 비구 4조, 비구니 8조, 음행, 도적질, 살인, 대망어 등 중죄) 2. 승잔(僧殘 : 13조, 비구니17~19조. 승단 화합을 깨는 행위), 3. 부정(不定 : 비구 2조. 비구니는 없음. 비구가 여자와 함께 있는 것을 누군가 보고 알릴 때 성립) 4. 사타(捨墮 : 비구와 비구니 동일하게 30조. 금지된 물건을 소유할 때) 5. 바일제(波逸堤 : 90조, 비구니 141~210조. 妄語, 惡口) 6. 회과(悔過 : 4조, 비구니 8조. 받아서는 안 되는 음식을 받는 행위) 7. 멸정(滅諍 : 비구, 비구니 동일하게 7조. 시비, 다툼을 보았을 때 중재할 의무) 9. 중학(衆學 : 비구 비구니 동일하게 75~107조. 걸식, 설법할 때 지켜야 할 行義作法) 등으로 이루어졌고, 출가자에 대한 자격 요건을 엄격하게 따지고 있는 것이 특징이다. 불교가 출가자 중심의 승가종교로 변해가는 중대한 길목이었다. 이것을 팔리율장律藏이라 부르는데 초기의 아함경阿含經과 함께 석가의 육성 및 종교가 되기 직전의 가르침을 여실하게 보여준다. 팔리 율장은 안타깝게도 필사筆寫되지 못하고 구전口傳으로 전해졌을 뿐이었다. 율장이나 경장經藏이 나뭇잎에 필사되기 시작한 것은 아소카왕이 주도한 3차 결집 이후부터로 알려져 있다. 그 이전에는 스님들이 암송하여 입에서 입으로 전해졌으니 그 사이에 많은 왜곡과 첨삭이 있었을 것으로 짐작된다. 따라서 비교적 초기, 석가 부처님으로부터 직접 배우고 들은 아난다 등 오백 나한의 기억력으로 회복한 1차 결집 때의 삼장三藏에 대해서도 온전히 석가 부처님의 육성이라고 보기 어려운 면이 있는 것이 사실이다.

여기서 우리는 1차 결집을 서둘러 마련한 마하가섭의 마음 속을 살펴볼 필요가 있다. 그는 부처님 입적 소식을 듣고 많은 무리들이 통곡하는 가운데 수바드라가 나서서 "잔소리꾼이 없어졌으니 이제 자유롭게 각자 알아서 수행하자"고 하자 이러다가 애써 모인 이 무리가 흩어질지도 모르고 인류 역사상 최고의 가르침인 여래의 가르침도 소멸할지도 모른다는 위기감을 느꼈다. 그리하여 서둘러 결집을 추진하여 마가다국 왕의 지원을 이끌어내고 한 수 아래로 깔보던 아난다를 부추겨 용맹정진하여 아라한과를 증득케 하는 등 필사적인 노력을 기울였다. 칠엽굴에서 이행된 일차 결집의 내용은 자연스럽게 마하가섭의 의중대로 구성되고 인가되었다. 계율은 단순히 출가 승려가 지켜야 할 사항일 뿐 아니라 승단의 조직, 체계, 그리고 경전과 계율을 지키지 못하는 자들에게 어떤 책벌을 가하는가, 공부는 어떻게 해야하는가 등을 정하는 중요한 자리였다. 즉 수행자沙門를 자처해 온 석가여래가 서방정토의 주재자로 거듭나 아득한 상좌에 오르고 그의 가르침이 종교로 재탄생하는 길목이었다.

빨리 율장을 뜯어보면 사부대중 가운데 비구가 지켜야 할 구족계가 227조항이고 비구니가 지켜야 할 계목이 311조항으로 줄잡아 90조항 가까이 많은 것이 눈에 띈다. 여자의 신체적 특징에 따른 것이라 하기에는 지나치게 차이가 크다. 여자를 남자의 욕망의 대상으로만 보아온 인습에서 석가 자신이 자유롭지 못했던 것이다. 여자는 잔소리가 많고 쓸데없는 말을 많이 하는 동물로 취급하는 경향이 카스트제도를 정면으로 부인하고 나선 혁명적인 석가 교단에서도 '남자 중심, 출가승 중심 교단'이라는 핸디캡을 지울 수는 없었던 것이다. 구송口誦으로 전해지는 교법과 계율이 온전할 수가 없었다. 석가 입적 후 백년이 되자 암송에 의한 왜곡이 극에 달하고 진짜와 가짜가 뒤섞여 어느 것을 믿고 따라야 할지 모르는 상황이 되었다. 이에 바이샬리에 거주하던 비구 칠백 명이 참석한 가운데 2차 결집이 이루어졌다. 2차 결집의 산물도 구전하기는 1차 결집 때와 마찬가지였다. 이 때 확정된 계율은 다른 분야는 1차 결집 때와 달라진 것이 거의 없으나 중학衆學 부문에서 종래 칠십오 조이던 것이 백 조로 크게 늘어났다. 외형뿐만 아니라 내용에서도 1차 결집 때는 탑파塔婆를 봉안하고 탑돌이 하는 방식 등에 대해 일절 언급이 없었으나 이차 결집 후에 확정된 계율에는 탑 신앙에 관한 조항이 무려 이십사 조나 들어가 있었다. 탑파塔婆가 중요한 신앙의 대상이 되면서 계율이 크게 바뀐 것이었다. 이 무렵 빨리 율장은 담무덕에 의하여 사분율로 변화를 겪는다. 담무덕이 빨리 율장을 자기 취향대로 발췌 정리하는 가운데 네 번에 걸쳐 행한 것이 사분율의四分律義의 바탕이 되었다. 사분율 또한 남녀 차별과 출가자 중심 교단의 구성 등에 대한 기본 인식에는 크게 다르지 않았다. 이후 불교 교단의 율장은 사분율 중심으로 발전해 왔다. 오늘날 한국 불교에서는 이 율장을 다시 손보아야 한다는 의견이 비등하고 있다. 예를 들어 '고기를 먹지 마라(특히 코끼리 고기, 호랑이와 사자 고기, 개고기 등)'는 계율이나 '여자를 가까이 하지 마라'는 계율 등 사문화死文化된 지 오래인 계목戒目이 많기 때문에 시대에 맞는 계율로 고쳐야 한다는 것이다.

지금까지 살펴본 바로는, 불교는 아주 천천히 종교가 되고 석가여래는 본인의 뜻과는 상관없이 신앙의 대상으로 드높여진 것이라는 사실을 확인할 수 있었다. 그 첫 번째 실수는 마하가섭의 것이었다. 그는 많은 대중을 거느리고 세존을 향해 오다가 길에서 세존의 부음을 듣게 된다. 그 소식을 듣고 대중이 크게 당황하고 일부에서는 흩어지려는 움직임마저 보이자 이를 단속하여 한데 묶기 위하여 일차 결집을 시도한다. 결집의 결과 경經과 율律이 확정되었으나 이때 확정한 출가의 자격과 방식, 승단의 유지 관리를 위한 세세한 조항까지 만들어 불교가 종교로 둔갑하는 계기를 만든 장본인이었다. 따라서 마하가섭은 삼처전심三處傳心의 전설 같은 얘기의 중심이고 그 때문에 선불교禪佛敎의 종장으로 받들어지고 있으나 동시에 불교의 관료화 및 상업화에 따른 석가 가르침의 퇴보에 대한 책임도 아울러 져야할 것이다.

필자가 해결책을 제시하겠다. 오늘날과 같은 출가승 중심의 교단 운영은 불교 가르침의 관료화, 조직의 상업화가 불가피하므로 재가 중심 교단으로 거듭나지 않으면 이 교단에 희망이 보이지 않는다. 재가 중심 교단으로 혁명적인 변신을 시도할 때 반드시 참고해야 할 타산지석이 있으니 기독교의 종교개혁이 그것이다. 종교개혁은 성공했으나 오늘날 기독교는 죽어가고 있다. 그 원인이 어디에 있는지 살펴보아야 한다는 것이다. 재가 신도 중심으로 교단을 운영하기 위해서는 출가자의 몇 배 나 되는 수행력이 뒷받침되어야 한다. 그렇지 않으면 재가 중심의 교단 은 급격하게 썩어갈 것이다.

제4부
신선님은 외출 중 – 도교

  중국 산동성山東省에 있는 태산泰山은 오악五嶽 중에서 으뜸이지만 그다지 높은 산은 아니다. 우리로 치자면 오대산이나 소백산 정도의 천 오백 미터급 산인데 골짜기가 많고 계곡이 깊어 봉우리마다 신선들이 살만한 집들이 그림처럼 앉아 있었다. 산의 정상 부근에는 일천문一天門, 중천문中天門, 남천문南天門, 대종방岱宗坊, 홍문궁紅門宮, 만선루萬仙樓가 차례로 나오고 정상에 서서 멀리 황하가 휘돌아가는 것을 바라보면 작은 사당 비샤시碧霞祀가 눈에 들어온다.

  산 아래에서 정상 가까운 중턱까지는 케이블카가 놓여 있어 나그네는 그다지 땀 흘리지 않고 오를 수 있었다. 케이블카를 타고 정상으로 오르다가 문득 아래를 내려다보니 계곡 사이로 난 계단을 밟고 올라오는 현지인들의 행렬이 새까맣게 이어지고 있었다. 관광 안내서를 보니 돌계단의 수가 무려 칠천 사백 십이 계단이라고 했다. 사람의 힘으로 그 많은 계단을 오를 수 있을까 하고 억장이 무너져 내리는데 그 밑에

적힌 내용을 보니 중국인들은 이 계단을 따라 한 번 태산에 오르면 십년은 젊어진다는 속설이 있어 그걸 믿는다고 한다. 정말 십년이 젊어진다면 칠천 계단이든 칠만 계단이든 오르지 못할 이유가 있겠는가 싶었다. 저들이 돈 아끼려고 걸어오고 있는 것이 아니구나, 깨닫는 순간 미안했던 마음도 가셨다. 태산에는 진시황秦始皇이 먼저 봉선재奉仙齋를 지내고 이어 한漢 무제武帝와 청淸의 건륭제乾隆帝를 비롯하여 많은 황제들이 봉선재를 지낸 흔적이 남아 있었다.

사천성四川省 청성산淸城山의 상청궁上淸宮 마당에는 연기가 자욱했다. 몰려든 참배객들이 향을 피워올리는 연기였다. 향을 피우면서 중국인들이 비는 것은 자신과 가족의 건강(무병장수)이 첫째이고 다음은 돈을 많이 벌게 해 달라고 비는 것이었다. 청성산은 산 전체가 도교 도관道館의 밀집지역으로, 특히 청성산은 한 때 오두미교五斗米敎의 총본산으로 산 전체에 육십여 개의 도관이 있었다고 하나 지금은 문화혁명때 짓뭉개져 삼십팔 개가 남아 있었다. 태산의 황당한 도교 신전이나 청성산靑城山의 그것이나 장난스럽고 유치하기는 마찬가지였다. 그럼에도 중국인들은 진정으로 믿고 기원하러 찾아드는 것이었다. 예나 지금이나 중국 민중을 사로잡고 있는 이데올로기는 사회주의나 공산주의도 아니었고 유교도 불교도 아닌 도교였다. 그들은 신선이 되거나 영생한다는 따위의 말을 믿지는 않았다. 그 대신 건강하게 살거나 돈 많이 벌게 되기를 빌기 위하여 칠천이 넘는 계단을 밟았고, 마당 가득히 연기를 올리면서 향을 피웠다. 진시황은 또 서불徐市에게 동남동녀 수천명과 함께 동쪽으로 가서 불사약不死藥을 구해 오도록 명하고 그가 오기를 기다리다가 다시 노생盧生과 한종韓終을 보내어 불사약을 찾도록 했다. 그들이 목표하고 떠난 삼신산은 봉래蓬萊, 방장方丈, 영주瀛州로 모두 조선에 있는 산 이름이었다.

중국 문화의 특징을 들라면 누구나 대개 '현실주의적'이라고 지적한다. 맞는 말이다. 석가에게는 삶과 죽음의 문제가 왕궁과 왕좌를 버리고 떠날 정도로 절박한 문제였으나 공자는 '죽은 뒤의 일'을 묻는 제자에게 "사는 것을 다 모르는데 죽은 뒤를 어떻게 알겠느냐?"고 반문하여 입을 닫게 만들었다. 공자의 이 같은 태도와 성향은 일반적인 중국인의 생각과 행동의 경향을 말해주는 상징적인 사건으로 회자되고 있다. 삶의 본질을 천착하여 안심입명安心立命에 이르거나 창조주를 설정하여 그의 무한한 능력에 기대어 부활을 꿈꾸는 대신 공자와 그의 종족들은 이 생명 그대로 잘 살거나 '장생불사'라는 허황하지만 실현 가능할지도 모르는 목표를 설정하고 그 방법을 찾게 되었다. 기왕이면 인간이 꿈에 그리던 능력, 즉 산 채로 훨훨 날아다니거나 가고 싶은 곳 어디나 갈 수 있는 초자연적인 능력도 아울러 갖고 싶어 했다. 거기서 나온 것이 도교(道敎, religious taoism)였고, 이상으로 설정한 것은 신神이 아니라 신선神仙이었다. 중국 도교의 신전들을 기웃해 보면 태상노군太上老君 같은 전설상의 천상계에서 사는 늙은 신선들이 숭배의 대상으로 모셔져 있다. 태상노군은 물론이고, 옥황상제까지도 화과산의 돌 원숭이 한 마리에게 농락당할 정도로(『서유기』) 인간이나 다름이 없다. 하긴 신선이라는 것은 별종이 아니라 인간이 노력(수행, 연마) 끝에 얻은 지위이니 민중들 누구나 "나도 할 수 있다"는 자신감을 심어줬다. 민주적인 평

등의식이 숨어 있는 사상이라 할만하다. 따지고 보면 기독교의 목표도 장생불사라고 할 수 있다. 그러나 일단 죽은 후에 '최후의 심판'을 기다려야 한다. 반면에 도교는 이 육신 그대로 장생불사하는 길을 모색했다는 점에서 근본부터 다르다. 어떻게 하면 장생불사할까? 불사는 안 되더라도 장생은 가능할까? 이 대목에서 우리는 서양 역사에서 중요한 역할을 했던 중세의 연금술사錬金術師들을 떠올린다. 연금술사들은 다른 물질, 예컨대 구리나 철을 금으로 만들기 위해 술법을 쓰는 도사들이었다. 우주 만물에 들어 있는 정령精靈들을 불러 구리나 철 같은 물질들을 전혀 다른 원소, 즉 금으로 환원한다는 황당한 계획을 실천에 옮기는 사람들이었다. 그들은 이 방법을 활용하여 인간을 개조하여 장수하는 불멸의 인간으로 만들 수 있다고도 했다. 결론부터 말하자면 서양 중세의 연금술사들은 금을 만들지 못했고 장수하는 신인간도 만들지 못했다. 동양, 즉 중국의 도사들도 스스로 신선이 되지 못했다. 그들은 불사약을 제조한답시고外丹法 붉은 약丹藥을 즐겨 만들었으나 죽음을 두려워한 역대 황제들이 이 약을 먹고 비명에 가는 불상사도 있었다(당나라 황제 다섯 명이 이 약을 먹고 죽었다고 한다). '신선 되는 법'을 개발하여 이를 소상하게 밝힌 저서로는 갈홍(葛洪, 283~343?)의 『포박자抱朴子』가 있다. 이 책에는 신선이 되는 방법과 먹어야 할 약의 제조방법에 이르기까지 소상하게 적어 놓아 "이 정도면 누구나 신선되기가 어렵지 않겠다."는 의식을 심어주었다. 그러나 외단법으로는 신선이 되지 않고 도리어 의혹이 커지자 도교는 내단법內丹法으로 방향을 선회하는데 이때의 대표적인 도사가 도홍경(陶弘景, 452~536)이다.

당나라 때 황제들이 단약丹藥을 먹고 죽는 참사가 발생하자 그 다음 시대인 송宋나라 때는 때마침 불교의 영향을 받아 성리학이 크게 일어나고 그 영향으로 도교 역시 극단적인 내단법을 개발하기에 이른다. 외단법이든 내단법이든 아직까지 장생불사하여 하늘을 날아다니는 신선이 세상에 출몰한 일은 없다. 다만 전설이나 설화 속에서는 신선이 자주 등장한다. 우리나라에서도 예외는 아니어서 도사가 등장하지 않는 이야기가 없을 정도로 '도사道士'는 일반적인 숭배의 대상이었다. 그것은 꿈에 그리던 이상적 인간상이었다. 그런데 문제는 도사가 꿈에만 나타나는 것이 아니라 가끔 현실 속에서도 출몰하는 경우가 있다는 점이었다. 전설이나 설화 속의 인물이 현실 세계에 출몰하여 일을 저지르기도 했던 것이다. 예를 들어 효심이 지극한 남자가 어머니의 병환을 고치기 위하여 산중에서 피나게 기도하던 중 한 도사를 만나 선약을 받아 와 어머니의 병환을 고쳤다는 기적 같은 이야기가 민초들의 어려운 삶에 활기를 불어넣기도 했던 것이다. 물론 이때의 선약은 엉터리거나 사기극이었을 가능성이 많다. 그런 선약仙藥은 애당초 존재하지 않았고 존재할 수도 없었기 때문이다. '장생불사'를 꿈꾸다가 단명短命했던 진나라 시황제의 꿈은 21세기에 이르러 조금이나마 이루어질 기미를 보이고 있다. 인간의 육체가 새처럼 날아다니지는 못했으나 비행기를 타면 대양을 단숨에 날아 건너기도 한다. 장자莊子의 대붕大鵬은 콩코드 비행기일 수도 있을 것이다. 그리고 장생도 아니고 불사는 더구나 아니지만 인간의 수명은 급격하게 늘어나 팔십 세는 젊은이에 해당하는 이상한 시대에 우리는 살고 있다. 중국 혁명의 아버지로 숭앙 받는 모택동毛澤東도 오래 살기를 간절히 염원했다고 하니 '장생불사'는 진시황만의 소망이 아니었고 중국인에게 국한된 소망은 더구나 아니었다. 한국에서도 초인적인 능력의 소유자는 대개 도사, 또는 신선들이었다. 이 소망과 외경심畏敬心은 일부는 불교에 녹아들고[山神閣] 일부는 무속에 녹아들어 삼청동 소재 소격서昭格署의 혁파를 주장하던 조광조(趙光祖, 1482~1519) 등 신진 사류들이 떼죽음을 당하는 사화士禍의 원인이 되기도 했다. 장자와 열자列子는 조선이라는 나라가 아득하게 멀어서 두세 시간 만에 휙 다녀올 수도 있는 지척에 있다는 사실을 꿈에도 몰랐던 것 같다. 그러기에 그들은 신선들이 사는 땅을 묘사할 때 흔히 삼신산三神山을 들먹였던 것이다. 알다시피 삼신산은 조선에 있는 세 개의 명산이다.

"발해의 동쪽 몇 억 만 리인지 모르는 곳에 큰 구렁이 있다. 실로 이곳은 바닥이 없는 골짜기이기 때문에 귀허歸墟라고 부른다. 주간수가 많이 자라고 있는데, 이것을 먹는 사람은 누구나 늙지도 않고 죽지도 않는다. 그곳에 살고 있는 사람들은 다 선인이 아니면 성인으로 밤낮으로 날아 서로 왕래하는 사람들을 이루 셀 수가 없다."(『열자』) 진시황이 불로초를 구해 오라고 신하를 보낸 곳이 우리나라 남해안이었다. 물론 불로초는 없었고 진시황은 그 엄청난 호사를 버리고 비교적 젊은 나이에 죽었다.

중국의 도교는 노자老子와 장자莊子라는 걸출한 두 인물을 얻으면서 심오한 철학으로 발전하였다. 그러나 도교는 종교가 아니다. 종교가 아니면서도 도교는 죽은 후에 환생하거나 극락왕생하는 것도 귀찮으니 그저 지금의 몸 그대로 오래 살고 자질구레한 질병에 시달리지 않기를 바라는 중국인들의 현실적인 소망 때문에 사멸하지 않고 불사조처럼 일어나 사회주의 국가라는 중국 천지에 가득 차 있다. 사람이 오래 살고 싶은 욕망, 잘 살고 싶은 욕망이 있는 한 신선이 되거나 신선의 옷자락이라도 붙들고 이 더러운 세상을 조금이라도 편하게 살아보려는 욕망이 가시지 않는 한 도교 사원에 몰려 향불 피우는 연기가 불난 집처럼 자욱해지는 현상은 사라지지 않을 것 같다. 도교는 없다. 그러나 장생불사의 꿈마저 없어지지는 않는다. 지금 같아서는 그런 소망을 품고 도사를 기다리는 것보다 과학에 기대를 거는 쪽이 유리할 것 같다.

제5부
우연이 결정하는 운명 – 명리학

명리학命理學이라면 그 범위가 아주 넓다. 사주, 관상, 주역과 토정비결, 풍수지리학까지 포함되기 때문이다. 점바치는 당연히 포함되어야 하지만 점바치와 함께 무당도 싸잡아 포함시키는 경우도 있다. 필자는 무속을 따로 떼 내어 살펴볼 작정이다.

어떤 이는 '위편삼절韋編三絶'의 고사를 들어 "공자님이 끈이 닳도록 읽었다면 그럴 가치가 있을 것"이라 하여 믿으려 하지만 (주역을) 공자보다 위대한 사람이 여러 번 끈이 닳도록 읽었다 해도 틀린 것은 틀린 것이다. 『주역周易』에 대한 이야기다. 『주역』, 「십익전十翼傳」은 공자가 직접 썼다고 전해 온다. 읽어보면 인생에 대한 깊은 성찰에 "과연" 하고 무릎을 치게 된다. 그러나 공자가 쓴 「십익전」의 내용이 제아무리 깊어도 그것은 내용이 깊은 한 편의 작품일 뿐이다. 운명을 점치는 명리학의 교본으로는 부족하다. 주역의 3요소는 이간易間, 변역變易, 불역不易인데, 이는 불교에서 현실을 무상하게 판단하고 변하지 않는 본래 청정한 자아를 발견하고자하는 노력을 방불케 한다. 결국 주역은 삶을 변화易로 보는 반면, 변화하는 현상의 이면에 내재한 본성 즉, 천리天理가 있다고 설정했다. 눈에 보이지도 않고 인격을 가진 어떤 이가 도맡아 주관하지도 않으면서 존재하는 이理는 가끔 필요에 따라 천명天命으로 불리기도 했는데 무엇이 천명이고 무엇이 비리非理인지 판가름하는 것은 언제나 인간이었고, 특히 권력을 쥔 자들이었다. 그러므로 천명, 즉 이理는 황제와 대부들의 권력을 옹호하는 방호벽과 같은 역할을 할 뿐이었다. 주역 64괘는 어렵고 난해한 문장으로 이루어져 있어 옛 선비들이 자신의 실력이 어느 정도인지 가늠하기 위하여 주역을 읽었다고 할 정도이다. 공자가 주역에 푹 빠졌던 것도 그 때문일 것이다. 역易은 말할 것도 없이 점을 치기 위해 누군가 만들어둔 삶의 모습이다. 점을 치는 방법은 시초蓍草를 사용하여 괘를 찾아내는 것인데 우연으로 인생을 읽으려는 어리석은 짓이다. 따라서 괘사卦辭나 효사爻辭는 모두 귀에 걸면 귀걸이 코에 걸면 코걸이(이현령비현령耳懸鈴鼻懸鈴)가 되는 막연하고도 두루뭉술한 언어 구조를 가지고 있다. 주역의 괘사나 효사가 어렵고 의미심장하여 함부로 접근하기 쉽지 않은 것은 사실이다. 주역을 오랜 기간 연구해 온 사람도 이 문제에 대한 해답을 내놓지 못하여 갑갑해 하기는 마찬가지였다.

"공자의 「십익전十翼傳」은 주역의 종합적 이해에 큰 도움을 주었지만, 아직도 삼천여 년 전 문왕과 주공이 각각 64괘와 384효에 대하여 붙인 괘사卦辭나 효사爻辭의 논리적 의미는 밝혀지지 않았다. 사실 8괘의 여덟 가지 상징(하늘, 땅, 불, 물, 바람, 연못, 산, 우레)을 중첩하여 얻는 변화의 의미를 읽어내는 것 외에는 달리 뾰족한 방법이 없었다. 주역을 올바로 해석하는 논리적 근거가 박약하였기 때문에 많은 학자들이 주역 공부에 오랜 세월을 흘려야 했는지도 모른다(정순길, 『과학 주역』, 안티쿠스). 괘사와 효사의 논리적 근거를 찾는 것은 어리석은 일이라는 사실의 고백이다.

지구상에 존재하는 인간의 수는 육십 억 명에 가깝다. 그들이 당면한 운명도 제각각 다를 것이다. 그렇게 다른 육십 억 명의 변수를 무시하고 64괘, 384효라는 틀 속에 묶어 운명을 예언한다는 말이 가당키나 한 일인가 하고 의문을 제기하는 사람도 있다. "당신의 운세는 중천건重天乾이다." 또는 "지산겸地山謙이다."이다 할 때 중천건, 혹은 지산겸에 해당하는 사람의 수가 몇이나 될까? 그 많은 사람들이 같은 운명이라는 얘기다. 같은 운명의 사람이 많을 경우, 즉 인간은 많고 분류할 항목은 제한되어 있을 때 이를 피하는 방법은 요령부득한 언어를 사용하여 때와 장소에 따라 편하게 해석해 줄 수 있도록 하면 된다. 서양의 대예언서로 알려진 노스트라다무스의 예언서를 비롯하여 동양의 『주역』에 이르기까지 무릇 예언서라는 것의 공통점은 언제 누구를 상대로 말해도 좋을 정도로 중의적重意的이어서 막연하다는 것이다. 우리나라의 대표적인 예언서인 『정감록鄭鑑錄』의 한 대목을 음미해 보자.

"흑룡黑龍 장파지세張波之歲에 마땅히 일출지병日出之兵이 있고, 적서음간지년赤鼠飮間之年에 반드시 백룡지난白龍之亂이 있고 명년 봄 삼월 안주, 축산 사이에 시체가 산 같이 쌓이고, 성세聖歲 추 팔월秋八月 인천, 부평 사이에 밤에 천 척의 배가 머무르고 여주呂州, 광주廣州 사이에 사람의 그림자가 길이 끊기고 수당지중隨唐之中에 닭과 개의 울음소리가 없어진다."

여기서 '흑룡'을 임진년으로, '적서음간지년'을 병자년으로 읽어 왜란과 호란을 예언했다 하여 『정감록』 신봉자를 양산한 사실을 두고 웃어야 할까.

1997년 대한민국에서는 15대 대통령 선거를 앞두고 후보들끼리 유세가 한창이었다. 사람들, 특히 정치로 밥 먹고 사는 사람들은 우왕좌왕 초조하게 무리 지어 판세를 기웃거리고 있었다. 이 무렵 성시盛市를 이루는 곳이 있었다. 태백산 깊은 골에 절을 지어놓고 앉아 예언을 하는데 딱 들어맞는 소리만 한다 하여 이름이 난 도사 K 스님(도사들이 절을 지어 스스로 스님으로 호칭하기를 좋아하는 것은 불교와 직접적인 관련이 없다.) 과 서울근교에 사는 여자 점술가 H 보살이었다. K 스님과 H 보살의 문전에는 '누가 당선될 것인가'를 묻는 국회의원, 도지사, 장관 등등 높은 양반들의 자동차가 줄을 서야 할 정도로 몰려들었다. 이때 K 스님은 어느 신문 기자의 요구에 못 이겨 게송을 한 수 읊었는데 번역하면 다음과 같은 내용이었다.

"단단한 것이 부드러운 것을 이긴다. 나그네는 오얏나무 아래서 운다."

단단한 것은 김 씨(김대중 후보)를 가리키고 부드러운 것은 이 씨(이회창 후보)를 가리킨다는 해석이 분분했다. 정치로 눈칫밥 먹어온 사람들은 대거 김 씨의 아래로 줄을 섰다. 오얏나무 아래서 우는 나그네 신세가 되지 않기 위해서였다. K 스님은 선거 후 당선자 측에서 적지 않은 시주를 하여 큰 불사를 마무리했다고 한다. H 보살의 점괘를 듣고 줄을 섰던 정치인들 중에는 망한 사람도 더러 있었다. 그들은 "점쟁이가 시키는 대로 하다가 망했다"는 말은 차마 입에 담지 못했다. 자신의 '선택'에 대한 정치적 의미를 강조하고 후일을 기약했을 뿐이었다.

호암湖巖 이병철李秉喆은 생전에 삼성그룹의 신입사원 면접 때 관상쟁이를 대동하고 참석했다는 소문이 있었다. 그에 대한 사실 여부는 확인할 길이 없으나 호암 자신이 관상, 사주 등 명리학과 풍수지리에 관해서도 일가견이 있었다는 것은 사실이었다. 호암이 그랬다는 소문이 나자 중소기업에서 대기업에 이르기까지 경영주들이 명리학에 밝은 사람에게 사원 채용의 권한을 아예 일임하여 맡겨버리는 경우도 있었다.

창원의 기계공업단지에서 무기를 생산하는 한 업체의 사장도 관상과 사주의 대가를 '고문'이라는 직책을 주어 채용한 후 그에게 신입사원의 관상을 보아 채용하도록 일임했다. 그 결과는 대체로 만족했다.

"사람을 보는 기준이 변했습니다. 학교 다닐 때의 성적이나 스팩 따위는 실무를 당했을 때 아무 소용이 없는 무용지물입니다. 면접관 앞에서 당당하게 소신을 밝히는 태도 또한 학습으로 얻어진 것이니 믿을 수가 없거든요. 사주나 관상은 변하지 않습니다. 그것은 인간의 현재와 미래를 알려주는 가장 확실한 지표입니다."

'인간의 현재와 미래를 알려주는 가장 확실한 지표'인 사주와 관상은 얼마나 믿어야 할까.

대부분의 명리학이 그렇지만 사주와 관상은 결정론에 바탕을 두고 있다. 즉 인간의 운명은 태어날 때 이미 정해진다는 것이다. 사주四柱는 글자 그대로 네 개의 기본적인 요소 즉 기둥이다. 태어난 해와 달, 날짜와 시간이 그것이다. 이 사주 관상의 결정론을 비웃듯 도전하는 일이 최근 벌어졌다. 어느 젊은 부부가 결혼하여 임신했다. 이 부부는 태어나는 자기 아들(아들인지 딸인지 이미 확인했다)의 운명을 바꾸어 주기로 결정했다. 병원에서 알려준 출산일을 근거로 사주를 보니 평범하게 살 운세였다. 그들은 곧 태어날 아기의 출산일을 앞당기기로 했다. 제왕절개로 미리 세상에 꺼내놓는다는 것이었다. 그렇게 하여 아기의 사주를 어떤 인물에 맞추었는지 부부는 함구했으나 아마 자연분만보다는 좋은 팔자를 선택해 준 것은 분명해 보였다. 이렇게 하여 사주를 임의로 바꾸어놓으면 그 결과는 어떻게 되는 것일까? 아이의 사주를 대통령 되는 사주로 바꾸거나 위대한 학자, 예술가의 사주로 둔갑시키는 것이 가능하지 않겠는가? 이제 사람의 운명은 사주가 결정하는 것이 아니라 아이를 낳을 사람, 즉 부모가 결정하게 된 것이다.

관상도 믿을 것이 못 된다. 우리나라가 세계적으로 성형외과 수술의 대국으로 알려져 있어 관상학에 대한 도전은 다른 나라가 아닌 이 땅에서 유독 만개하고 있는 셈이다. 관상이란 무엇인가?

"그러면 어떻게 된 상相이 청격淸格인가? 얼굴을 대하면 얼굴빛顔色이 윤택하고 선명하며 눈에 광채가 있고 눈썹이 청수하며 이마의 뼈가 나오고 넓으며 빛이 선명하고 코가 잘 되고 입과 귀가 잘 생겨야 한다. 그러면 탁격濁格은 어떠한가. 얼굴을 대하면 빛이 충충하고 탈태가 못되었으며 이마의 뼈가 약하고 빛이 어두우며 눈에 광채가 없고 눈썹이 없는 것 같고 귀와 입과 코가 모두 잘 생기지 못했다. 청한 가운데 탁하면 벼슬은 하기 어려우나 부자로 살 수 있는 사람이다. 탁한 가운데 청한 경우도 같다. 인격의 크고 작은 것은 어떻게 구분하는가? 인상人相을 주로 하여 구분할 수 있거니와 음성 또는 좌세, 행동을 보아 알 수 있다. 큰 사람은 말소리가 우렁차며 좌세가 바위 같고 산 같으며 엄연부동嚴然不動하여 위세가 당당하다. 소인小人은 그 반대이다."(曹誠佑, 『觀相大典』, 明文堂)

인간을 형성하는 요소는 크게 선천적인 것과 후천적인 것으로 대별할 수 있다. '눈에 광채가 있고, 눈썹이 청수하며 이마의 뼈가 나오고 넓으며……' 등의 요소는 선천적인 것, 즉 타고난 것이다. 따라서 본인으로서는 어찌할 방법이 없는 일이다. 즉 (운명에 대한) 귀책사유가 없다. 반대로 후천적인 요소는 전적으로 본인이 하기 나름이다. 말소리라든가, 자세라든가 하는 일들은 후천적인 노력으로 어느 정도는 바로잡을 수 있기 때문이다. 우리는 주변에서 얼굴은 못생겼으나 마음씨는 고운 (출세 여부와 관련 없이) 사람을 볼 수 있으며 그 반대의 경우도 알고 있다. 관직을 얻고 그 직위가 높아가는 이른바 출세를 인간의 성공 여부를 가름하는 준거로 삼는 것이 옳으냐? 하는 물음에도 답변을 주어야 한다. 사람의 얼굴 모습과 표정, 그리고 자세가 인품과 밀접한 연관이 있다는 개연성을 부인하지는 못한다. 그러나 "인중이 잘 생기고 후덕하면 출세하거나 큰 재물을 얻는다."거나 "이마가 넓고 광대뼈가 돌출하여 권좌에 앉겠다." 따위로 단정하는 것은 엄청난 오류를 불러옴으로 아무리 점바치 무당이라 해도 함부로 할 말은 아니다. 어느 일본 작가

(이시자카 요오지로)는 그의 소설에서 "사람의 나이 마흔이 지나면 그 얼굴에 책임을 져야한다"고 썼다. 십대나 이십대의 청순 발랄함은 자연이 준 선물이자 부모가 준 생명력을 향수享受하여 누릴 뿐이지 그 자신이 보탠 것은 없다는 것이다. 그러나 나이 마흔 이후의 얼굴은 '어떻게 살았느냐' 하는 기록이 나타나는 것이므로 그 자신이 책임을 져야한다는 얘기다. 기계론적 운명론보다는 인간의 자율과 책임을 강조하는 대목이다.

풍수지리학風水地理學은 조선시대 과거시험의 한 과목이었다. (의술, 통역과 함께 잡과 중의 하나였다) 풍수지리학의 지혜는 국가 경영의 중요한 지침이었다. 예를 들어 역성혁명易姓革命에 성공한 이성계李成桂는 곳곳에 왕 씨의 기억이 묻어 있는 송악開城을 한 시라도 바삐 떠나고 싶어 했다. 때문에 그는 국호國號를 정하기도 전에 수도首都 이전을 서두르는데 이때 새 수도 후보지를 천거하는 신하들의 논리는 거의 전부가 풍수지리학적인 것이었다. '좌청룡左青龍 우백호右白虎'가 어떻고 '배산임수背山臨水'가 어떻고 거의 모두 풍수적인 용어였다. 결국 승려 무학無學의 주장대로 한양을 최종 낙점하고 궁궐正宮은 정도전鄭道傳의 주장에 따라 지금의 북한산 아래에 터잡았다(무학은 인왕산 아래가 좋다고 주장).

그로부터 천 수백 년이 지난 21세기의 대한민국, 2002년 12월, 16대 대통령 선거가 진행 중이었다. 앞으로 오년간 이 나라를 이끌어 갈 수장首長을 뽑는 중대한 행사였다. 앞서 호남의 맹주 김대중 씨를 내세워 사상 처음으로 집권에 성공한 진보 세력들은 권력의 맛에 혀를 대자마자 입을 떼게 된 판이라 재집권에 사활을 걸었고, 노무현이라는 매력 있는 후보를 내세웠다. 선거 유세차 전국을 누비던 노무현은 어느 날 측근들에게 말했다.

"수도를 충청도로 옮기자고 제안하면 충청도 표가 몰려올까?"

이 기발한 아이디어는 곧 전문가들에 의하여 행정수도 이전 공약으로 다듬어져 발표됐다. 이 공약으로 얼마 만한 표가 옮겨갔는지 정확하게 알기는 어렵다. 그러나 그가 박은 대못이 두고두고 한국 정치의 미묘한 저류를 형성해 왔고, 충청도 표를 의식하는 모든 정치인들의 공통가치로 자리 잡았다. 이 중대한 문제를 놓고 풍수지리학자들이 먼 산 바라보듯 할 수는 없는 일이었다. 신행정수도, 세종시의 탄생은 이처럼 정치적인 것이었다. 이에 대한 풍수 전문가들의 생각은 장작을 쪼개듯 두 쪽으로 좍 갈라졌다. 먼저 세종시의 탄생을 반기는 사람들은 이 지역이 풍수지리학 상 최고의 길지吉地라고 단언했다. 천하의 명당인 신도안을 지척에 두고 있는데다 남한 땅에서 마지막 남은 대국大局이라고도 했다. 하지만 반대 의견도 만만치 않았다. 아산 일대는 절대로 국세局勢가 아니라는 것이 반대하는 주요 의견이었다. 찬성하는 쪽이 천하명당이자 길지라고 내세운 바로 그 점이 길지이기는커녕 최악의 흉지凶地라는 이유였다. 종합하자면 "차라리 서해를 바라보는 계룡산 서쪽이 길지인지는 몰라도 산의 동쪽인 지금의 세종시는 생기生氣가 없다"고 단언하는 사람도 있었다. 이처럼 풍수의 주장은 그들(풍수)이 처한 정치적 입지에 따라 같은 사유를 두고도 자주 출렁거렸다.

풍수전문가들은 땅 속의 사정을 아는 것을 중요한 자질로 친다. 그들은 땅 속이 물이 흐르는 수맥인지 포슬포슬 흙이 가득 찬 '생기의 땅'인지 알아맞히는 신기한 재주를 지닌 사람이다. 기껏 안장安葬을 하여 효도랍시고 했다고 발을 뻗는데 꿈에 무덤의 주인이 나타나 "추워서 잠을 못 자겠다"고 실토한다. 걱정이 되어 무덤을 파보니 시신이 곱게 썩지도 못하고 물에 퉁퉁 불어 떠돌고 있거나 진창에 파묻혀 있는 것을 발견하고 크게 후회했다는 등의 말들이 전해 온다. 이런 이야기들도 풍수, 혹은 지관들의 자가발전自家發電인 경우가 많아서 사실 여부를 판단하기는 어렵다. 그들이 들고 다니는 L 자형, 또는 원추형 스틱은 풍수, 또는 지관의 권위와 직업적인 신비를 나타내는 상징적인 물건이거니와 현장에 나타난 풍수(지관)는 이 물건으로 지하의 상태가 수맥이나 생기처라고 판단한다. 어떤 이의 L 자형 스틱은 생기 터 위에서는 두 가닥의 틈이 벌어지고 거꾸로 수맥 위에서는 좁아지는 특성이 있지만 어떤 이는 그 반대의 경향을 보인다, 또 어떤 이는 원추형의 메달을 고리에 매달아 길게 늘어트린 후 그것이 흔들리면 '수맥'이라고 단정하고 또 어떤 이는 그 반대(생기처 위에서 원추가 흔들리는)를 진실이라고 말하고 있다. 그들이 어떤 경우를 진실이라고 말하거나 관계없이 풍수가 가장 중요시하는 것이 땅 속으로 물이 흐르고 있느냐 아니냐?, 아니면 물이 고이는 곳이냐 아니냐? 등을 찾는 것이 주 임무라고 하겠다. 그만큼 '물'은 사후 유택의 안녕을 가름하는 절대적 요소라는 것이다. 그렇다면 역대에 이름난 풍수가들은 자신의 무덤 자리를 얼마나 잘 잡았느냐 하는 것을 살펴볼 필요가 있겠다. 우리 속담에 "짚신 장수 헌 신 신는다."는 말이 있다. 직업적으로 짚신을 만들어 팔다보면 정작 자신과 가족들에게는 헌 신을 신게 하는 경우도 있을 것이다. 짚신 장수뿐이겠는

가. 큰 식당의 종업원들이 모여 앉아 '끼니를 때우는' 광경을 보면 그들이 만들어 파는 메뉴와 상관없는 조악한 식사를 하고 있는 경우가 많다. 풍수도 좋은 땅을 점지하여 고객(주로 양반 가문)들에게 소개하다보니 정작 자신의 신후지身後地는 평범한 땅이거나 아예 수맥에 눕는 경우도 있을 수 있다고 생각할 수 있다. 그러나 조상이 명당에 들면 자손들이 대를 이어가며 부귀영화를 누린다는 것이 풍수들이 주장하는 핵심이다. 그런 중요한 문제를 남 잘 되라고 내 자손들은 헐벗게 방조하는 그런 모진 조상은 없다. 즉 제아무리 풍수가 직업이고, 직업의 기본은 '먹고 살기'에 있다고들 하지만 "생기 처에 유택幽宅을 정하면 자손이 발복發福한다"는 주장이 사실이거나, 풍수도 사람이므로 자손 발복이라는 절대적인 가치를 실현하기 위하여 '천하명당'을 자기 무덤으로 하거나 둘 중의 하나여야 한다는 것이다. 한국 풍수의 비조鼻祖는 신라 말 고려 초의 혼란기에 살았던 도선道詵이었다. 태조 왕건에게 '임금될 운명'임을 예언하고 송악(개성)의 지기地氣가 강성하니 이곳을 수도로 삼기를 권했던 인물이기도 했다. 특히 그의 비보풍수裨補風水는 이후 한국 풍수의 전통이 되었다. 그런 도선도 정작 자기 무덤 자리는 제대로 짚지 못하여 천파(天破, 가뭄이나 홍수로 무덤이 붕괴되는 현상) 당하는 비운을 겪은 후 "하늘이 하는 일을 인간이 어쩔 도리가 없다"고 탄식했다고 전해 온다. 그는 불가 승려였기 때문에 후손이 없는 것은 당연하다고 하겠으나 어머니는 생산 가능한 여자였기 때문에 형제와 후손이 더 있을 법한데 그렇지 못했다.

조선조 전 기간을 통해 유명한 풍수로 꼽히는 사람은 남사고南師古였다. 경북 울진에서 태어나 조정에 출사하여 활약했던 남사고는 그 출중한 예지력으로 풍수의 신기神技로 인정받았고, 그가 쓴 글들은『정감록』에 오를 정도로 '잘 맞춘다'고 소문이 났다. 격암(남사고의 아호)도 자손 잘 되기를 바라는 마음은 다른 아버지들과 다르지 않았다. 집안이 잘 되려면 선영이 명당에 들어야 한다는 것은 그의 철학이자 신념이었다. 어머니가 작고하자 그는 평소에 보아둔 길지에다 묻었다. 그래놓고 보니 마음에 들지 않는 곳이 있어 다시 더 좋은 자리를 구하여 옮겼다. 그래놓고 보니 더 좋은 자리가 나오는지라 어렵사리 그 자리를 구하여 옮겨 드렸다. 이렇게 옮기기를 아홉 번째에 이르렀다. 이게 모두 격암이 지세를 잘 보기 때문에 저지른 일이었다. 아홉 번째 옮겨놓고도 다시 청룡 부근이 약하여 마음이 찜찜하던 차에 이번에는 아주 좋은 자리가 났다. 그 자리를 구하여 어머니 무덤을 옮기느라 좋은 날을 잡아 광壙을 파고 있는데 지나던 동승이 부르는 가락이 귀에 들어왔다. 동승은 이런 노래를 지어 부르고 있었다.

"남사고야, 남사고야, 구천십장九遷十葬 남사고야."

스스로 꼽아보니 어머니 시신을 이번에 꼭 열 번째 옮기는 판이었다. 몹시 부끄러워 고개를 들 수 없었다. 결국 그는 어머니를 대충 묻어놓고 손을 떼고 말았는데 그 자리가 길지도 아니었고, 천하명당과는 거리가 멀었던지 자손 발복發福은 없었다. 더 큰 문제는 그 뒤에 일어났다. 격암은 자신의 죽음을 예감하고 아들들을 불렀다.

"너희들은 내 말을 잘 듣지 않았지만 이번에는 꼭 지켜야 한다. 아비의 마지막 소원이니까. 내가 죽거든 미리 마련해 둔 그 자리에 꼭 묻어야 한다. 그러면 너희 자손들 중에 반드시 출세하는 자가 나올 것이다."

아들들은 아버지의 유언을 들어주기로 했다. 그러나 그 자리에 합석했던 출가한 딸이 밤새 아비가 파놓은 광에다 물을 길어다 부었다. 아들들이 유언을 집행하려고 가보니 광에는 물이 고였는지라 포기하며 말했다.

"우리 아버지를 나라 안에서 제일가는 풍수라 했는데 자신의 신후지도 물속에 잡아둘 정도이면 풍수라는 것이 워낙 그런 것인가?"

아들들은 서둘러 가까운 산자락에 터를 구하여 아버지를 묻어 드렸는데, 그 이후 남 씨 문중에 크게 출세한 인물이 나오지 않았다고 전한다. 도선과 격암, 한국의 두 전설적인 풍수의 대가들은 약속이나 한 것처럼 제 머리 깎는 데는 실패했다.

현대의 대한민국, 건국 이후 풍수의 최고 어른으로 대접받던 무슨도사라는 분이 있었다. 그가 세상을 떠나면서 충청도 어느 지역에 전설적인 명당이 있으니 내가 그 자리에 들면 하늘이 움직일 것이라고 예언하고, 과연 그 자리에 들었으나 아직도 하늘이 움직인다는 어떤 기별도 없다. 오히려 그 도사가 현금 수억 원이 들어 있는 통장을 유산으로 남겨두고 갔는데 아들이 딱 삼년 안에 그 돈을 몽땅 써버렸다는 이야기가 들려온다. 그가 천하명당에 들었다는 것도 믿는 사람이 거의 없다.

2012년 겨울, 대한민국 제19대 대통령 선거가 한창이었다. 한나라당의 박근혜 후보와 새정치민주연합의 문재인 후보의 대결이었다. 당연히 두 사람 집안 어른들의 무덤 자리가 이야깃거리로 올랐다. 먼저 박근혜 후보. 아버지 박정희와 어머니 육영수 두 사람은 동작동 국군묘지의 윗자리에 나란히 쌍분으로 누워 있다. 이 자리는 비명에 간 육영수가 먼저 그 자리에 눕고 이어 뒤를 따른 박정희가 아내 곁에 눕는 형식으로 이루어졌다.

1974년 8·15 경축 행사장에서 저격수 문세광의 총탄에 피격당하여 사망한 육영수는 거국적인 관심 속에 동작동의 그 자리에 안장되었는데 그 '자리'를 정한 인물이 육관도사와 지창룡 두 사람으로 알려졌다. 그러나 얼마 후 육영수의 묘지가 수맥이라는 사실이 공공연하게 회자되자 어느 여성지 발행인이 두 사람을 초빙하여 좌담을 가졌는데 이 자리에서 두 사람은 한결같이 말하기를 "내가 그 자리에 가 보니 자리는 이미 정해졌고 공사가 한창 진행되고 있더라."고 했다. 대통령 부인이 누울 자리를 정해놓고도 아무도 책임질 사람이 없는 기괴한 일이 벌어진 것이었다. 소문이 나쁘게 나자 박정희의 대구사범 동창으로 청와대에 들어가 일하고 있던 옛 친구가 육영수의 무덤을 옮기기로 하고 좋은 자리를 물색해 두고 이 사실을 대통령에게 알렸다. 그러자 박정희는 고개를 저었다.

"내가 아내의 신후지를 수맥이라고 옮기면 동작동에 누워 있는 그 많은 국군 장병 가족들의 마음이 얼마나 아프겠는가. 옮기지 않겠네."

결국 그 '수맥' 자리에 대통령 자신도 눕게 되었다. 그리고 부모의 무덤이 수맥이라 당선되기 어렵겠다는 많은 풍수의 견해를 무시하듯 박근혜는 가볍게 당선되었다.

이런 식의 이야기를 하자면 끝이 없다. 요즘 풍수들은 할 일이 없어졌다.

"가뜩이나 좁은 국토를 묘지가 잠식하고 있다. 이러다가 농사지을 땅도 공장 지을 땅도 없어질 것이다."

그 수치가 구체적으로 나왔다.

"매년 여의도 넓이의 땅이 묘지로 되고 있다."고도 했다. 해마다 여의도 넓이만큼 땅이 잠식되면 대한민국 전체가 묘지로 덮이기 위해 소요되는 시간이 얼마나 걸릴까? 이렇게 여론을 조성해놓고 정부는 슬그머니 전국 주요 도시마다 화장장火葬場을 새로 짓거나 시설을 개조해 주었다. 덕분에 요즘은 사람이 죽으면 태워서 강이나 산에 뿌리는 것을 당연한 일로 여기게 되었다. 고향 선산에 묻어놓아도 해마다 성묘할 자식이 없어 시골 농협이 성묘 대행업을 할 정도로 묘지는 귀찮은 존재로 등장하였다. '육신 부활'을 신앙의 주요 내용으로 믿는 기독교 신자들도 당연한 일인 것처럼 화장을 한다. 나중 최후의 심판 때 무엇이 있어 부활하려는지 걱정된다.

정부가 부동산 중개업자 자격시험을 치르자 동네마다 성업 중이던 복덕방이 모두 없어진 것처럼 풍수와 지관이라는 오래된 직업도 사라질 위기가 눈앞에 와 있다. 복덕방은 '부동산 중개업'으로 간판을 바꾸어 달고 여전히 성업 중이지만 풍수와 지관은 직업 자체가 사라질지도 모를 일이다.

S 씨는 나라 안에 사는 사람 누구나 이름을 들어 알 정도로 유명한 예언가다. '예언가'라는 것은 본인이 그렇게 불러주기를 원하기 때문에 붙인 이름이고 사실은 '점쟁이' '점바치'다. 이 점쟁이 S 씨가 뜨기 시작

한 것은 대통령 선거였다. 우리나라처럼 양당구도가 자리잡은 나라의 선거는 눈을 감고 짚어도 맞힐 확률이 오십 퍼센트다. 게다가 선거 중반에 이르면 누가 되고 누가 떨어질지 대충 그림이 나온다. 이때쯤 S 씨는 자신의 기대도 조금 섞어 예언을 했는데 맞히고 말았다. 선거가 끝나자 당선된 사람은 S 씨였다. 신문, 방송, 여성지, 남성지 가릴 것 없이 다투어 그 여자를 인터뷰한 기사로 채웠다. 대통령에 누가 되든 그건 관심 밖이었고 그저 S 씨가 누구이며 어떻게 맞혔느냐에 언론의 관심이 집중됐다. 대선 전까지 그녀를 만나 점을 보려면 복채 오만 원이면 충분했으나 대선 이후에 그녀를 만나기는 어려웠고 점을 보려면 복채로 삼십만 원, 그 이상이라고 알려져 있었다. 어떤 재벌이나 정치인은 그녀에게 백지수표를 줬다는 소문도 있었다. 그렇게 유명해진 그녀도 절대 대답하지 않는 질문이 있었다. "언제 통일이 되겠습니까?" 하는 질문이었는데 처음 그 질문을 내놓은 기자는 S 씨의 울그락불그락 하는 표정을 보고 놀라 자신의 질문을 거두고 말았는데 그날 저녁 무렵 어느 종합지의 나이 든 논객이 찾아와 같은 질문을 내놓자 S 씨는 "통일은 이미 진행 중입니다" 하고 명답을 내놓았다. 그 뒤부터 S 씨는 통일의 그날을 묻는 질문에 당황하지 않고 대처하게 되었다고 한다. 이처럼 점쟁이들은 대답하지 말아야 할 질문에 대해서는 입을 다물거나 나름으로 개발한 명답을 꺼내놓아 위기를 모면하는 것으로 알려져 있다. 예를 들면 "진행 중인 역사에 영향을 끼칠 수 있는 질문에는 대답하지 않겠습니다." 하는 대답도 그들이 개발한 '명답'들 중의 하나다.

1970년대의 어느 날, 경복궁 담장 옆 골목길, 길 양옆으로 나지막한

빌딩들이 줄지어 서 있는데 그 중 한 건물의 이층 벽에는 검은 글씨로 이름난 작명가의 사무실이라고 적혀 있었다. 방금 그 작명가의 사무실에서 나온 택시 운전수가 손에 큼지막한 봉투를 들고 나오며 투덜거리고 있었다.

"저 양반이 전국에서 제일가는 작명가로 알려져 있던데요?"

"글쎄요, 전국 제일이라고 누가 메겼는지 모르지만 유명한 분은 틀림이 없군요."

"제가요."

택시 운전수가 넋두리를 시작했다.

"첫 아이를 낳았을 때 하도 귀한 자손이라 좋은 이름 지어줄라고 저 양반 찾아가 오만 원 주고 이름 지어갔습니다."

"그래서요?"

"그 아이가 까닭 없이 시름시름 아프길래 이름 때문인가 하고 오늘 또 찾아왔지요, 육년만에요."

"그래서요?"

"아, 그랬는데 제가 아이의 이름자를 꺼내놓으니 이 양반 대뜸 뭐라는지 알아요?"

"뭐랍디까?"

"어떤 개자식이 이따위 이름을 지었느냐, 그래요. 이름 때문에 아이가 단명할 수도 있다 합디다. 그러면서 새로 이름을 지어줬는데 그 사이에 작명료作名料가 두 배로 뛰었더군요." 택시 운전수는 묻지 않는 말까지 덧붙였다.

"몇 년 뒤에 또 와 봐야겠습니다. 그 때도 오늘과 같은 이야기를 하면 이 봉투를 얼굴에 던져버릴 겁니다."

애당초 작명소를 찾은 것이 잘못이니 무슨 말을 하더라도 참으세요, 하고 운전수를 달랬으나 택시 운전수의 분노는 좀처럼 가라앉지 않았다.

이름이나 사주, 손금, 관상 등은 정해져 있어 바꿀 수도 없다. 바꿀 수 없게 타고난 물질적 요소 때문에 팔자가 정해지는 것은 지나친 결정론이다. 이 결정론을 알아맞히는 것은 시초(주역)나 쌀알(점바치), 젓가락, 동전 따위이다. 그것들의 배합과 모양세로 점괘를 찾아내는 것은 지나친 우연과 기계적 결정론의 잘못된 결합이다. 영국의 작가 토마스 하디(Thomas Hardy, 1840~1928)는 『테스』의 헌사에서 "비켜라 운명이여, 내가 간다"고 썼지만 운명을 비키게 하고 나아가봤자 운명의 손아귀를 벗어나지는 못한다. 지난 세월의 살아온 궤적이 운명이었다 해도 오늘을 사는 우리는 내 운명을 내가 만든다는 각오로 나가야 하지 않을까.

제6부
천지공사는 부실공사인가 - 증산교

조선조 끝자락, 나라의 기강은 문란해지고 백성들의 삶은 피폐하여 나라가 요구하는 세금을 강탈당하고 사느니 차라리 명화적明火賊이 되어 도둑질로 연명하는 것이 나을 것 같은 세상, 그 어지러운 세상을 맞아 선각자, 종교의 창시자들도 쏟아져 나왔다. 동학東學의 수운水雲 최제우(崔濟愚, 1824~1864), 증산도甑山道의 강증산(姜甑山, 일순一淳 1871~1943), 원불교圓佛敎의 박중빈(朴重彬, 1891~1943) 등이 그들이다.

'동학東學'은 글자 그대로 서학西學, 즉 서양인의 종교인 기독교와 서양 문명의 핵심인 과학문명에 대한 반동으로 태어난 전통 종교와 사상을 아우르는 것이었다. 독일과 프랑스의 연합군에게 북경이 함락되고 서태후와 황제가 힘을 쓰지 못하는 것을 보고 조선 사람들 사이에 공황에 가까운 혼란이 일어났다. 이런 비상한 시국을 당하여 힘을 쓸 수 있는 것은 귀신들뿐이었다. 수운의 동학은 동양 귀신들을 불러 힘을 좀 얻자는 것이었다. 이를 두렵게 지켜보던 정부가 "동학은 서학의 다른 이름"이라는 구차한 올가미를 씌워 수운의 목을 베고 말았다. 동학의 탄생은 서학에 대한 두려움이라는 토양에서였다. 수운이 접신을 시도하여 천성산에 올라 기도하는 행태나 마침내 용담정에서 접신하는 모습을 보면 영락없이 우리네 전통양식의 푸닥거리를 연상케 한다. 다만 그 가르침 속에 '푸닥거리'가 갖추지 못한 유학이나 불도의 냄새가 가미되고 그토록 기피하던 서학의 일부 내용도 들어가 있는 것이 이상하지만 수운에게 신은 그 이름이 옥황상제이든 뭐든 상관없이 종래 무속신앙의 하늘과 귀신을 불러왔다는 점에서 동일한 의미를 갖는다. 수운이 경상감영이 있는 대구의 남문 밖 장대將臺에서 효수梟首당하여 그 목이 남문에 걸리자 동학은 그때부터 종교적 가르침과 순교자의 피를 먹고 자라기 시작한다. 오랜 세월 야당 지도자로 있다가 마침내 대통령이 되어 집권에 성공한 이가 말하기를 "민주주의는 피를 먹고 자란다"고 했다지만 종교야말로 피를 먹고 자라는 속성을 지니고 있는 것이었다. 수운이 대구 장대에서 억울하게 죽음을 맞자 그의 제자인 최경상(崔慶翔, 최시형崔時亨 1827~1898)은 수운의 지시에 따라 난을 피하여 숨어 지내면서 스승 최제우의 사상을 다듬어 드디어 인내천人乃天의 교리를 완성하고 스승의 행적을 정리한『동경대전東經大典』등 책자를 간행하는 등 종교단체로 만드는 작업을 본격적으로 추진했다. 2대 교주인 최시형은 동학 농민혁명과 동학의 이름으로 일어난 민란에 연루된 혐의로 체포되어 처형당했다. 최시형을 이어 3대 교주로 올라선 손병희孫秉熙는 동학의 이론을 다듬고 교명을 천도교天道教로 개명하여 3·1운동을 주도하는 등 독립운동가로도 이름을 떨쳤다. 즉 수운의 동학이 천도교라는 이름을 얻고 어엿한 민족종교로 행세하기까지는 1대와 2대 교주의 순교가 있은 후 3대 교주에 이르러서야 가능했던 일이었다.

강증산(姜甑山, 강일순姜一淳)은 1871년 전라북도 정읍시 신월면 신송마을에서 태어났다. 그가 이십대 초반일 때 동학농민혁명이 일어났다. 혁명군의 전투를 지켜본 그는 후천개벽後天開闢은 폭력적인 혁명으로 이루어질 수 없다는 자각에서 농민혁명 자체를 반대했으나 이후 농민혁명이 실패로 돌아가자 후천개벽과 후천 선경後天仙境의 건설을 목표로 전국을 돌며 수행에 들어가 기왕 한국에 들어와 있던 유불선儒佛仙 삼교를 아우르고 주역과 풍수지리, 음양오행설과 무속, 그리고 동학의 세계관을 첨가하고 기독교에서도 일부 배워 전혀 새로운 종교인 증산교의 문을 열었다. 증산이 기존 종교를 아우르는 행태와 관련하여 증산교를 '잡탕'이라거나 "독창성이 없는 종교백화점과 같다"고 비아냥거리는 측도 있으나(주로 경쟁관계에 있는 종교단체에서) 증산교가 사후死後 영혼의 영생과 함께 지상선경地上仙境의 건설을 목표로 개벽開闢을 꿈꾸는 등 세계 여러 지역에서 성행하고 있는 잡다한 종교가 지닌 한계를 극복하고 현실에서의 삶을 개량하는데 집중적인 노력을 강조하는 등 새로운 타입의 종교라는 점에서 독창성과 포용력을 동시에 갖춘 종교라고 할만하다.

이런 장점에도 불구하고 증산이 염원했던 가르침의 세계는 몇 가지 치명적인 결함을 지니고 있어 이 종교의 지속적인 발전과 교세의 확산을 가로막는 장애물이 되고 있다. 그 첫 번째는 미완未完에 그친 천지공사天地公事를 보완하는 길이다.

전국을 돌며 고행과 순유를 계속하던 증산은 1901년 전주 모악산 대원사에서 대오大悟한 이래 1909년 선화仙化할 때까지 구년간 이 세계와 우주의 운명의 판을 다시 짜는 천지공사를 벌이는데 이 천지공사를 이해하는 것이 증산교를 이해하는 첩경이다. 예수는 사십일간 광야에서 고행한 끝에 자신이 창조주 하나님의 아들임을 깨달았고, 석가는 육년간의 고행 끝에 '내가 곧 부처'라는 사실을 깨달았다. 수운 최제우는 수년간의 피나는 기도와 수행 끝에 상제와 인간세계를 연결하는 교량으로서의 임무를 알았다. 증산은 자신이 옥황상제이며 천지의 주재자임을 알았다. 그런 주재자가 가만 하늘 보좌에 앉아 있을 것이지 고난에 찬 인간세계에는 왜 내려왔나? 예수는 로마군의 침략으로 바람 앞에 등불 같은 존재인 유대 땅에서 태어났고, 석가는 카필라성의 성주 아들이기는 했으나 이웃 대국인 마가다국의 침공 앞에 속수무책인 왕국의 고뇌를 짊어지고 태어났다. 비슷한 처지로 구한말 외세에 뜯어 먹히기 직전의 한국에서 강증산과 최제우가 나타났다. 증산은 이마두(利瑪竇, 마테오 리치)를 자주 거명하거나 그의 역할에 대해 거론하고 있는데 마테오 리치가 『천주실의天主實義』를 쓰는 등 예수를 동양에 알리는데 큰 역할을 하기는 했으나 그가 기독교를 대표하는 인물도 아니었고, 기독교를 전파하는 임무를 띤 사람도 아니었다. 그저 기독교 문명권에서 온 여행자일 뿐이었다. 그런 사람을 서양문명을 대표하는 인물로 알았던 것은 당시 매스컴을 통한 뉴스에 접할 수 있는 기회가 강증산에게도 제한적이었기 때문이었다.

　　바로 그 이마두가 천상에 와서 읍소하기를 "지상의 일이 너무 뒤엉

켜 있으니 내려와서 정리를 좀 해주십사" 하고 요청했고, 얘기를 듣고 보니 큰일인지라 상제 스스로 인간의 몸을 빌어 강세降世했다는 것이다. 그것도 곧바로 한국 땅에 내려온 것이 아니라 법국(法國, 프랑스) 천계탑千階塔에 내려와 삼천 년 동안 인간 세상을 본 후 천하를 대순大巡하던 중 조선에 머물게 되었다고 한다. 조선에 와서는 금산사金山寺 미륵전彌勒殿에 머물다가 마침내 인간의 몸을 입고 정읍 땅에서 태어났다고 했다.

문제는 증산이 스스로 상제라고 한 데서 시작된다. 상제는 우리 고유의 신앙에서 발견되는 천상 최고의 통치자다. 상제는 무소부재無所不在하고 무소부지無所不知한 존재다. 나라와 나라가 전쟁을 벌이고 통합하는 등의 큰일에서부터 누가 몹쓸 병을 얻어 죽기에 이르거나 누군가 승차하여 과장에서 부장으로 진급하는 따위의 자잘한 개인사에 이르기까지 모든 운명을 알고 있어야 하고, 프로그램을 짜서 실행에 옮겨야 한다. 도대체 그 많은 인생사를 모조리 두량斗量하는 일이 가능키나 한 것일까. 과연 상제님께서도 그 일을 하려고 하니 기가 막혔는지 일을 쪼개어 각 종교는 해당 문명신을 종장宗長으로 삼았다. 예를 들어 최수운은 선도仙道의 종장으로 삼았고, 진묵震黙은 불도佛道, 주회암(朱晦庵, 주자)은 유도儒道. 이마두는 서도西道를 각각 맡아 주관케 하였다. 명부공사冥府公事를 할 때는 지방신들에게도 사명을 주었다. 이를테면 전명숙全明淑에게는 조선의 명부를 맡기고, 청국 명부는 김일부金一夫에게, 일본 명부는 최수운崔水雲에게 각각 맡겨 행하도록 했다. 이들 지방신들이 혼자 그 일을 감당했는지 대규모 사무실을 개창하여 많은 직원들을 두어 처리했는지 거기까지 알려진 것은 없다. 예컨대 전명숙은 삼년 전에 죽은 김막돌의 신명과 조선왕 철종의 신명을 함께 처리해야 하는데 그가 워낙 바빠서 철종의 신명은 처리하고 김막돌에 대해서는 까맣게 잊을 수도 있지 않을까. 일본 명부를 맡은 수운 최제우는 일을 하다가 말고 "하필이면 내가" 하고 짜증을 내지나 않을까.

어쨌든 세계의 판을 다시 짜는 천지공사는 많은 보조 인력을 사용하고도 구년이라는 긴 세월이 소요됐다. 남한과 북한이 대치상태에 있으나 언젠가는 통일을 하게 될 것이지만 그 때가 언제인지 아는 사람은 증산뿐이다. 천지공사의 도수度數에 대한 비밀은 철저하게 지켜졌던 것이다.

여기서 우리는 당연한 의문 한 가지를 가지게 된다. 천지공사를 행한 증산이 당시 살고 있는 사람들의 선영신先塋神들에 대해서는 재조사, 새판 짜기가 가능했다 하더라도 그들의 손자, 증손자, 고손자에 이르기까지 도수를 정해놓았을까. 그게 아니라면 지금이라도 누군가 그 일을 계속해야 하지 않을까. 즉 천지공사는 성격상 완성될 수 없는 현재진행형의 대역사인 만큼 증산 상제가 선화하면서 대리인을 지정해 두어야 옳은데 그 일을 하지 않았던 것이다.

증산도와 대순진리회

강증산 사후 증산도는 헤아릴 수 없을 정도로 극심한 분파를 보여

가지를 치고 뻗어갔다. 우선 증산에게는 본부인과 후처가 있었는데 이들 두 부인 밑으로 종파가 생겼다. 그리고 경상도 사람 조철제(趙哲濟, 1895~1958)가 분립해 나가면서 부산 천마산 뒤편에서 태극도太極道라는 이름으로 번창하더니 이것이 발전하여 전국적인 조직을 갖추고 대순진리회가 되었다. 증산의 수제자 중 한 사람이었던 차경석(車京石, 1880~1936)은 증산 사후 보천교普天教를 창시하여 그 엄청난 교세 때문에 일제의 간담을 서늘케 했다. 지금의 증산도甑山道는 안세찬(安世燦, 운산雲山)이 창립한 종파로 안운산의 선화 이후 그의 아들인 안경전安耕田이 중심이 되어 운영하고 있다. 그러나 그 많은 종파 중에서 어느 것을 정통이라고 지적하는 것은 옳지 않다. 저마다 자신만이 정통 교단이라고 주장하기 때문이다. 다만 공통적으로 내놓는 교리를 중심으로, 특히 증산 생전의 행각과 말을 중심으로 살펴보는 수밖에 없었다.

증산이 살았던 19세기 말엽에서 20세기 초의 한국은 물밀듯이 밀려오는 서양 문물 때문에 정신을 차리기 어려웠다. 그때의 시대 상황이 증산의 어록 곳곳에 얼룩처럼 묻어 있다. 어떤 종교도 시대와 공간의 제약을 뛰어넘을 수는 없는 것이다. 예를 들어 하나님의 아들인 예수는 지구가 네모나거나 평평한 줄로만 알았을 것이다. 상제님도 마테오리치를 서양 문명의 대표로 생각할 정도로 순진할 수밖에 없었다. 천지공사로 온 세상사를 모두 관장하는 절대 권력자의 모습치고는 허망하기까지 하다. 천지공사는 계속되어야 하고 보완되어야 하는데 상제님은 한 번 선화하더니 다시 올 생각이 없는 것 같고 정통한 대리인이 누군지도 모를 정도로 분파가 극심하니 어디로 가야할지 길을 물을 곳도 마땅치 않다.

제7부
무당은 왜 우는가? - 무속

저승길이 멀다하나 사립문 밖이 저승일세

어릴 적 마을에 초상이 나면 마을의 노인 중 하나가 상여 앞에 서서 요령搖鈴을 흔들며 구성지게 뽑던 앞소리의 한 대목이다. 무당이나 양 중들이 읊어대는 저승 풍경을 가만히 떠올리면 그것이 곧 이승의 공간 이라는 사실을 눈치 채게 된다. 『개미』라는 작품으로 우리에게 잘 알려 진 작가 베르나르 베르베르는 '임사체험臨死體驗이라는 생뚱맞은 소재 로 글을 쓰는 가운데 저승 이야기를 "곰을 만났다는 사람을 보았다는 사람을 만났다는 사람을 보았다는 이야기"라고 익살맞게 표현했다. 곰 이라면 그럴 수도 있겠으나 저승은 곰이 아니다. 호랑이도 사자도 아니 다. 그냥 저승일 뿐인데 실재하는 공간이 아니라 삶이 여기서 끝날 수 없다는 슬픈 감정이 만들어낸 가상의 공간이다. 누구도 가 본 일이 없 기 때문에 임사체험을 했다는 사람(예를 들어 사흘 동안 죽어 있다가 장사 지내려고 관 뚜껑을 덮는 순간 깨어난 사람)들은 대개 저승 갔다 온 이야기를 늘어놓는데 그 풍경이 우리가 흔히 보아 왔던 이승의 공간이거나 이야기 속에 자주 등장하던 풍경이기 일쑤다. 저승을 갔다가 돌아온 것이 아니라 잠시 꿈을 꾸었을 뿐인 것이다.

저승을 이승처럼 이야기해야 하는 원인이 어디 있을까? 인간의 상상력은 경험의 세계를 넘을 수 없기 때문이다. 게다가 무속은 토템이즘의 온상에서 자란 풀이기 때문에 지상의 풍경들이 저승 공간으로 옮겨져 나타나는 것은 어쩔 수 없는 일이다.

A 씨(여, 46)는 서른일곱에 둘째를 낳은 이후부터 까닭 없이 아팠다. 마누라가 시름시름 원인 모를 병을 앓고 남자 보기를 먼 산 보듯 하니 남편이라는 작자는 밖으로 돌고 술을 퍼마시더니 간경변으로 일찍 죽어버렸다. 그녀의 나이 서른아홉 때의 일이었다. 남편은 마흔 고개에 올라서자마자 서둘러 세상을 하직했다. 배운 것이 없는 그녀는 식당 주방에서 설거지 나부랭이를 하며 억척같이 일해서 첫째 딸을 시집보내고 아들인 둘째를 중학교에 보냈다. 처음에는 가슴이 방망이질하듯 두근두근하는 증세였다. 그다음은 머리가 깨질듯이 아팠다. 다음에는 또 소화가 되지 않아 트림을 끅끅거리는 바람에 식당일마저 할 수 없게 되었다. 그러나 그녀는 식당일을 하며 보고 배운 대로 반찬을 만들어 팔았다. 수입은 식당일을 할 때보다 몇 배나 좋았다. 전화위복轉禍爲福이었다. 그러나 수입이 늘고 몸이 편해진 것은 아무 의미가 없었다. 온몸 아프지 않은 곳이 없었다. 병원에 가서 진찰해 보면 "아주 건강하다"는 말만 들었다. 어느 점쟁이가 말했다. "내림굿을 해 보라" 처음에는 말

도 되지 않는 소리라고 일축했으나 몸이 계속 아프자 결국 내림굿을 하게 되었다. 그녀에게 내린 몸주 즉 신은 아기 도령이었다. 어쩌다가 이런 하찮은 귀신이 접하게 되었는지 모르지만 몸주의 급수가 문제 아니었다. 그녀에게 신이 내렸다는 소문이 나자 국회의원 같은 높은 사람과 기업주들이 서로 모시고 가려고 난리가 났다. 화류계에서 처음 머리를 올리는 숫처녀 동녀가 인기 좋듯이 이 바닥에서도 첫 신내림을 한 새끼 무당이 용하다는 속설이 있었다. 단순한 속설이 아니라 그건 사실이었다.

그녀는 강남 신사동에 있는 자기 집 아파트 현관 앞에서 납치됐다. 두 명의 건장한 젊은 남자가 양쪽에서 겨드랑이를 끼면서 말했다.

"회장님께서 뵙자고 하십니다."

말은 초대였으나 그들의 행동은 납치였다. 검은 자동차에 실려 간 곳은 성북동의 한 부잣집이었다. 손자로 보이는 중학생 한 녀석이 게임에 빠져 있다가 손님이 가자 재수 없다는 몸짓을 하며 이층으로 올라갔다. 그의 뒷모습을 보면서 그녀가 무심코 뱉었다.

"저놈 사흘 안에 이승 하직할 놈이네."

자신도 모르게 튀어나온 말이었다. 그리고 사흘 뒤 일이 커졌다. 전날 왔던 두 청년이 다시 찾아와 말했다.

"아줌마, 눈에 귀신이 보여요?"

"아니."

귀신을 본 일은 없었다.

"그럼 어떻게 알았어요? 규진이 그 애가 해병대 출신들이 운영하는 여름 캠프에 갔다가 물에 빠져 죽었어요. 아줌마가 그 애 뒤통수에 대고 사흘 만에 저승 갈 놈이라고 했다면서요?"

그랬었나? 내가 그랬구나. 그녀는 다시 성북동의 그 집으로 끌려갔다. 끌고 가면서도 청년들의 태도가 전날에 비해 정중했다. 그 까닭을 '회장님' 댁에 가보니 알 것 같았다. 거실에 회장님이 직접 나와서 기다리고 있었고, 어깨에 별을 주렁주렁 단 장성과 텔레비전에서 가끔 얼굴을 보아 알고 있던 정치인도 있었고, 이 집 회장님보다 더 큰 기업을 가진 또 다른 '회장님'도 와 있었다. 이 집 주인 '회장님'이 자랑스러운 어조로 그녀를 소개했다.

"천하에 제일 용한 무속인을 모셨습니다."

건방진 이 집 손자놈의 등에다 대고 자기도 모를 말을 한 마디 한 것뿐인데 그것으로 그녀는 '천하제일의 무속인'이 돼 있었던 것이다. 이 집안에 사랑스러운 손자의 죽음을 애도하는 분위기는 찾을 수 없었다. 중학생 한 녀석의 죽음 따위와는 비교도 안 되는 중요한 일에 몰두하고 있는 사람들이 분명해 보였다.

그날 그녀는 윤간輪姦을 당한 기분이었다. 그 집에 모인 사람들이 차례로 중대한 문제를 들고 와서 묻는데 그녀 자신도 모르는 어려운 정치나 경제 용어도 술술 터져 나왔다. 맨 처음 그녀를 이용한 사람은 엄청 큰 기업을 한다는 '회장님'이었다.

"파푸아 뉴기니에서 광맥을 발견했다. 시추해 보니 석유가 나왔다. 그러나 그 매장량을 알 길이 없다. 투자해도 괜찮겠느냐?" 하는 문제였다.

즉 석유가 나오기는 나왔는데 매장량이 얼마인지 경제성이 있겠는지 판단해 달라는 얘기였다. 그녀는 서슴없이 대답했다.

"당신 오줌하고 비슷하구먼."

"무슨 소리야? 오줌이라니?"

"질금질금 나오는 당신 오줌하고 석유 매장량이 비슷하단 얘기야. 요즘 밤일 할 때 약 먹지? 그러다가 질금거리던 오줌마저 막히는 수가 있어."

"아, 알겠어. 투자하지 말란 얘기구만."

다음은 어깨에 별을 주렁주렁 달고 있는 장군님 차례였다. 장군님은 더 중대한 문제로 고민하던 참이었다. 북한 아이들이 핵무기를 들고 설치는데 우리도 몇 개 개발해야 하나, 말아야 하나, 이것이 문제였다. 이번에도 그녀는 거침없이 대답했다.

"양쪽에서 위험한 장난감을 가지고 올러대다가는 다쳐."

"그래도, 지금 아니면 언제 또 기회가 오겠어?"

"지금이 기회라고 누가 그랬어? 미국 것을 가져다 쓰면 돼. 미국놈들 적당히 체면 세워주고 말이야."

장성은 물러나고 정치인의 차례였다.

"다음 대통령 될 사람이 누구냐?" 하는 문제였다.

"치마 입은 대통령이 나오겠느냐" 하는 문제로 압축해왔다. 그녀는 반문했다.

"왜, 치마 입은 대통령 밑에서 일하기 싫어?"

"뭐, 꼭 그런 것은 아니고."

어물거리면서 꽁무니를 빼자 이번에는 이 집 주인 회장님이 잔기침을 하며 앞으로 나섰다.

"중국이 미국을 앞지르겠어?"

어려운 문제였다. 그러나 그녀는 망설이지 않았다.

"도광양회韜光養晦하는데 너무 시간을 많이 썼어. 중국이 가진 시간은 앞으로 백년이야. 그 때가 지나면 소수민족들이 저마다 독립하여 쪼개질 것이고 이것들을 통일하여 강대한 제국을 만들자면 피를 흘려야 하거든. 미국을 앞지르지는 못해. 미국은 자체 모순으로 무너지게 돼 있어."

"공장을 중국으로 옮기기로 결정해놓았는데…… 큰일이네."

나라의 중대한 일들이 이런 식으로 결정돼다니…… 그녀는 한편으로 실망스럽고 한편으로 뿌듯하여 어깨에 절로 힘이 들어갔다. 다음날 그녀는 유명해져 있었다. 신문, 잡지, 방송에서 기자라는 아이들이 나와 인터뷰 하자고 졸랐다. 그날 저녁, 시집간 딸과 사위가 왔다. 사위는 대학에서 신문방송학과를 나와 어느 대기업의 사보 편집실에 근무하고 있었는데 늘 회사를 그만두고 싶어 했다.

"어머니, 유명해 지셨지만 기자들에게 함부로 말해서도 안 되고, 아무 기자나 만나서도 안 됩니다. 지금부터 장기적인 관점에서 이미지를 구축해야 합니다. 그 일을 제가 맡아 하겠습니다. 홍보 업무라 해도 좋고 매니지먼트라 해도 좋습니다. 현재로서는 두 가지 일을 병행해야 할 것 같습니다."

"자네, 다니는 회사는 어쩌고?"

"벌써 그만뒀어, 엄마."

딸아이가 나섰다.

"엄마를 위해 전력투구할 사람이 필요하거든. 그래서 낮에 이미 얘기를 끝내고 회사에는 사표를 내기로 한 거야. 다 엄마를 위해서 라니까."

그래서 용하고 현대적인 감각이 철철 흐르는 인기 여자 무속인 한 사람이 태어났다. 신문에 난 그녀의 사진을 보고 결혼하고 싶다는 기업인도 나왔다. 사위는 씨익 웃으면서 그게 다 자신의 이미지 조작 능력의 결과라고 양놈처럼 어깨를 들었다 놓았다. 노름판에서 하는 말로 '초저녁 끗발'이라는 것이 있다. B 씨가 그 짝이었다. 신내림 직후의 초저녁 무렵에는 그렇게 용하던 그녀의 예언 능력이 점점 퇴색하기 시작하더니 일 년이 지나자 보통 사람과 다르지 않는 수준으로 돌아와 있었다. '장기적이고 종합적인 이미지 구축'을 입에 달고 다니던 사위도 요즘은 새 직장을 알아보고 다니는 중이었다. 생각해 보면 그 때는 뭐가 씌웠던 것 같기도 하고 아닌 것 같기도 했다. 처음 머리 없은 기생이 사내 잘 후리는 것처럼 신내림 직후의 새내기에게 기가 응집해서일까. 모를 일이었다.

J는 오십대 후반의 사내다. 그는 집안에서 촉망 받던 아들로 상고를 나온 후 지방의 한미한 대학 상과를 마쳤다. 대학을 나왔으나 취직은 되지 않고 집안의 천덕꾸러기가 되었다. 절치부심, 그가 택한 길은 산으로 올라가 기도하는 것이었다. 기도라 하면 기독교에서 하는 기도를 떠올리기 쉬우나 J의 기도는 '손 부비는' 것과 비슷한 형식이었다. 대상도 일정치 않았다. 어느 사당에는 임경업 장군이 주신主神으로 모셔져

있고, 어느 사당에는 엉뚱하게 중국 삼국시대의 용장 관우가 버티고 있는 경우도 있었다. 중국의 전설적인 조상인 반고盤古를 모신 사당도 있고, 단군, 율곡, 퇴계, 최영, 계백, 김유신 등 역사상 알려진 인물들 대부분을 만날 수 있었다.

'기왕이면……' 하고 그는 생각했다. 지위가 높고 힘이 센 귀신을 모시고 싶었다. 그래서 그는 어느 사당에 모셔져 있는 상제上帝와 한 몸이 되었다. 원래는 상제가 그를 택하는 것이 바른 순서였으나 그가 상제를 택한 꼴이 되었다. 순서는 어찌되었든 상제를 모신 그의 몸은 다른 잡신들을 모신 만신들과는 달랐다. 아니, 달라야 한다고 그는 생각했다. 과연 귀신들 사회(?)에서도 위계는 분명했다. 부하, 또는 신하인 귀신들을 부리는 재미가 수월찮았다. 그는 자신도 모르는 사이에 조금씩 교만해지기 시작했다. 목에 힘이 들어가고 말을 할 때는 턱을 당겼다. 걸음도 조폭 두목처럼 팔자걸음을 걸었다. 커피를 좋아했으나 막대커피는 마시지 않았고, 반드시 호텔 커피숍에서만 마셨다. 그는 자신의 우주론, 존재론의 골자를 한 마디로 '영육공존靈肉共存'으로 표현했다. 이 한 마디로 그 동안 인류가 풀지 못하고 끙끙대던 숙제가 시원하게 풀리고 아귀처럼 다투던 논쟁도 종식된다고 했다.(제발 그랬으면 얼마나 좋을까.) '영육공존'은 그가 처음으로 입에 담은 말은 아니었다. 내용인즉 이 세상에는 물질적 존재인 육신과 영적인 존재인 귀신이 함께 살고 있다고 했다. 귀신(악령)에 대해서는 기독교가 "있다"고 주장하는 쪽이다. 기독교에서 말하는 '사탄'은 곧 귀신이다. 귀신들이 사람에게 해악을 끼치는 것만은 아닌데 사탄은 창조주 하나님의 뜻을 거역하여 해악만 끼친다. 이 종교의 선과 악에 대한 개념이 분명하기 때문에 선善의 세계를 관장하는 신과의 대척점에 사탄을 설정하지 않을 수 없었다. 그러나 과문한 탓인지는 몰라도 이 사탄을 만나거나 보았다는 사람은 없다. 예수가 사십일 동안 광야에서 기도하고 자신이 하나님의 아들임을 자각하자 사탄이 나타나 시험을 하는데 "이 절벽에서 뛰어내려 보라"였다. 하나님의 아들이 분명하다면 전지전능한 아버지가 아들의 몸이 박살나기 전에 받쳐주지 않겠느냐 하는 뜻이었다. 사탄은 이처럼 하나님이 기획한 사업을 훼방 놓는다. 그러나 J가 말한 '영육공존'의 영(혼령)은 살아 있는 인간 세상을 겁박劫迫하기 위해 존재하는 것이 아니라 그 자체가 존재의 한 양태이기 때문에 그런 모습으로 존재하는 것이다. 귀신이 되고 싶어 된 것이 아니라 현세의 삶이 끝났기 때문에 영계로 옮겨와 생존을 지속하고 있을 뿐인 것이다.

그는 돈을 좀 모았다. 경기도 일산의 정발산, 호수공원 둘레에 아담한 정원이 따르는 집도 장만했다. 그의 예지 능력을 믿는 기업인들이 늘어났다. 그가 지시한대로 따르기만 하면 사업이 잘 됐으므로 아낄 이유가 없었다. 정발산의 집으로 필자를 초대한 것은 그의 큰 과오였다. 집을 한 바퀴 돌아보고 손질이 잘 된 잔디 마당에서 고기 굽는 냄새를 맡으면서 필자가 말했다.

"이 시대의 진정한 신이 누구라 생각하십니까?"

잠시 망설이던 그가 결심한 듯 말했다.

"그야, 물신物神이지요."

"물신을 상징하는 것은?"

"빌어먹을, 그야 돈이지요, 돈."

"그러니까 돈이 신입니다. 신은 돈입니다."

"맞습니다. 그러나 그건 자본주의 사회의 신이지요."

그는 북쪽으로 얼굴을 들었다.

"평양을 다른 세상으로 보지 마세요. 같은 세상일 뿐입니다. 돈 대신 그들은 다른 신을 만들었어요."

"그게 뭡니까?"

뭔지 몰라도 돈을 주고 살 수만 있다면 당장 사들일 기세였다.

"돈으로는 안 될 겁니다. 충성심, 뭐 그런 거니까."

"쩝"

그는 입맛을 다셨다.

"신이라면 돈 주고 살 수도 있고 공장에서 만들 수도 있습니다. 그러나 충성심 따위는……."

"너무 상심 마세요."

그가 말하는 영육공존은 권력과 돈의 결합이라는 화학구조를 가졌으나 이 방정식에 대입되지 않는 가치와 도덕률은 어떻게 대접하고 어떻게 처리해야 마땅할지 영, 감이 오지 않는 눈치였다. 필자는 한편 통쾌하고 한편 실망해서 떨떠름한 기분이었다. 어느 시골에서 처음 보는 남자가 두툼한 원고 뭉치를 내밀었다. 자신의 살아온 행적을 눈물 나게 적어온 문인 지망생들이 가끔 있는 터여서 그런 사람 중 하나인 줄만 알았다. 무심코 펼쳐본 글의 제목은 『물질의 기원』이었다. 눈이 번쩍 띄어 통독을 시작했다. 방대한 분량의 논문이었다. 그것도 딱딱한 물리학

용어로 가득 찬 논문. 읽어가는 도중 나는 처음 제목에서 느꼈던 기대가 차츰 거품처럼 꺼져가는 것을 느꼈다. 그 때의 기분과 방불했다. J의 솔직한 고백을 듣고 난 후의 느낌이라는 것이 그랬다.

필자의 기분 따위는 아랑곳하지 않고 J는 혼잣말로 중얼거렸다.

"내가 선생에게 왜 이런 얘기를 하느냐 하면 요즘 와서 상제님이 도통 대답을 하지 않습니다. 뭐가 잘못된 것인지 알려주려고도 안 해요. 그쪽에서 그렇게 나오면 나도 이렇게 밖에 할 수가 없어요. 참 지금은 돈이 신이라 했습니까? 돈은 신이 될 수 없습니다. 눈도 코도 없는 물건이 어떻게 신 노릇을 합니까. 신이 될 수 없는 물건이 신 노릇을 하면 세상은 망합니다. 아이쿠, 큰일 났습니다."

"뭐가 큰일이오?"

"우리 아들과 딸, 손자와 며느리까지 물신숭배교를 떠받들고 살아왔거든요. 세상이 망하면 저들은 어떻게 되지요?"

"별 걱정을 하십니다. 저들은 어떻게 되겠지요. 그보다 당장 죽어도 갈 곳이 없는 당신 걱정이나 하세요."

〈끝〉

종교, 죽었다

발행일 | 초판 1쇄 2015년 9월 10일

지은이 | 이청
펴낸이 | 고진숙
펴낸곳 | 도서출판 문화문고
책임편집 | 김종만
북디자인 | 배경태
CTP출력·인쇄 | 천일문화사
제본 | 대흥제책
물류 | 문화유통북스
출판등록 | 제300-2004-89호(2005년 5월 17일)
주소 | 110-816 서울시 종로구 자하문로 266, 612호
　　　　구) 서울시 종로구 부암동 129-8 울트라타임730 오피스텔 612호
전화 | 02-379-8883, 723-1835
팩스 | 02-379-8874
이메일 | mbook2004@naver.com

ISBN 978-89-7744-044-9 03210

* 이 도서의 국립중앙도서관 출판시도서목록(CIP)은 서지정보유통지원시스템 홈페이지
　(http://seoji.nl.kr)와 국가자료공동목록시스템(http://www.nl.go.kr/kolisnet)에서
　이용하실 수 있습니다(CIP제어번호:CIP2015023261).